JERRY LANGTON

LE COMBATTANT
LA BIOGRAPHIE NON AUTORISÉE DE GEORGES ST-PIERRE

Champion UFC

**Catalogage avant publication de Bibliothèque et Archives nationales
du Québec et Bibliothèque et Archives Canada**

Langton, Jerry, 1965-
Le combattant : la biographie non autorisée de Georges St-Pierre, champion UFC
Traduction de : Fighter.
ISBN 978-2-89705-092-4

1. St-Pierre, Georges, 1981-   . 2. Ultimate Fighting Championship - Histoire. 3. Combats
ultimes. 4. Pratiquants des arts martiaux - Québec (Province) - Biographies. I. Titre.

GV1113.S23L3514 2012   796.8092   C2012-941892-7

Titre original : *The Fighter*
John Wiley and Sons Canada, Ltd.
6045 Freedom Blvd
Mississauga, Ontario
L5R 4J3
© 2011 Jerry Langton
All Rights Reserved. This translation published under license
with original publisher John Wiley & Sons, Inc.

Directrice de l'édition
Martine Pelletier

Éditrice déléguée
Hélène Detrait

Traduction
Guy Patenaude

Révision linguistique
Hélène Detrait

Couverture
Pascal Simard et Marguerite Brooks

Maquette intérieure et mise en pages
Cyclone Design Communications

Photo de la couverture
Marco Campanozzi, Archives de *La Presse*

Présidente
Caroline Jamet

Les Éditions La Presse
7, rue Saint-Jacques
Montréal (Québec)
H2Y 1K9

© Les Éditions La Presse
TOUS DROITS RÉSERVÉS
Dépôt légal 3e trimestre 2012
ISBN 978-2-89705-092-4
Imprimé et relié au Canada

L'éditeur bénéficie du soutien de la Société de
développement des entreprises culturelles du
Québec (SODEC) pour son programme d'édition
et pour ses activités de promotion.

L'éditeur remercie le gouvernement du Québec
de l'aide financière accordée à l'édition de cet
ouvrage par l'entreprise du Programme de
crédit d'impôt pour l'édition de livres, adminis-
tré par la SODEC.

Nous reconnaissons l'aide financière du gouvernement du Canada par l'entremise du Fonds du
livre du Canada (FLC).

JERRY LANGTON

LE COMBATTANT

La biographie non autorisée de
GEORGES ST-PIERRE
Champion UFC

INTRODUCTION

L'événement était gigantesque, même pour l'Ultimate Fighting Championship (UFC). En ce 27 mars 2010, des milliers de personnes sont rassemblées dans l'immense Prudential Center de Newark, au New Jersey, et des millions d'autres dans le monde sont rivées aux écrans de télévision pour ce combat UFC 111 : St-Pierre vs Hardy. Le centre d'attention de tous ces gens : une plate-forme de quatre pieds (1,2 m) de hauteur sur laquelle est installée une cage octogonale grillagée de 32 pieds (9,75 m) de diamètre dont les mailles sont recouvertes de vinyle noir. Au centre de cette cage, trois hommes : l'arbitre, Georges St-Pierre, et celui que ce dernier s'apprête à combattre, Dan *The Outlaw* Hardy. Le sport — les arts martiaux mixtes — étant de plus en plus populaire, le combat est très attendu et l'enjeu est énorme : le titre de champion du monde de l'UFC des mi-moyens.

À 5 pieds 10 pouces (1,75 m) et 170 livres (77 kg), St-Pierre est loin d'être un géant. Mais il jouit d'une extraordinaire popularité. Pour la troisième année d'affilée, le réseau de télévision *Sportsnet* lui a décerné le titre d'Athlète canadien de l'année. Connu des amateurs sous les surnoms de *Rush* et *GSP*, Georges St-Pierre est, après la grande vedette du hockey Sydney Crosby, l'athlète le plus populaire — et le plus monnayable — au Canada, loin devant ses compatriotes Steve Nash, deux fois joueur le plus utile à son club dans la NBA (National Basketball Association) et les vedettes des ligues majeures de baseball Justin Morneau et Jason Bay. Sa popularité est telle que les fans peuvent se procurer une figurine de GSP.

St-Pierre est connu bien au-delà des frontières canadiennes. *Sports Illustrated* lui a décerné le titre de Combattant de l'année et le réseau de télévision américain Spike TV, qui rejoint une clientèle masculine, lui a décerné le titre de l'Homme le plus dangereux de la planète. Il est l'une des vedettes d'un sport qui n'est plus un sport de niche, mais bien un sport majeur. Alors que la plupart des combattants de l'UFC sont commandités par des gymnases ou des fabricants d'équipement d'arts martiaux, GSP, lui, a des ententes de commandite avec de grandes marques internationales comme Gatorade et Under Armour. Gatorade appartient à PepsiCo et Under Armour commandite des athlètes aussi célèbres que le champion olympique de natation Michael Phelps, le footballeur Ray Lewis et le lutteur devenu acteur Dwayne Johnson. St-Pierre est le seul athlète de l'UFC que commanditent ces grandes entreprises. Grâce à lui, les arts martiaux mixtes ont acquis leurs lettres de noblesse et les dirigeants des grandes corporations veulent être vus en sa compagnie.

Comme le veut l'usage, le challenger Dan Hardy est le premier à pénétrer dans la cage. Il le fait au son de *England Belongs to Me*, du groupe Cock Sparrer, pionnier du punk rock dans les années 1970. On raconte qu'en 1976, l'imprésario Malcolm McLaren avait proposé aux membres du groupe de se produire avec les célèbres Sex Pistols, mais que le groupe avait refusé parce que McLaren ne voulait pas payer la bière. Quelques années plus tard, Cock Sparrer est tombé dans l'oubli jusqu'à ce que Dan Hardy redonne au groupe une nouvelle popularité. La version de *England Belongs to Me* qu'a choisie Hardy n'est pas la version originale enregistrée en 1982, mais une nouvelle, appelée « la version Dan Hardy », sur laquelle le combattant lui-même chante.

Grand, tout en muscles, Hardy a le physique typique du combattant, ou peut-être celui d'un ailier éloigné au football. Il arbore sur le ventre un immense tatouage portant un mantra bouddhiste en sanskrit : *Om mani padme hum*. Ce mantra, qu'il est impossible de traduire littéralement, est une courte prière censée protéger celui qui la récite et visant à lui rappeler l'importance de certaines vertus comme la charité et l'humilité. Bien qu'il n'y ait aucun message politique derrière ce mantra, l'UFC l'a fait disparaître électroniquement sur tout le matériel promotionnel de Hardy, probablement parce que ce mantra est souvent associé au Dalaï-Lama, chef spirituel de la résistance à l'occupation chinoise du Tibet.

Interrogé sur la disparition du tatouage, le président de l'UFC, Dana White, explique qu'il s'agit d'une décision économique, car son organisation espère conquérir cet énorme marché de 1,3 milliard de consommateurs. «Je veux percer le marché chinois», dit-il. «Je ne veux pas qu'un de nos athlètes arbore un slogan hostile au gouvernement chinois.»

Lorsqu'il constate qu'on a enlevé son tatouage, Hardy en est le premier surpris, car le mantra ne constitue d'aucune façon une prise de position politique. «Pour moi», dit-il aux journalistes, «ce mantra est une prière personnelle qui m'aide à garder le cap sur mon objectif sans me laisser distraire ou dévier de ma route.»

Ce 27 mars 2010 donc, l'athlétique Hardy est au centre de l'octogone, son tatouage bien en vue, le visage dur et arborant sa fameuse coupe mohawk d'un rouge vif.

Subitement, l'atmosphère change dans le Prudential Centre. Dès que retentissent les premières mesures de *Juicy*, du rappeur The Notorious B.I.G., la foule s'enflamme littéralement. Voilà un choix musical fort judicieux : cette chanson est en réalité une allégorie semi-autobiographique dans laquelle B.I.G. — un ex-revendeur de crack devenu rappeur millionnaire — raille tous ceux qui n'ont pas cru en lui et en sa capacité de devenir célèbre.

Plus petit et plus massif que Hardy, GSP a un physique bien particulier, avec des épaules très larges et des bras longs et musclés, des jambes puissantes, mais une taille étonnamment fine et des hanches qui semblent presque fragiles pour un homme de sa stature. Il a la tête presque complètement rasée et arbore deux tatouages, petits, mais de bon goût. L'un est le mot jiu-jitsu, en caractères chinois kanji, sur le côté droit de la poitrine; l'autre est une fleur de lys sur son mollet droit. Dès le début du combat, St-Pierre, visiblement confiant, prend le contrôle du centre de l'octogone, forçant Hardy à tourner autour de lui, tentant de déceler ses points faibles tout en restant hors de portée de ses coups de poing et de pied vifs comme l'éclair. Puis, vingt-cinq secondes après le début de l'engagement, GSP lance une foudroyante charge et, d'un seul mouvement, fauche Hardy et le couche au sol.

La foule acclame GSP. Mais ce dernier ne domine pas totalement son adversaire. Hardy réussit à placer ses jambes autour de GSP dans un mouvement que les spécialistes du jiu-jitsu appellent une *garde*. Grâce à son habileté naturelle, sa force et sa grande détermination, Hardy réussit à se relever, sur les genoux d'abord, puis sur ses pieds. C'est l'histoire de ce premier round : St-Pierre attaque, Hardy se défend.

Dès le début du deuxième round, GSP s'empare de nouveau du centre de l'octogone. Les deux athlètes s'échangent des jabs, sans qu'aucun ne porte réellement. Puis, en une fraction de seconde, Hardy se retrouve de nouveau au sol et, tout au long de ce round, GSP multiplie les coups sans toutefois réussir à soumettre son adversaire.

Le troisième round ressemble au premier. GSP prend le contrôle du centre de la cage, puis Hardy décoche une foudroyante droite, mais St-Pierre lui fait payer cette attaque très cher et couche encore son adversaire. Hardy résiste et maintient sa garde, mais GSP lui envoie une formidable série de coups de coude au visage. Hardy, sur la défensive, se protège la tête du mieux qu'il peut, puis il tente le tout pour le tout : il repousse GSP dans l'espoir de saisir sa tête entre ses jambes et de réaliser un étranglement en triangle. Mais GSP, voyant venir le coup, pivote, saisit le bras gauche de son adversaire et s'apprête à le tordre. Ce mouvement de base — appelé *kimura* du nom du grand judoka japonais Masahiko Kimura — est l'une des façons les plus efficaces de soumettre un adversaire, mais Hardy réussit à se sortir de ce mauvais pas, puis à se relever. Tout de suite, GSP couche Hardy de nouveau. Tous, même les néophytes, comprennent que Dan Hardy est en difficulté. La face toute rouge, il respire difficilement, mais encore une fois il réussit à se remettre sur les genoux pendant que GSP le martèle de coups. Par miracle, Hardy se relève complètement, mais GSP lui bloque les jambes et le plaque au sol de nouveau. Le round se termine : encore une fois, Hardy est sauvé par la cloche.

Hardy amorce le quatrième round visiblement sonné, mais avec beaucoup d'agressivité. Tout de suite, il atteint son adversaire au menton d'un solide jab. GSP absorbe le coup et, profitant habilement de la perte d'équilibre momentanée de Hardy, le saisit par le bras et le couche encore. Avant même de toucher le sol, Hardy reçoit deux foudroyantes droites. GSP saisit le bras gauche de son adversaire et applique de nouveau un kimura. La douleur se lit sur le visage de Hardy. Il réussit à se libérer, mais tout de suite GSP le rabat encore au sol. Hardy est à la merci de GSP qui feint d'appliquer un autre kimura, mais surprend son adversaire — et la foule — en appliquant plutôt une clé de genou. La cloche sonne : Hardy est pratiquement à l'agonie, mais il s'en sort encore une fois.

Dès le début du cinquième round, St-Pierre lance un court jab. Les deux adversaires échangent quelques coups de pied, puis GSP frappe à la vitesse de l'éclair et Hardy se retrouve encore au sol. Il tente de saisir la tête de GSP pour un étranglement en triangle, mais St-Pierre l'évite facilement. GSP appuie son torse contre celui de Hardy, réussissant ainsi à l'immobiliser. D'un coup vif, il ramène ses deux genoux dans les côtes de Hardy qui toussote, mais réussit à se libérer en roulant. GSP revient rapidement sur son adversaire, en utilisant encore une fois son torse pour l'immobiliser. Il est patient et tente divers mouvements rapides dans le but de trouver le point faible de Hardy. Celui-ci repousse vaillamment ces attaques, mais est incapable de répliquer ou même de se défaire de son adversaire.

GSP se concentre alors sur le bras gauche de Hardy. Il réussit presque un triangle du bras lorsque Hardy, même s'il souffre atrocement, réussit à se libérer, à se relever sur les genoux, puis debout. GSP le renverse tout de suite au sol et lui applique une clé de jambe. Encore une fois, la douleur est insoutenable pour Hardy, mais la cloche du dernier round sonne sans que GSP ait pu le soumettre.

GSP conserve son titre de champion des mi-moyens. Il vient de démontrer pourquoi il est le champion et s'est gagné de nouveaux partisans. La foule du Prudential Center est heureuse. Hardy a combattu vaillamment, mais il fut dominé par GSP. Sur Internet, les commentaires affluent et vont le plus souvent dans le même sens : puisqu'aucun mi-moyen n'a la moindre chance de le battre, Georges St-Pierre ne devrait-il pas tenter sa chance dans la catégorie supérieure ?

Mais GSP a aussi ses détracteurs. Bien sûr, il a dominé Hardy, mais il ne l'a pas *anéanti*. Pour certains amateurs, il ne suffit pas de remporter la victoire. Ils veulent qu'à la fin du combat, un seul des deux adversaires se tienne sur ses pieds. Ils veulent assister à un KO ou à une soumission, pas à une simple décision des juges, même si le champion a facilement vaincu le challenger.

Même Hardy s'en mêle. « Avant le combat », dit-il, « j'avais mentionné que GSP ne prend plus jamais de risques. Il connaît ma force physique et c'est pourquoi, avec seulement 17 secondes d'écoulées dans le combat, il a tout de suite tenté de m'amener au sol. Son objectif n'est plus de battre son adversaire, mais simplement de gagner le combat et de conserver sa ceinture. Une telle approche peut fonctionner un certain temps, mais rapidement, les amateurs vont se lasser. »

L'UFC semble d'accord avec cette affirmation. Après le combat, un journaliste apostrophe le grand patron de l'UFC Dana White en critiquant la performance de GSP et en mentionnant que les médias, britanniques notamment, commencent à comparer St-Pierre au boxeur mi-moyen Floyd Mayweather Jr. qui, malgré sa fiche de 41 victoires contre aucune défaite, a la réputation d'être un athlète misant uniquement sur sa défensive. Il est efficace certes, mais ses combats sont d'un ennui mortel. De façon surprenante, White semble d'abord donner raison au journaliste et à Hardy : « Écoutez », dit-il, « tous les combats ne peuvent être le combat du siècle. Mais vous me connaissez, je veux que nos combats soient le plus excitants possible. Cela dit, Georges a dominé ce combat. » Après une pause, il poursuit : « Je sais qu'il n'est pas heureux de sa performance… qu'il espérait faire mieux et moi aussi, j'aurais voulu un combat plus excitant, mais rendez-vous à l'évidence : Hardy était venu pour se battre. »

Lorsque le journaliste lui demande s'il croit que la réputation de GSP en souffrira et si cela aura un impact sur les ventes des prochains combats à la télé à la carte, White répond :

« Je ne pense pas. Georges est le meilleur combattant chez les 170 livres (77 kg), l'un des meilleurs du monde peu importe la catégorie. Et les gens l'aiment, croyez-moi. Il a tellement de classe, et il est le premier à le reconnaître lorsqu'il peut mieux faire. Je vous le dis : les gens l'aiment. Et puis tous les combats ne peuvent pas être le combat de l'année. Si celui-ci n'a pas été des plus excitants, le prochain le sera. »

À la conférence de presse après le combat, White, vêtu d'un veston sport et d'une chemise noire, est sur l'estrade en compagnie de GSP. Sur la table devant Georges, quelques boissons et la ceinture du champion avec sa boucle aussi grosse qu'une pizza. GSP porte un veston bleu marine avec de fines rayures de couleur craie, une chemise blanche et une cravate en soie bleu pâle. Si ce n'était de quelques ecchymoses au visage, on jurerait un chef d'entreprise sur le point de faire une annonce importante ou un réalisateur de cinéma s'apprêtant à parler de son prochain film. Il reste assis pour s'adresser aux journalistes, avec son accent, mais dans un excellent anglais :

« La vérité, c'est que je ne suis pas très heureux de ma performance », dit-il. *« J'ai gagné, mais comment dire… je me sens un peu comme un champion sprinteur qui aurait remporté le 100 mètres en 10 secondes. Quelques mois plus tard, il gagne encore, mais toujours en 10 secondes. Il est encore champion, mais n'a pas amélioré son chrono. Alors, il n'est pas heureux de sa performance. Je me sens un peu comme cela aujourd'hui. J'ai gagné, mais je n'ai pas mieux fait que lors de mon combat précédent. J'aurais aimé soumettre mon adversaire, terminer le travail, mais ça n'a pas été le cas. »*

« J'ai trop visé la soumission. J'aurais dû… vous savez, il y a ce dicton en boxe qui dit : si vous visez le KO, le KO ne viendra pas. C'est la même chose en arts martiaux mixtes : si vous visez trop la soumission, elle ne viendra pas. Elle doit s'imposer au fil du combat. Ce soir, lorsque j'étais en bonne position, j'ai tenté de soumettre mon

adversaire en tirant profit de ma force, parce que je suis plus gros et plus fort qu'auparavant… Alors, lorsque j'appliquais des clés de bras ou des kimuras, je misais sur ma force en oubliant les aspects techniques. Souvent, ce sont les détails qui font la différence : l'angle, l'effet de levier, la position… voilà ce qui fait que l'on peut terminer le travail. Ce soir, lorsque j'ai appliqué le kimura, j'ai fait une erreur technique… et ma clé de bras n'était pas ce qu'elle aurait dû être. Cela n'arrivera plus. Je suis conscient des erreurs que j'ai faites. »

Il décrit ensuite dans le détail de quelle façon Hardy a pu se libérer du kimura et comment lui-même a appris de ses erreurs. Il explique de façon presque scientifique comment son adversaire a su utiliser l'effet de levier pour se libérer du kimura, profiter des angles déficients et du fait que Georges lui-même a mal évalué le point de soumission.

Puis White reprend le micro en disant que sur son compte Twitter, les fans se plaignaient. Il semble particulièrement irrité par le commentaire d'un fan qui compare le combat de Dan Hardy et GSP à un mauvais combat de lutte d'une ligue universitaire.

En conclusion, GSP répond aux questions des journalistes. Il répète qu'il a beaucoup de respect pour les autres combattants, dit espérer être le champion pendant de longues années encore et affirme qu'il souhaite que ses combats soient le plus excitants possible afin que l'UFC séduise de plus en plus d'amateurs. C'est peut-être le plus grand cliché de toute l'histoire du sport, mais il est particulièrement approprié ici : pour GSP, être champion du monde ne suffit pas, il doit être le plus grand de tous.

CHAPITRE

Si les historiens ne s'entendent pas sur l'origine exacte des arts martiaux asiatiques, la plupart d'entre eux la situent en Inde, pays du bouddhisme, du yoga et de la danse de Shiva, dont certains éléments deviendront au fil des siècles des éléments essentiels des divers arts martiaux. Certains érudits croient que l'élément catalyseur de ces sports de combat fut le pancrace, introduit par Alexandre le Grand de Macédoine, empereur grec dont l'empire, à son apogée, s'étendait jusqu'aux frontières de l'Inde.

Quoi qu'il en soit, la mention la plus ancienne remonte au cinquième siècle lorsque le gouvernement chinois surprend des moines bouddhistes s'entraînant au combat. Le haut lieu de pratique de ces combats est alors le temple Shaolin, fondé en 464 dans le nord-est de la Chine.

Un moine bouddhiste venu de l'Inde, plus à l'ouest, changera profondément tout le monde oriental. On sait peu de choses de ce moine, nommé Bodhidharma, mais on s'entend généralement pour dire qu'il serait né dans une caste de guerriers en Inde, probablement à la toute fin du cinquième siècle. Devenu moine bouddhiste, il part sur les routes de l'Orient dans l'espoir de trouver l'illumination. On le représente comme un homme de forte stature, portant une longue barbe, avec des sourcils en bataille, le torse et les bras poilus. De nombreux récits le décrivent comme un « barbare de l'ouest aux yeux bleus », ce qui laisse supposer qu'il vient de plus loin encore que de l'Inde. C'est un homme impatient et réputé être colérique.

Sa philosophie de vie — qui sera connue plus tard comme la philosophie zen — connaît une immense popularité et Bodhidharma est bientôt l'objet d'une grande vénération. Lorsqu'il arrive au temple Shaolin, il est choqué de la mauvaise condition physique des moines qui y vivent. Wong Kiew Kit, moine shaolin contemporain et maître de kung-fu, décrit ainsi l'influence qu'a eue Bodhidharma :

> « Le vénérable Bodhidharma est venu de l'Inde pour répandre le bouddhisme en Chine. En 527, il s'est installé au monastère Shaolin dans la province de Henan et fut à l'origine du kung-fu Shaolin. Ce fut un tournant dans l'histoire du kung-fu, car pour la première fois, le sport commençait à s'institutionnaliser. Auparavant, on parlait des arts martiaux comme d'une discipline très générale. »

Le monastère Shaolin est le haut lieu de la pratique du kung-fu depuis ce temps. À mesure que le bouddhisme, la philosophie zen et d'autres pratiques semblables se répandent en Asie de l'Est, la pratique du kung-fu se raffine, ce qui donne peu à peu naissance à des centaines d'autres styles d'arts martiaux comme le taekwondo et le sumo.

Au dix-neuvième siècle, avec l'invasion et la colonisation de l'Asie orientale par les Européens, les armes à feu se sont largement répandues. Dès lors, le combat au sol perd de son importance et la pratique des arts martiaux commence à décliner. S'ils sont toujours pratiqués comme sport ou comme art, les arts martiaux sont de plus en plus considérés comme une pratique ésotérique.

Vers 1890, l'Europe se prend d'un certain intérêt pour les arts martiaux asiatiques, que l'on considère essentiellement comme l'expression de traditions orientales exotiques plutôt que comme une véritable pratique sportive. Pour de nombreux Occidentaux, ces arts martiaux, qui autorisent les coups de pied, constituent une pratique inhumaine, presque barbare.

Au milieu du vingtième siècle, quatre événements majeurs contribuent à changer cette perception, soit la fin de la Deuxième Guerre mondiale en 1945, la révolution culturelle en Chine en 1949, la fin de la guerre de Corée en 1953 et, plus tard, le retrait des Américains du Sud-Est asiatique en 1973. Jusqu'alors, peu d'Asiatiques émigrent vers l'Occident et ceux qui le font forment des communautés relativement fermées. Mais ces événements sont à l'origine des fortes vagues d'immigration en provenance du Japon, de la Chine, de Taïwan, de Corée, du Vietnam, du Cambodge, du Laos et de Thaïlande, chaque vague amenant avec elle ses divers styles de combat.

Les arts martiaux japonais sont les premiers à retenir l'attention des Occidentaux. Le karaté — originaire des îles Ryukyu — est un art martial qui combine les coups de poing et les coups de pied. Il devient populaire lorsqu'on en fait la promotion comme une forme de combat qui permet de se défendre efficacement contre les plus costauds. Le judo connaît aussi ses heures de gloire, du moins dans les médias sinon en pratique, peut-être parce que les Occidentaux associent déjà le croc-en-jambe à ce sport même si, en réalité, le judo est essentiellement un combat au corps à corps.

La popularité des arts martiaux asiatiques aurait probablement été de courte durée en Occident sans l'émergence d'un premier grand champion. Fils de Lee Hoi-chuen, un chanteur de Hong-Kong et de Grace Ho, son épouse d'origine sino-allemande, ce futur champion naît au Jackson Street Hospital, dans le quartier chinois de San Francisco, alors que ses parents sont en tournée aux États-Unis avec l'opéra de Canton. Il naît aux premières heures du jour, le 27 novembre 1940, à l'heure et l'année du Dragon.

La maman, qui aime beaucoup l'Amérique lors de cette tournée et espère y revenir un jour, donne au nouveau-né le nom de Lee Jun-fan, qui en cantonnais signifie «revenir en toute prospérité». À la maternité de l'hôpital, une infirmière se prend quant à elle d'affection pour le nouveau-né, mais incapable de prononcer son nom, elle l'appelle tout simplement Bruce.

La tournée terminée, la petite famille rentre en Chine. Devenu un adolescent turbulent, Lee est expulsé de plusieurs écoles en raison de ses piètres résultats scolaires et de nombreuses batailles avec ses compagnons. On l'inscrit finalement dans une école secondaire catholique. Là, il découvre la boxe à l'occidentale et y excelle à tel point qu'il remporte plusieurs championnats scolaires. Un seul de ses adversaires résiste plus d'un round, réussissant difficilement à tenir jusqu'au troisième.

Le jeune homme est un solide combattant. Il réagit à la vitesse de l'éclair et sait combiner différents styles à mesure que le combat progresse. Bientôt, il devient chef d'un gang de rue nommé *Les Tigres de Junction Street*, même si, à l'époque, il vit plutôt sur Nathan Street (la maison familiale a été détruite depuis et fait place aujourd'hui à un centre commercial). Il accumule les ennuis. Un jour, la police prévient la famille que si Bruce est de nouveau impliqué dans une bagarre, ce sera la prison. De plus, des amis informent la famille que Bruce, se méprenant sur l'identité d'un adversaire, a donné une raclée à un membre de la triade locale et que sa tête est maintenant mise à prix.

Les parents n'en peuvent plus : ils envoient celui que tout le monde appelle maintenant Bruce rejoindre sa sœur aînée Agnes, qui vit à San Francisco. Pendant le voyage, Bruce gagne 100 $ en donnant des leçons de cha-cha aux passagers de 1re classe et décide alors de se rendre à Seattle, où il vit et travaille pour une amie de la famille nommée Ruby Chow. Madame Chow est une femme remarquable. Propriétaire du premier restaurant chinois de Seattle installé hors du quartier chinois, elle fut élue à trois reprises au conseil du comté. Et elle a de la poigne : elle héberge le jeune Bruce au grenier du restaurant et le nourrit, à la condition qu'il travaille au restaurant et obtienne son diplôme secondaire puis collégial, mais surtout, qu'il se contente de se battre dans un ring plutôt que dans la rue. Débrouillard, le jeune homme se fera un peu d'argent de poche en donnant des leçons de danse.

Après avoir obtenu son diplôme d'école secondaire, il fréquente la Edison Technical School (aujourd'hui le Seattle Central Community College), puis l'Université de Washington. S'il affirme à sa famille et à ses amis qu'il y étudie la philosophie, Lee est en réalité inscrit au programme d'art dramatique. Il paye ses études en donnant maintenant des cours d'arts martiaux, avant d'ouvrir sa propre école, le Jun Fan Gung Fu Institute. Il préfère d'ailleurs l'appellation en cantonnais *gung-fu* plutôt qu'en mandarin *kung-fu*. L'école connaît rapidement du succès et, en 1964, Lee abandonne ses études. Avec un ami, James Yimm Lee, il déménage l'école à Oakland, en Californie, où il fait une rencontre déterminante : Ed Parker. Ce dernier est l'un des rares Américains devenus maîtres des arts martiaux. Il a créé son propre style, qu'il appelle le kenpo américain, sorte de karaté aux mouvements extrêmement rapides. Lee s'y initie, puis est invité au Championnat international de karaté de Long Beach en 1964.

Bruce se fait de nouveaux amis, dont Jhoon Goo Rhee, maître coréen de taekwondo qui, comme lui, a reçu son lot de critiques pour avoir enseigné les arts martiaux à des non-Asiatiques. Chacun apprend les meilleurs mouvements de l'autre.

Lee a alors une révélation : en combinant le wing chun, le tai chi chuan, la boxe, le kenpo américain et le taekwondo, il est beaucoup plus redoutable que s'il pratiquait une seule discipline, quelle qu'elle soit. Il est convaincu d'être le meilleur combattant de la planète non pas en raison de sa maîtrise d'un art martial en particulier, mais parce qu'il a su prendre le meilleur de plusieurs arts martiaux. S'opposant aux maîtres qui refusent toujours d'enseigner à des non-Asiatiques, il accepte tout étudiant désireux d'apprendre. Il développe ainsi peu à peu son propre style, délaissant certains mouvements traditionnels au profit d'autres qu'il sait, par expérience, plus efficaces pour gagner des combats. Il nomme ce style *jeet kune do*, qui signifie « le chemin du poing qui neutralise ».

En 1970, Lee subit une sévère blessure. En faisant un exercice matinal qui consiste à soulever jusqu'aux épaules un haltère presque aussi lourd que lui, puis à se pencher jusqu'à la taille, il s'inflige une grave blessure au pelvis. Il est alité pour une période indéterminée, et les médecins affirment qu'il ne pourra plus jamais pratiquer les arts martiaux. Contraint au repos, il en profitera pour jeter les bases d'une série de télévision qui deviendra plus tard la série *Kung-Fu*, dont il sera la principale vedette. Il retrouve finalement toute sa force.

S'il avait fait des présences remarquées dans les séries *The Green Hornet* (Le frelon vert) et *Batman*, les grands studios cessent de s'intéresser à lui après cette blessure et Bruce Lee retourne alors à Hong Kong. Là-bas, il joue dans trois films — qui sortiront plus tard en Occident sous les titres *Fists of Fury* (*La fureur de vaincre*), *The Chinese Connection* (*La filière chinoise*) et *The Way of the Dragon* (*La fureur du dragon*). Si ces films racontent tous essentiellement la même histoire, celle du jeune homme victime de truands qui finit par prendre sa revanche, ils correspondent à ce que veut le public de Hong Kong et connaissent là-bas un vif succès.

Du coup, Hollywood ne peut plus l'ignorer et Bruce Lee revient aux États-Unis en 1973 pour tourner *Enter the Dragon* (*Opération Dragon*). Encore une fois, le scénario est plutôt mince, la performance de plusieurs acteurs très quelconque et l'ensemble de la production fort inégale, mais Bruce Lee y est magistral et séduit les auditoires occidentaux tout autant qu'il avait séduit ceux de Hong Kong. Le film, qui a coûté 850 000 $, rapporte aux producteurs plus de 25 millions de dollars au guichet et atteint le statut de film culte qui persiste encore aujourd'hui.

Bruce Lee ne profitera pas de ce succès. Plusieurs de ceux travaillant sur le film remarquent pendant le doublage et l'enregistrement de la bande sonore que Lee ne va pas bien. Le 10 mai 1973, en pleine séance de doublage, il s'effondre. Il est rapidement conduit au Hong Kong Baptist Hospital et le diagnostic tombe : Bruce Lee a un œdème cérébral, une tumeur intracrânienne appelée hydrocéphalie. Les médecins réussissent à réduire la tumeur et prescrivent un diurétique. Le 20 juin 1973, pendant une rencontre avec le producteur Raymond Chow et l'actrice Betty Ting Pei à l'appartement de cette dernière à Hong Kong, Lee se plaint de maux de tête. Chow doit se rendre à un dîner et Lee s'étend pour faire une sieste. Betty Ting Pei lui offre un comprimé d'un antidouleur à base d'aspirine qu'on lui avait prescrit, un médicament nommé Equagesic qui est maintenant interdit dans plusieurs pays. Lee prend le comprimé, puis s'endort, pour toujours. Incapable de réveiller Lee, Betty Ting Pei appelle une ambulance. Au Queen Elizabeth Hospital où on conduit Bruce Lee, les médecins découvrent que Lee est décédé à la suite d'une réaction allergique à l'Equagesic, qui a aggravé son œdème.

Si sa carrière en Occident fut brève, Bruce Lee est probablement le plus célèbre combattant de tous les temps et celui qui a connu le plus de succès. Certes, le fait qu'il était un bel homme et qu'il avait une personnalité de gagnant y ont été pour quelque chose, mais c'est d'abord et avant tout parce qu'il était capable de littéralement détruire des adversaires beaucoup plus baraqués que lui qu'il a atteint une telle célébrité. Et c'est parce que Bruce Lee a su prendre le meilleur de chacun des arts martiaux que le président de l'UFC, Dana White, le considère comme « le père des arts martiaux mixtes ».

* * * * *

Si Bruce Lee est le père spirituel des arts martiaux mixtes, on peut certes affirmer que les véritables initiateurs de ce sport sont l'homme d'affaires Art Davie et le professeur d'arts martiaux Rorion Gracie.

Au début des années 1990, Davie est dirigeant d'une firme de publicité. Lorsqu'on lui demande d'effectuer une recherche sur le milieu des arts martiaux, il se rend à Torrance, dans le sud de la Californie où, dit-on, ces arts sont fort populaires. Il se rend alors au gymnase de Rorion Gracie, qui enseigne le jiu-jitsu brésilien, forme hybride de divers arts martiaux, qui suscite l'engouement de nombreux Occidentaux.

Un Japonais et un Brésilien sont à l'origine du jiu-jitsu brésilien.

Né en 1878 à Hirosaki, dans le nord du Japon, Mitsuyo Maeda rêve dans sa jeunesse de devenir lutteur sumo, alors le sport le plus populaire dans sa région. Mais à 5 pieds 4 pouces (1,62 m) et 140 livres (63,5 kg), Maeda n'a certainement pas le physique de l'emploi. Lorsque ses parents l'inscrivent dans un collège de Tokyo, le jeune homme décide de s'initier au judo, parce que c'est le sport que pratiquent alors les meilleurs combattants.

Élève studieux et brillant, Mitsuyo Maeda est l'un des trois judokas recrutés par l'homme d'affaires Sam Hill pour effectuer en 1905 une tournée de démonstration aux États-Unis, où le judo connaît une popularité croissante, tout comme ailleurs en Occident. Lui-même judoka enthousiaste, le président de l'époque, Theodore Roosevelt, convainc les dirigeants de la U.S. Naval Academy de permettre aux judokas japonais de poser leur candidature comme instructeurs de lutte à l'académie. Lors des combats-démonstrations organisés pour l'occasion, les maîtres judokas n'ont d'abord aucun mal à vaincre leurs adversaires (dont l'instructeur de lutte en titre de l'académie), jusqu'à ce que Harold Tipton, un imposant joueur de football étoile, soulève le leader du groupe de judokas, Tsunejiro Tomita, et le lance littéralement hors du ring.

Maeda et ses amis connaissent plus de succès durant le reste de leur tournée aux États-Unis et à Cuba, et encore plus en Europe. Maeda s'installe à Londres où il atteint une certaine célébrité comme lutteur professionnel tout en enseignant le judo aux Londoniens. Après avoir perdu un combat fort publicisé contre le boxeur américain Sam McVey, Maeda quitte Londres pour s'installer en Espagne.

S'il avait détesté la Belgique et n'avait pas particulièrement aimé la France lorsqu'il s'y était rendu en tournée, Maeda adore l'Espagne où on l'accueille à bras ouverts. Là, il prend le nom de Conde Koma (comte Koma), du mot japonais *komaru* qui peut signifier « perturbé », « agité » ou même, selon le contexte, « cinglé ».

En 1909, un groupe de maîtres judokas japonais, dont Mitsuyo Maeda, se rend au Mexique, où la lutte est depuis longtemps un sport très populaire. Maeda lance publiquement un défi : il offre 50 $, une somme importante à l'époque, à tout homme qu'il sera incapable de terrasser, et 500 $ à celui qui réussira à le vaincre. Il semble que personne n'y soit parvenu. Maeda aime le Nouveau Monde et poursuit sa carrière de lutteur au Mexique, se rendant parfois à Cuba. Il tente aussi, mais sans succès, de susciter l'intérêt des Américains.

En 1914, il effectue une tournée au Brésil. Il y connaît une popularité immense et instantanée et décide de s'installer à Belém do Pará, dans le nord du pays, où il se marie et prend le nom d'Otávio Maeda. Tout en poursuivant sa carrière, il ouvre une école de judo, qu'il appelle maintenant *jiu-jitsu* en l'honneur du précurseur du judo moderne Jigoro Kano, un frêle adolescent qui pesait à peine 99 livres (45 kg). L'école connaît beaucoup de succès et le jiu-jitsu devient bientôt l'un des sports les plus populaires au Brésil, particulièrement dans la région de Belém.

À Belém, Otávio Maeda rencontre Gastão Gracie, dont la famille est venue d'Écosse en 1826. Gracie dirige un certain nombre d'entreprises, dont une qui aide les immigrants dans leurs démarches pour obtenir la citoyenneté brésilienne. Maeda est un client de Gracie et les deux hommes se lient rapidement d'amitié. En 1917, Gastão amène Carlos, le plus vieux de ses cinq fils, âgé de 14 ans, à un combat d'Otávio Maeda. Pour le garçon, c'est la révélation : il décide de consacrer sa vie au jiu-jitsu. Il prend des leçons avec Maeda, puis initie à son tour ses jeunes frères, Oswaldo, Gastão Jr., Jorge et Hélio.

En 1921, la famille Gracie déménage à Rio de Janeiro. Si les cinq frères ne peuvent plus profiter des enseignements de Maeda, ils continuent à s'entraîner et en 1925, Carlos ouvre sa propre école, qui connaît une certaine popularité et attire de nombreux clients dont certains sont des membres influents de la société brésilienne.

L'un d'eux est Mario Brandt, directeur de la Banque du Brésil. Un jour de 1928, alors que Carlos est en retard pour la leçon qu'il doit donner à Brandt, c'est son jeune frère Hélio qui prend la relève. Lorsque Carlos arrive et se confond en excuses, Brandt lui dit qu'il est si impressionné par Hélio, qui pratique un style différent de celui de Carlos, qu'il veut l'embaucher comme instructeur personnel.

Le jiu-jitsu qu'enseigne Carlos se rapproche beaucoup du judo classique qu'il a appris auprès de Mitsuyo Maeda. Le judo est un sport de combat au sol dont le but est de soumettre l'adversaire par des clés, des torsions ou des projections. Les coups y sont permis, mais uniquement entre judokas accomplis et en entraînement, jamais en compétition.

Voilà qui convient à un judoka de fort gabarit comme Carlos, mais pas à un athlète de petite stature comme Hélio. Pour pouvoir tenir tête à ses frères, ou même les dominer, le jeune Hélio a dû développer son propre style. Si la base demeure le judo classique, il y ajoute des frappes de la main empruntées à la boxe et au karaté, et des coups de pied empruntés au muay thaï (le kickboxing) et au karaté. Ce nouveau style sera bientôt connu sous le nom *Gracie jiu-jitsu* et, finalement, jiu-jitsu brésilien.

Hélio et le style qu'il a développé font parler d'eux. En 1935, en effet, quatre des frères Gracie attaquent un entraîneur de gymnastique nommé Manoel Rufino devant plusieurs de ses élèves. Hélio est condamné à deux ans et demi de prison, mais il est immédiatement gracié par le président brésilien Getúlio Vargas contre l'avis de la Cour suprême. De nombreuses rumeurs courent sur les raisons qui ont incité le président du pays à gracier Hélio, mais on ne connaîtra jamais la véritable raison. Quelques années plus tard, toutefois, Hélio sera le professeur de Maneco, le fils du président.

Le clan Gracie s'agrandit : Carlos a 21 enfants, dont plusieurs font carrière au sein de l'entreprise familiale. Quant au jiu-jitsu brésilien, les événements font bientôt en sorte que sa pratique se répandra à l'étranger.

Hélio, lui, a neuf enfants, sept garçons et deux filles, et tous ont un prénom commençant par la lettre R. Ils sont tous engagés dans l'entreprise familiale et l'aîné, Rorion, est encore aux couches lorsqu'il participe à ses premières démonstrations publiques.

En 1969, à l'âge de 17 ans, Rorion se rend aux États-Unis. Il visite d'abord des parents à New York et Washington, puis se rend à

Hollywood. Il adore le sud de la Californie et décide de s'y ins-taller en 1978. Il loue une petite maison à Torrance et gagne sa vie en travaillant comme figurant pour des films et des émissions de télévision. Il installe quelques matelas dans son garage et y donne gratuitement des leçons de jiu-jitsu brésilien. Il se fait connaître ainsi. Plus tard, Rorion dira : « Dès que je me suis ins-tallé en Amérique, j'ai commencé à accueillir des élèves dans mon garage et ça n'a jamais cessé. » En 1985, ne pouvant plus répondre à la demande, Rorion fait venir son jeune frère Royce, âgé de 18 ans, qui devient son assistant.

Rorion travaillait sur un plateau de tournage lorsqu'on lui pré-sente le réalisateur Richard Donner. Ce dernier, qui a connu le succès avec son film *The Omen* (*La Malédiction*), assiste alors à une courte démonstration de jiu-jitsu brésilien et embauche Rorion pour chorégraphier les scènes de combat de son prochain film, *Lethal Weapon* (*L'Arme fatale*). Rorion devient immédia-tement une véritable vedette dans le milieu des arts martiaux aux États-Unis et fait même l'objet d'un reportage dans le maga-zine *Playboy*. Il produit alors un documentaire, *Gracie Jiu-Jitsu in Action* (*Le jiu-jitsu Gracie en action*), mettant en vedette les membres de la famille Gracie (notamment Hélio) qui combattent et vainquent des maîtres du judo, du kickboxing, du karaté et d'autres styles lors de combats-démonstrations au Brésil. Bien que le film ne sorte pas en salles et qu'il soit simplement dis-tribué par Rorion lui-même, il fait sensation dans le milieu des arts martiaux.

L'étoile de Rorion brille de plus en plus. Au milieu de l'année 1989, son garage n'est plus assez grand pour recevoir tous ceux qui souhaitent profiter de son enseignement et il ouvre alors à Torrance un gymnase, qui devient le haut lieu mondial du jiu-jitsu Gracie et accueille 120 élèves assidus alors que 80 autres sont sur une liste d'attente.

C'est ce gymnase que visite Art Davie en 1991. Impressionné tant par Rorion que par le jiu-jitsu brésilien, il s'inscrit au gym-nase et gagne rapidement la confiance de Rorion en commer-cialisant son film *Gracie Jiu-Jitsu in Action* (*Le Jiu-jitsu Gracie en action*). « Le film montre les divers styles d'arts martiaux que pratiquait la famille Gracie », se rappelle Davie. « J'ai proposé à Rorion de faire une campagne de publipostage pour vendre le film aux quelque 25 000 personnes dont il avait recueilli les noms au fil des années. La campagne a rapporté plus de 100 000 $. J'avais maintenant gagné la confiance absolue de Rorion. »

Art Davie se lie ensuite d'amitié avec un autre élève qui fréquente le gymnase, le scénariste et réalisateur John Milius, qui d'une part avait écrit le scénario de *Apocalypse Now* et réalisé *Conan the Barbarian* (*Conan le Barbare*), et d'autre part avait inspiré le modèle du personnage Walter Sobchak interprété par John Goodman dans le film *The Big Lebowski* (*Le grand Lebowski*) des frères Coen. Tous trois s'étaient entraînés en visionnant les vidéos de combat de vale tudo brésilien enregistrées par Rorion.

Le vale tudo, une expression que l'on peut traduire par « tout est permis », est une forme de combat qui n'est régie par pratiquement aucune règle et qui, plus littéralement signifie « le gagnant emporte la mise ».

Cette forme de combat se développe au Brésil dans les cirques ambulants. Des hommes forts défient les habitants du coin, qui peuvent gagner de l'argent s'ils remportent la victoire. Toute forme de combat est autorisée, et les combattants étrangers, notamment ceux originaires d'Asie orientale, sont particulièrement redoutables. Et ceux qui connaissent le plus de succès sont le plus souvent ceux qui maîtrisent plusieurs techniques de combat apprises au fil d'années de combats de rue.

Le sport atteint le sommet de sa popularité en 1959-1960 grâce à la diffusion d'une émission intitulée *Heróis do Ringue* (*Les Héros du ring*) dans la région de Rio de Janeiro. Les Gracie sont partout sur le plateau, soit comme employés de la production, animateurs ou combattants. L'émission connaît un énorme succès, mais lorsque le combattant João Alberto Barreto fracture le bras de son adversaire en direct à la télévision, les dirigeants du réseau de télévision, choqués, mettent fin à l'émission.

Même sans cette importante couverture médiatique, le vale tudo conserve une certaine popularité, mais il est bientôt associé à la violence gratuite et devient un sport marginal.

Mais Davie et Milius adorent ce sport. Alors qu'ils visionnent les vidéos de Rorion avec ce dernier, les questions fusent : est-ce qu'un boxeur pourrait battre un lutteur ? Que ferait un karateka contre un judoka ? Au fil de leurs interrogations, ils en arrivent aux questions plus fondamentales : quel est le style de combat le plus redoutable ? Et surtout la grande question : qui est le meilleur combattant de la planète ?

Le genre de question qu'habituellement, on oublie rapidement après quelques échanges vifs et passionnés. Mais Rorion est non seulement un champion ayant plusieurs années d'expérience et ayant assimilé les connaissances de plusieurs générations, mais également un entrepreneur qui sait comment véhiculer un message. Davie, lui, est un expert du marketing qui a des contacts sur la planète tout entière et Milius — bien qu'on le considère comme un excentrique — est tout de même l'un des scénaristes et réalisateurs les plus en vue de Hollywood et a de nombreux amis influents.

Des combats-démonstrations opposant des spécialistes de diverses disciplines ont souvent été organisés, que ce soit en Asie du sud-est, au Brésil ou au Mexique. Art Davie lui-même a assisté à Bankok à un combat opposant un spécialiste de la boxe thaïlandaise à un lutteur indien alors qu'il était membre du Corps des Marines des États-Unis. Cette fois, les trois hommes sont bien décidés à frapper un grand coup.

C'est Davie qui élabore le plan : organiser une compétition à simple élimination opposant huit combattants — pratiquant tous un style de combat différent —, pour le titre de meilleur combattant de la planète. Il trouve même un nom à l'événement : *War of the Worlds* (*La guerre des mondes*). Rorion et Milius (qui agira comme directeur de la création de l'événement) décident de s'associer à Davie. Ce dernier présente alors le plan d'affaires de 65 pages à un certain nombre d'investisseurs potentiels (dont plusieurs élèves de Rorion) et recueille 250 000 $ auprès de 28 investisseurs. La nouvelle compagnie se nomme W.O.W. Promotions et Davie tente de négocier une entente avec un réseau de télévision.

HBO et Showtime trouvent le projet «insensé» et refusent de s'y associer, mais Davie conclut une entente avec une entreprise de New York, Semaphore Entertainment Group (SEG). Le président fondateur de SEG, Bob Meyrowitz, est bien connu pour avoir été à l'origine de l'émission sous licence *The King Biscuit Flower Hour*, et est l'un des pionniers de la télévision à la carte avec la diffusion des spectacles de Whoopi Goldberg et Barbra Streisand. Meyrowitz est aussi reconnu comme un producteur qui aime prendre des risques et, lorsque Davie lui présente son projet au début de 1993, il vient tout juste de connaître un grand succès avec le match-démonstration opposant deux vedettes du tennis, Jimmy Connors et Martina Navratilova. L'entente prévoit que W.O.W. défrayera les coûts de l'événement, que SEG assumera les coûts de télédiffusion et que les deux entreprises se partageront les profits. On raconte que c'est un employé de Meyrowitz, Michael Abramson, qui propose le nom *Ultimate Fighting Championship*.

On décide de présenter l'événement au McNichols Sports Arena, à Denver. Situé juste à côté du Mile High Stadium, le McNichols (qu'on surnomme *Big Mac*) peut accueillir entre 16 000 et 17 000 spectateurs et est, à l'époque, le domicile des Nuggets de la NBA et de l'Avalanche du Colorado de la LNH (Ligue nationale de hockey). Ce n'est pas le premier choix du groupe, qui espérait présenter l'événement au Brésil. Mais les problèmes logistiques étaient énormes, et Meyrowitz est loin d'être certain que le public américain s'intéressera à l'événement s'il est présenté ailleurs qu'aux États-Unis.

Davie avait fait ses devoirs : il sait que le Colorado est le seul État américain qui autorise le combat à mains nues, qu'il n'y a pas de commission athlétique pour régir les sports de combat et qu'il est possible et facile d'y contracter une assurance de responsabilité civile. Il constitue la société dans cet État et réserve le McNichols Sports Arena.

L'événement est prévu pour le 12 novembre 1993. Le groupe embauche les personnalités chargées de commenter les combats à la télévision. Les vedettes du kickboxing Bill *Superfoot* Wallace et Kathy *The Punisher* Long, de même que l'ex-footballeur et membre du Temple de la renommée de la NFL (National Football League), Jim Brown, agiront comme commentateurs, et Brian Kilmeade réalisera les entrevues. SEG s'occupera de la télévision à la carte. Rorion avait tenté d'intéresser au projet son ami Chuck Norris pour être commentateur, mais ce dernier, bien que convaincu du potentiel de l'événement, n'est pas certain de sa légalité, à tel point qu'il refusera d'y assister.

Si les candidats combattants ne manquent pas, le choix de ceux qui seront appelés à combattre n'est pas facile à faire. Les huit candidats retenus recevront 1000 $ et le vainqueur, lui, empochera 50 000 $. Art Davie place alors des annonces dans les magazines d'arts martiaux et envoie une invitation aux plus importants dojos d'Amérique du Nord.

Il y a bien sûr un membre de la famille Gracie parmi les combattants. En effet, puisque l'un des objectifs de ce Ultimate Fighting Championship est de déterminer quel style de combat est le meilleur, il est évident que le style développé par la famille Gracie, et qui assure son gagne-pain, doit être représenté. On a souvent souligné le fait que SEG avait exprimé le désir que Rickson Gracie — qui a l'air d'un véritable dur à cuire et qui est à l'époque le meilleur combattant du clan — le combatte, mais Rorion a un autre plan. Il a tellement confiance en son sport qu'il choisit plutôt son jeune frère Royce. Avec son visage angélique et ses 178 livres (81 kg), Royce n'a certes pas l'allure d'un combattant redoutable. Mais s'il parvient à vaincre des hommes beaucoup plus gros et plus forts que lui, la notoriété du jiu-jitsu Gracie n'en sera que plus grande. Et le sport générera des revenus plus importants.

Il faut maintenant voir au marketing. Le directeur du développement chez SEG, Campbell McLaren (dont on dit qu'il est le cerveau de l'UFC) affirme que la compétition vise à déterminer le meilleur combattant de la planète et que l'événement n'aura pas de suite. « La dernière chose que nous voulons est de créer un nouveau sport », dit-il. Pour l'aider, il recrute le coloré promoteur local Zane *Insane Zane* Bresloff, qui doit toutefois travailler dans le plus grand secret, car il est à l'emploi de la WWF[1].

C'est le grand soir. Après les rondes éliminatoires, il reste deux combattants qui se disputent le titre de meilleur combattant du monde : Royce Gracie et Gerard Gordeau, un immense Néerlandais de 6 pieds 5 pouces (1,95 m) tout en muscles. Gordeau arbore un bandage à une main et un autre au pied droit, résultat d'une blessure subie lors d'un précédent combat lorsque son adversaire lui a planté deux dents dans le coup-de-pied, les autres dents atterrissant dans les premières rangées de sièges. Dès le début du combat, Royce tente de coucher Gordeau, qui reste debout. Tous deux s'engagent dans un combat au sol et Royce réussit à immobiliser la jambe gauche de Gordeau avec son pied droit. Tous deux se déplacent vers le bord du ring, puis Royce réussit à ceinturer son adversaire et à le renverser. Royce est au-dessus de Gordeau qui tente de trouver prise lorsqu'il reçoit deux solides coups de tête. Gordeau réussit à se libérer et roule sur le ventre. Royce en profite alors pour passer son bras gauche directement sous la gorge de son adversaire. Gordeau, souffrant atrocement et sur le point de s'évanouir, n'a plus le choix : il frappe le sol pour indiquer qu'il se soumet. Le frêle Royce Gracie est sacré le champion de l'Ultimate Fighting Championship.

Aucun commentateur sérieux n'a émis l'hypothèse que l'événement ait pu être arrangé (et, bien sûr, il ne le fut pas), mais le résultat est au-delà des espérances du clan Gracie : d'une part David a bel et bien vaincu plusieurs Goliath, et d'autre part, il l'a fait en utilisant les mouvements du jiu-jitsu Gracie.

Ce soir-là, les quelque 2 800 spectateurs du Big Mac n'ont probablement pas l'impression que cet UFC 1 était un succès. S'ils sont au comble de l'excitation (il y a même une mini-émeute), il y

---

1 La World Wrestling Federation, devenue aujourd'hui la World Wrestling Entertainment. (NDT)

a tout de même des milliers de sièges vides. Cela dit, 86 000 télé-spectateurs sont rivés à leur écran et des milliers de cassettes vidéo de l'événement sont vendues. Du coup, l'école de jiu-jitsu Gracie obtient une extraordinaire publicité. Et les investisseurs, eux, venaient de multiplier par sept leur mise de fonds.

Campbell McLaren avait tort : un nouveau sport vient d'être créé. À peine quelques mois après cet UFC 1, le 11 mars 1994, a lieu l'UFC 2, à Denver toujours, mais cette fois dans un lieu mieux adapté, le Mammoth Events Center (aujourd'hui le Fillmore Auditorium), un amphithéâtre de 3 700 places qui ce soir-là accueille 2 000 personnes. SEG vend cette fois le nombre incroyable de 300 000 abonnements de télé à la carte. Ce qui devait être un événement d'un soir organisé par quelques fana-tiques d'arts martiaux de Californie devient plutôt une industrie de plusieurs millions de dollars, et les arts martiaux mixtes, un sport qui gagne en popularité. Et comme Royce Gracie gagne encore la compétition, la réputation des Gracie et du jiu-jitsu brésilien franchit les frontières.

Mais tout n'est pas parfait. Si de nombreux athlètes commencent à imiter le style de Royce Gracie, les combats sont souvent mar-qués par de longs moments d'inaction et le nombre de clients de la télé à la carte commence à diminuer. Pour remédier à cette situation, l'UFC fixe une durée limite au combat. Mais il y a un problème : il n'y a pas de juges pour déterminer qui est vain-queur lorsque le combat se rend à cette limite.

Le 7 avril 1995, lors de l'UFC 5 qui a lieu à Charlotte, en Caroline du Nord, le pire des scénarios se produit. Lors de ce match revan-che fort attendu entre deux combattants de l'UFC 1, Royce Gracie et le combattant originaire de la Géorgie Ken Shamrock, les deux adversaires s'observent longuement sans engager le combat. La foule se met à les huer tous les deux et même l'assis-tant de Shamrock — son propre père Bob Shamrock — crie à son fils : « Fais quelque chose ! » Après 31 (longues) minutes, l'arbitre John *Big John* McCarthy arrête le combat. Après une pause de cinq minutes, l'engagement reprend, mais encore une fois, les combattants se retiennent dans un corps à corps dénué d'action pendant cinq minutes. La foule hue de nouveau bruyamment, puis l'arbitre McCarthy met fin au combat et déclare le match nul. Dan *The Beast* Severn, qui plus tôt dans la soirée a réussi à soumettre son adversaire Dave Beneteau avec un kimura, est déclaré grand vainqueur de cet UFC 5.

Cette soirée constitue un tournant pour l'UFC : il faut maintenant modifier les règlements et nommer des juges qui désigneront un gagnant lorsqu'il n'y a pas soumission ou KO. Cela ne fait pas l'affaire de Rorion, qui y voit une pâle version du sport qu'il avait imaginé, et il quitte alors l'organisation. Art Davie, quant à lui, vend ses actions, et comme John Milius n'avait investi que dans le tout premier événement, même s'il était toujours commissaire de l'UFC jusqu'à la fin de 1997, SEG en devient le seul propriétaire des droits.

L'avenir s'annonce prometteur pour la jeune organisation, malgré le départ du clan Gracie. Les arts martiaux mixtes sont maintenant populaires dans tout le pays, et même si les ventes de la télévision à la carte ont chuté, les combats attirent tout de même 260 000 personnes par événement et les cassettes VHS continuent de bien se vendre. L'argent rentre à flot et le sport jouit d'une bonne visibilité. Cela permet de recruter des combattants de meilleure qualité qui, à leur tour, contribuent à rendre le sport plus populaire encore.

Mais un obstacle se dresse devant l'organisation : John McCain. Celui qui deviendra le candidat du parti Républicain à l'élection présidentielle de 2008 contre le démocrate Barack Obama siège à la Chambre des représentants et est un politicien bien connu en Arizona depuis 1983. Amateur de boxe de longue date, McCain est un sénateur fort respecté lorsqu'il reçoit une cassette des combats de l'UFC. Complètement dégoûté par ces combats qu'il trouve d'une violence inacceptable, il entreprend une campagne personnelle contre ce sport. Il écrit aux gouverneurs des 50 États américains et des 10 provinces canadiennes en les implorant de déclarer illégal ce sport qu'il décrit comme répugnant et qu'il qualifie de « combat de coqs entre humains ».

La campagne de McCain fait son effet et les arts martiaux mixtes sont bientôt interdits dans 36 États américains et sept provinces canadiennes. McCain utilise également ses relations à la Federal Communications Commission (FCC) pour convaincre les distributeurs de services de télévision à la carte de cesser de diffuser les événements de l'UFC. Encore là, l'opération est un succès : le principal distributeur de SEG, Viewer's Choice, de même que plusieurs petits distributeurs laissent tomber l'UFC.

L'État de New York est de ceux qui interdisent les combats de l'UFC. Cela pose problème, car l'UFC 12 doit se tenir bientôt dans la ville de New York, et que la tenue de l'événement en plein cœur de Manhattan aurait eu pour effet d'accroître considérablement la notoriété du sport tant aux États-Unis que sur la scène internationale. Les organisateurs doivent rapidement trouver un autre lieu et se tournent alors vers Portland, Oregon, mais l'État décide à son tour d'interdire les arts martiaux mixtes. L'événement a finalement lieu à Dothan, en Alabama, une petite ville de 65 000 habitants qui se présente fièrement comme « la capitale mondiale des arachides ».

Cette fois, tout est différent. En réponse aux fans qui commencent à se lasser de voir des spécialistes des arts martiaux donner une raclée à des mastodontes empotés de 400 livres (181 kg), on établit maintenant des catégories de poids : les combattants de 200 livres (91 kg) ou plus sont désormais des *poids lourds*, ceux de moins de 200 livres (91 kg) sont des *poids légers*. Pour les amateurs, c'est le signe que l'UFC est prête à modifier ses règles pour conserver leur intérêt. L'UFC 12 marque aussi le début de l'association de l'UFC avec le populaire comédien Joe Rogan.

Mais les temps sont durs pour l'organisation. Si 3 100 spectateurs remplissent le Dothan Civic Centre, l'auditoire de la télévision à la carte est restreint puisqu'un seul et petit distributeur, DirecTV, accepte de diffuser l'événement. On ne connaît pas le nombre exact de téléspectateurs qui ont vu le combat, mais on estime qu'il atteignait à peine 25 000. Cet événement marque le début de ce qu'on a appelé la période sombre de l'organisation, qui doit se rabattre sur les quelques États où le sport n'est pas interdit de même que sur le Japon et le Brésil. Sur place, les foules demeurent enthousiastes, mais les ventes à la télévision à la carte sont faibles et l'organisation peine à intéresser des distributeurs pour ses cassettes vidéo.

Désespérés, les dirigeants de l'UFC sollicitent alors des rencontres avec les officiels des commissions athlétiques des divers États et se montrent ouverts à apporter les changements nécessaires pour que les combats soient de nouveau autorisés. Le clan Gracie de même que Art Davie et John Milnius n'auraient probablement pas été d'accord avec ces changements, mais l'UFC met en place un certain nombre de règles et établit un plus grand nombre de catégories de poids. Désormais, les combattants devront porter des gants, les coups de pied à la tête d'un adversaire étendu au sol seront interdits tout comme il sera interdit de tirer les cheveux ou d'introduire les doigts dans la bouche ou les narines, de donner des coups de tête et des coups dans l'aine. Il ne sera plus permis non plus de frapper l'adversaire à la nuque ou sur le derrière de la tête, ni de tordre les petites articulations comme les doigts et les orteils.

La chose peut surprendre, mais c'est finalement l'International Fighting Championships (IFC), une autre organisation américaine d'arts martiaux mixtes plus petite que l'UFC et qui avait organisé son tout premier événement à Kiev, en Ukraine, qui est la première à obtenir l'autorisation de présenter des combats aux États-Unis, plus précisément au Mississippi en 1996. Cela ne change pas grand-chose pour l'UFC, qui tient déjà des événements dans des États où il n'existe aucune législation. Mais tout change le 30 septembre 2000 lorsque l'IFC obtient l'autorisation de l'État du New Jersey pour la présentation d'un combat. Cet état compte près de neuf millions d'habitants relativement fortunés tout près de l'immense marché new-yorkais. Réagissant rapidement, l'UFC adopte les règles unifiées des arts martiaux mixtes mises sur pied par l'IFC dans le but de tenir un événement dans le Garden State.

L'UFC 28 se tient au Trump Taj Mahal Casino Hotel, à Atlantic City, le 17 novembre 2000 et marque le début d'une nouvelle ère pour l'organisation. Tout vêtement autre que le maillot et les gants, désormais obligatoires, est banni. Les rounds sont d'une durée de cinq minutes, et si aucun des adversaires n'est mis KO ou ne se soumet après cinq rounds, les juges désignent un gagnant. Même John McCain est convaincu et affirme à un journaliste britannique : « Le sport a évolué. On a adopté des règles pour mieux protéger les athlètes et assurer une compétition plus juste. »

Cela fonctionne, du moins en partie. Pour l'UFC 28, on vend 5 000 billets, mais les ventes de la télévision à la carte sont faibles, et SEG frôle la faillite. Dana White, un ex-instructeur de danse aérobique, devenu gérant de deux des meilleurs athlètes de l'UFC, Tito Ortiz et Chuck Liddell, apprend que SEG est à la recherche d'un acheteur. Il appelle son vieux copain Lorenzo Fertitta, propriétaire avec son frère de casinos et ex-membre de la commission athlétique du Nevada. Les frères Fertitta fondent alors une compagnie à responsabilité limitée, Zuffa, qui acquiert l'UFC, et nomment Dana White président en lui cédant 10 % des parts.

Zuffa investit beaucoup d'argent dans l'UFC, notamment dans la publicité, la promotion et la distribution de DVD. L'entreprise collabore étroitement avec les autorités des États et des provinces afin de faire accepter les arts martiaux mixtes. Un vent de renouveau souffle sur l'UFC.

Ainsi, lorsque Georges St-Pierre fait ses débuts lors de l'UFC 46 à Las Vegas, le 31 janvier 2004, les arts martiaux mixtes revivent. Le sport a éclipsé la boxe et la lutte comme sport de combat le plus populaire en Amérique du Nord. L'UFC 46 accueille 10 700 amateurs au Mandalay Bay Events Center pour des recettes-guichet de 1 377 000 $ et la télévision à la carte attire quelque 80 000 personnes.

Les arts martiaux mixtes sont maintenant un sport majeur. Et l'UFC se cherche un héros.

CHAPITRE

Pour bien comprendre qui est GSP, il faut savoir d'où il vient. On dit qu'il est Montréalais, mais en réalité il est né dans le village de Saint-Isidore, à une trentaine de kilomètres au sud de la métropole.

On compte au moins trois villages nommés Saint-Isidore au Québec et celui où est né Georges St-Pierre est situé dans la Municipalité régionale de comté de Roussillon, qui englobe un vaste territoire sur la rive sud du fleuve Saint-Laurent. Tout juste à côté se trouve la réserve mohawk de Kahnawake. À la limite ouest se trouve la jolie ville de banlieue de Châteauguay, et la région compte plusieurs petites villes-dortoirs qui se sont développées autour de villages historiques.

Loin de l'agitation de la métropole, le village de Saint-Isidore et sa carrière de pierre calcaire qui, pendant des générations, a fourni l'agrégat nécessaire à la construction des routes et des églises de la région, sont entourés de pâturages, de champs de maïs et de fermes porcines nombreuses dans la région. 95 % des habitants sont francophones et la région a été un château-fort du Bloc Québécois jusqu'aux dernières élections fédérales.

Au cours des dernières années, la population de Saint-Isidore a considérablement augmenté et compte aujourd'hui près de 3 000 personnes. Les maisons préfabriquées y poussent comme des champignons, résultat de l'encombrement de la circulation et de l'importante hausse du prix des maisons à Montréal qui forcent les jeunes familles à quitter l'île. À 25 minutes de Montréal par le pont Honoré-Mercier, qui relie l'arrondissement de Lasalle à la Rive-Sud et à la route 207, Saint-Isidore demeure toutefois une petite communauté. Lorsque j'y suis allé pour mes recherches sur l'enfance de Georges St-Pierre, j'ai été surpris de voir un cheval sur le parterre d'une résidence !

Il y a encore quelques années, Saint-Isidore était une petite communauté rurale où tout le monde se connaissait. Le genre de village où il y a un médecin, un dentiste et un avocat, qui suffisent amplement à répondre aux besoins de la population locale.

C'est là que naît Georges St-Pierre le 19 mai 1981, fils aîné de Roland et Paulyne St-Pierre. La famille n'est pas riche : Roland est installateur de planchers et Paulyne travaille de nuit comme aide-soignante auprès des personnes âgées. Ce sont des gens fiers, honnêtes et durs à la tâche, des valeurs qu'ils transmettent à leur fils dès son plus jeune âge. « Nous n'avions pas beaucoup d'argent », dira Georges plus tard à un journaliste, « mais j'ai toujours mangé mes trois repas par jour. J'ai grandi avec la conviction que je devais travailler pour obtenir ce que je voulais. J'en suis fier. Mes parents m'ont aidé financièrement, bien sûr, mais je ne l'ai pas eu tout cuit dans le bec. C'est probablement le plus beau cadeau qu'ils m'ont fait. »

Même tout jeune, Georges est différent des autres enfants. Il est de petite taille, mais très indépendant, têtu et même rebelle, ce qui ne fait pas toujours l'affaire des autres enfants du voisinage. Un de ses amis d'enfance, Gerardo Lanctôt, le décrit ainsi : « Georges ne pensait pas et n'agissait pas comme les autres enfants. Il était hyperactif et les autres le tenaient un peu à l'écart. »

En réalité, Georges était victime d'intimidation par les plus grands. « L'école que je fréquentais était assez dure. On me volait mon argent de poche et mes vêtements », dira Georges plus tard. En plein cœur des rigoureux hivers québécois, le garçon devait souvent attendre l'autobus scolaire au coin d'une rue, sans manteau, sans chapeau et sans mitaines. Et même si Georges était plutôt frêle, il ne refusait jamais la bataille lorsqu'on le provoquait. « Même si je savais que je subirais une raclée lorsqu'un plus grand tentait de me voler l'argent que mes parents m'avaient donné pour le lunch, je résistais », se souvient-il. « Je me suis fait botter le derrière plus souvent qu'à mon tour ». Les gens me disent souvent que je devais être redoutable dans les bagarres de rue lorsque j'étais plus jeune. Aujourd'hui, peut-être, mais à l'époque, j'ai probablement remporté deux victoires et subi 25 défaites… Lorsque vous avez 8 ou 9 ans et que votre adversaire en a 12 ou 13, que vous le vouliez ou non, vous êtes un enfant et lui est un adolescent costaud. » Parfois, ils se mettaient même à quatre ou cinq contre lui.

Même à la maison, le jeune Georges n'avait pas vraiment de répit : « J'ai grandi avec beaucoup de colère en moi », dit-il. « J'étais malheureux à l'école, et j'étais malheureux à la maison. » Il n'est jamais entré dans les détails sur sa vie à la maison familiale, mais aujourd'hui, il a apparemment oublié ou pardonné. Il est proche de ses parents et de ses sœurs et a même réglé l'hypothèque de la maison de ses parents avec l'argent gagné lors de sa victoire contre Jon Fitch lors de l'UFC 87 : Seek and Destroy, à Minneapolis le 9 août 2008.

Même s'il est de petite taille, le jeune Georges excelle dans les sports. S'il aime l'athlétisme et le basketball, il est surtout fou de hockey et son équipe préférée est les Oilers d'Edmonton. Voilà qui démontre bien son indépendance d'esprit. Être partisan des Oilers est un véritable sacrilège lorsqu'on habite la Rive-Sud, où suivre les hauts et les bas des Canadiens de Montréal (que tout le monde appelle un peu pompeusement les « Glorieux ») est une activité presque aussi essentielle que de manger et dormir. À l'époque, Georges est trop jeune pour écouter les matchs de son équipe préférée, en raison du décalage horaire. Mais lorsque les Oilers remportent la coupe, le père de Georges (lui-même à l'époque un fan des Nordiques de Québec) réveille son fils pour qu'il assiste au moins aux célébrations qui suivent la victoire finale.

Un équipement de hockey, même d'occasion, coûte cher. Si l'on ajoute les frais de transport et de location de la patinoire, le hockey est un sport qui n'est pas à la portée de tous, et certainement pas des St-Pierre. Avec trois enfants à élever — Georges a en effet deux sœurs, respectivement de trois ans et cinq ans plus jeunes que lui — la famille n'a pas le temps, ni l'argent pour que Georges pratique le hockey.

L'histoire se répète pour les St-Pierre. Dans sa jeunesse, le père de Georges est un athlète prometteur, mais il est forcé d'abandonner son rêve d'une carrière sportive lorsque son propre père décède. Le jeune Roland doit alors travailler pour soutenir financièrement sa famille. Il s'initie au karaté kyokushin, un sport peu dispendieux, et obtient même sa ceinture noire. Lorsque Georges a sept ans, son père nourrit l'intérêt de son fils pour les sports en lui enseignant le karaté, ce qui permettra aussi au frêle garçon de se défendre au besoin. Georges apprend rapidement et lorsqu'il atteint l'âge de neuf ans, son père l'inscrit à l'école de karaté du coin et lui permet même de jouer parfois au hockey. « Mes parents ont été bons pour moi », raconte Georges. « Ils voulaient que je fasse du sport pour éviter que je traîne dans la rue avec des jeunes peu recommandables et que je devienne un criminel. »

Aujourd'hui, de nombreux combattants et amateurs dénigrent le karaté, qu'ils voient comme un amusant sport de démonstration plutôt que comme un véritable sport de combat. Et puisque les arts martiaux mixtes ont fait la preuve que le combat au sol et la lutte sont beaucoup plus efficaces pour terrasser un adversaire que les coups de poing et de pied utilisés en karaté, cette discipline n'est à peu près plus utilisée par les athlètes de l'UFC. Georges, lui, a toutefois eu la chance d'avoir comme professeur Jean Couture, qui lui a enseigné le style *kyokushin-kan*.

Mis au point en 1964 par Masutatsu Oyama (né en Corée sous le nom Choi Young-Eui, mais devenu citoyen japonais par la suite), le style *kyokushin* — qui signifie « vérité ultime » — s'éloigne du karaté classique et mise plutôt sur des mouvements qui sont efficaces dans des situations de combat réel. C'est l'un des styles de karaté qui intègrent certaines techniques de combat au sol.

À l'entraînement, Georges excelle dans ce style. Il maîtrise la discipline et obtient rapidement ses ceintures. Mais lorsqu'il atteint l'âge de 12 ans, ses parents n'ont plus les moyens de lui payer le hockey et le karaté. Georges choisit le karaté. « Je préférais le karaté parce que le hockey est un sport d'équipe alors qu'au karaté, comme dans tous les arts martiaux, l'athlète est seul face à lui-même », expliquera-t-il plus tard. « Il est maître de son destin. Au hockey, vous pouvez jouer un match extraordinaire, mais si vos coéquipiers jouent mal, vous serez déçu du résultat. » Il faut dire que de son propre aveu, il n'était pas un grand joueur de hockey.

Georges se consacre donc au karaté et aux échecs. À l'âge de 13 ans, il obtient la ceinture noire deuxième dan et est considéré comme l'un des 25 meilleurs jeunes joueurs d'échec au Québec. Lorsque son instructeur de karaté, Jean Couture, meurt d'un cancer du poumon, Georges, dévasté par la mort de son mentor, abandonne presque le karaté. Heureusement, il s'inscrit finalement à un dojo où l'on enseigne le style *muay thaï*. « Je déteste dire cela », dira Georges bien plus tard, « mais la mort de Jean m'a permis d'apprendre un nouveau style. C'est ce qui fait que j'ai pu entreprendre une carrière en arts martiaux mixtes. »

La vie du jeune Georges St-Pierre allait bientôt changer. Un soir, avec des amis, il se rend au dépanneur du coin et le groupe décide de louer une vidéocassette déjà vieille de quelques années : UFC 1 : The Beginning. C'est la révélation pour Georges, impressionné de voir Royce Gracie dominer des adversaires bien plus gros que lui, et il comprend alors qu'il ne suffit pas de frapper son adversaire pour le vaincre, qu'il faut également maîtriser le combat au sol. « Lorsque j'ai vu Gracie combattre pour la première fois », racontera-t-il plus tard, « j'ignorais ce qu'était le jiu-jitsu brésilien. Au Québec, le combat au sol était à cette époque totalement inconnu. Pour nous, un combat se livrait debout, un peu comme ce qu'on voit dans les films de Jean-Claude Van Damme. Mais Royce Gracie m'a fait comprendre ce qu'il en était vraiment. Il m'a inspiré parce qu'il battait des adversaires deux fois plus gros que lui… et terminait le combat sans une seule égratignure. »

En plus de constater qu'un petit combattant comme Gracie peut vaincre des adversaires bien plus imposants, Georges comprend que sa propre façon de combattre n'est pas la seule possible.

Georges sait qu'il doit maintenant apprendre à combattre comme Gracie, mais il n'y a sur la Rive-Sud, et même à Montréal, aucun dojo où l'on enseigne le jiu-jitsu brésilien. « J'aimais bien le muay thaï », dira-t-il, « mais après avoir vu le premier Ultimate Fighting Championship avec Ken Shamrock et les autres, j'ai su que je voulais devenir un combattant d'arts martiaux mixtes. Comme le jiu-jitsu était inconnu à Montréal, j'ai poursuivi mon entraînement en muay thaï, puis j'ai obtenu ma ceinture noire troisième dan en karaté. »

À la même époque, Georges rate une occasion unique d'assister en personne à son premier combat professionnel d'arts martiaux mixtes. En effet, la jeune IFC venait tout juste d'organiser un premier événement en Ukraine et une autre organisation naissante, Battlecade Extreme Fighting (BEF), était à la recherche d'un endroit en Amérique du Nord pour présenter elle aussi un événement. BEF avait déjà organisé un premier événement à Wilmington, en Caroline du Nord, mais n'avait pu conclure une entente avec un distributeur de services de télévision à la carte et avait à peine réussi à vendre quelques vidéocassettes. L'organisation tentait d'organiser une soirée à New York, mais les autorités de l'État refusèrent d'autoriser ces combats où « tout est permis ». En désespoir de cause, les dirigeants de BEF prennent alors la décision, fort controversée, de présenter l'événement sur le territoire de la réserve mohawk de Kahnawake. L'événement, *Battlecade : Extreme Fighting 2*, doit avoir lieu le 26 avril 1996.

Comme c'est fréquent à l'époque, la présentation de combats professionnels d'arts martiaux mixtes suscite la controverse au sein de la population et dans les médias. Cette fois, en plus, les promoteurs présentent l'événement comme « le plus brutal de toute l'histoire du sport. »

Le premier ministre du Québec, Lucien Bouchard, estime que l'événement est illégal et dit espérer que les *peacekeepers* (la force policière mohawk) en interdisent la présentation. Il demande également au gouvernement canadien d'interdire la diffusion de l'événement à la télévision à la carte.

Les autorités mohawks prétendent que ce *Battlecade : Extreme Fighting 2* ne peut être associé à un événement de championnat professionnel puisque aucune bourse ne sera remise aux vainqueurs, que les combattants recevront plutôt un cachet fixe, et qu'ils porteront tous des gants réglementaires de 5 onces. Le gouvernement provincial rétorque que tout combat organisé doit être autorisé par les autorités compétentes, peu importe les détails de l'organisation.

Évidemment, Georges, alors âgé de 14 ans, meurt d'envie d'y assister. Son père n'a aucune objection, mais sa mère, elle, le lui interdit formellement. Ce n'est pas tant la brutalité des combats qui pose problème, ni le fait que le gouvernement ait déclaré l'événement illégal, ni même la perspective que son fils se retrouve au milieu d'une foule agressive. C'est plutôt le fait qu'un des commanditaires de l'événement est le magazine pour adultes *Penthouse* (la compagnie qui publie le magazine est également propriétaire de BEF), ce qui, à ses yeux n'est pas convenable pour un jeune adolescent.

À la dernière minute, le gouvernement provincial obtient une injonction qui interdit à Bell, le géant canadien des communications, de présenter l'événement à la télévision à la carte, et BEF décide alors de louer en catastrophe un studio mobile d'une station de télévision de Portland, au Maine, et de diffuser lui-même l'événement.

Même si le prix des billets en bordure du ring atteint 200 $ et qu'il en coûte 20 $ simplement pour une place debout, *Battlecade : Extreme Fighting 2* attire une foule enthousiaste de 4 000 personnes. La soirée commence à 21 h 05 lorsque six jeunes femmes en maillot de bain paradent dans le ring. Puis l'annonceur s'avance au centre. Six combats sont présentés, dont un très court qui dure 44 secondes au cours duquel Ralph *Pitbull* Gracie (cousin de Rorion et Royce Gracie), un athlète pesant à peine 159 livres (72 kg), vainc facilement un combattant bien plus imposant que lui, Steve Nelson. La soirée se termine sans incident majeur. Le lendemain toutefois, les événements se bousculent...

Ce samedi-là, en effet, douze policiers de la Sûreté du Québec, accompagnés de trois *peacekeepers* de la réserve mohawk de Kahnawake, se rendent à l'Hôtel du Parc à Montréal, et arrêtent cinq des combattants qui y avaient passé la nuit, de même que l'arbitre des combats et l'annonceur. Des mandats d'arrestation sont aussi émis contre d'autres participants à l'événement. Steve Nelson racontera par la suite que les policiers se sont rués sur lui et sa copine, Mitzi Jones, alors que tous deux étaient nus dans la chambre en train de regarder la télévision. Il affirme que les policiers ont refusé de les laisser enfiler leurs vêtements avant de procéder à leur arrestation. Tous sont emprisonnés, puis libérés le lundi après avoir été mis en accusation.

Le milieu des arts martiaux mixtes est sous le choc et littéralement consterné. « Au départ, il y avait la controverse suscitée par la présentation de combats extrêmes sur le territoire de la réserve amérindienne », explique Shawn Mozen, instructeur et commentateur d'arts martiaux mixtes de Montréal. « Puis l'événement fut déclaré illégal et on a menacé d'arrêter les athlètes, on a dit qu'on allait faire ceci et cela... Tout cela contribue à faire une mauvaise réputation à un sport tout à fait légitime qui attire des gens comme Georges et son collègue — montréalais également — David *The Crow* Loiseau, des gens absolument charmants. »

L'affaire ravive le débat public sur la souveraineté du peuple mohawk. Furieux, le grand chef de Kahnawake, Joe Norton, qualifie l'injonction de traîtrise et menace de rompre toutes relations avec le gouvernement provincial, relations déjà tendues depuis la crise d'Oka de 1990 au cours de laquelle un policier de la SQ avait trouvé la mort. Toutes les accusations contre les combattants et les autres participants sont bientôt retirées et le gouvernement du Québec, qui voit bien que l'opinion publique est de plus en plus favorable aux arts martiaux mixtes, décide d'autoriser ce sport. Depuis 1998, les arts martiaux mixtes sont autorisés au Québec et sont régis par les mêmes règles qui sont en vigueur au New Jersey.

Les Mohawks de Kahnawake peuvent donc présenter d'autres événements de l'IFC et ils ne s'en privent pas. En mai 1998, la réserve est le théâtre de l'événement *IFC : Cage Combat*. Le jeune Georges St-Pierre, âgé de 16 ans, y assiste, avec la permission de sa mère cette fois. « Mais je me sentais coupable », avoue-t-elle. « Pourquoi Georges voulait-il participer à toute cette violence ? Qu'est-ce que j'ai fait de mal dans son éducation ? » Mais Georges lui explique que ce n'est pas la violence qui l'attire dans ce sport, mais bien la performance athlétique et l'aspect stratégique.

Ce soir-là, Georges assiste à 10 combats mettant aux prises des combattants utilisant divers styles. Un seul incident se produit, soit lorsque Miguel *The Ripper* Menendez est disqualifié pour avoir donné un coup de tête illégal à son adversaire Jay Russel, un spécialiste du jiu-jitsu brésilien. La plupart des combattants sont pratiquement inconnus du public. Le combat final met en scène le lutteur bélarussien Vladimir *The Janitor* Matyushenko qui ne met que 16 secondes à passer un KO technique au spécialiste du muay thaï Anthony *Mad Dog* Macias.

Georges est totalement conquis. Il vient d'obtenir son diplôme d'études secondaires — il y a longtemps que plus personne ne l'intimide — et s'est inscrit au cégep. Sa connaissance de l'anglais s'améliore.

Georges est un jeune homme fort occupé. Il fait toujours un peu de karaté et est maintenant ceinture noire troisième dan (*Sandan*). Il a trouvé un bon instructeur de jiu-jitsu brésilien et s'initie à la boxe et à la lutte. Il est aussi un élève studieux au Collège Édouard-Montpetit, à Longueuil, obtenant un diplôme d'études collégiales en sciences de la nature et un diplôme technique en revêtement de plancher. En plus de s'entraîner et d'étudier, il a quatre emplois et se compte chanceux lorsqu'il peut dormir cinq heures par nuit. Il pratique le plus de styles de combat possible, s'entraînant par exemple à la boxe une journée et au jiu-jitsu brésilien le lendemain.

Il livre aussi des combats amateurs d'arts martiaux mixtes lorsqu'il en a le temps. « J'ai gagné mon tout premier combat amateur », dit-il. « J'avais 16 ans, mon adversaire en avait 25. » Il remporte facilement le combat en terrassant son adversaire avec un puissant coup de pied circulaire à la tête, mais il est bien conscient qu'il a encore beaucoup à apprendre. « Essentiellement », dit-il, « j'étais un karatéka kyokushin et mon adversaire ce soir-là était un boxeur. Je n'étais pas très bon au sol. » S'il avait affronté un adversaire utilisant un autre style de combat, il aurait pu se retrouver en sérieuse difficulté.

Même s'il sait qu'il peut maintenant donner une solide raclée à n'importe quel petit dur de la Rive-Sud, Georges ne se bat que dans le ring. Sauf lorsqu'il ne peut faire autrement. Lorsqu'on lui demande quand eut lieu sa dernière bagarre de rue, Georges St-Pierre raconte :

> *« J'avais 17 ans et je m'apprêtais à quitter un bar parce qu'un gars m'importunait... il devait avoir à peu près 25 ans... Une fois dehors, je me suis rendu compte que le gars m'avait suivi et qu'il s'apprêtait à me frapper avec une bouteille de bière. Je n'avais pas le choix: je devais me défendre. Je lui ai fracturé un bras. Je me suis retrouvé par-dessus lui et je lui ai alors montré mon poing pour lui signifier que, si je le voulais, je pouvais continuer à frapper et lui faire très mal. Je l'ai relâché et il est parti sans demander son reste. »*

Avec son diplôme en revêtement de plancher et les connaissances que lui avait transmises son père dans ce domaine, il trouve du travail dans un magasin de tapis, et sa formation d'athlète lui permet de travailler comme instructeur de sport dans un centre récréatif public. Il travaille même, brièvement toutefois, comme éboueur. Mais pendant cette période de sa vie, il travaille surtout comme « bouncer » dans un bar de la Rive-Sud, le Fuzzy Brossard.

Même si le Fuzzy Brossard est situé dans un petit centre commercial de banlieue, juste à côté d'un restaurant d'une chaîne où l'on sert des petits-déjeuners, c'est le bar à la mode de la région.

Il peut accueillir 1 000 personnes, le plus souvent de jeunes professionnels, et on y a présenté en spectacles des artistes comme Timbaland, Akon, Fat Joe et Sean Paul.

Un habitué de l'endroit, le Longueuillois Conrad Ricard, m'a raconté qu'il se souvient avoir vu Georges travailler comme « bouncer ». « C'était étonnant. Lorsqu'on pense à un "bouncer" de bar, on imagine un motard baraqué ou un géant noir au visage sévère, mais Georges, lui, était relativement petit. On voyait bien qu'il était athlétique et plutôt costaud, mais il n'était certainement pas le "bouncer" type. » Conrad Richard m'a raconté qu'il a souvent vu Georges escorter des clients ivres à l'extérieur du bar, mais ne l'a jamais vu recourir à la violence.

Pour Georges, l'intelligence et le charme sont des outils bien plus efficaces que la bagarre. Un jour, à un journaliste qui lui parle de cette époque, Georges raconte l'anecdote suivante, qui montre bien comment il abordait son travail :

> « C'était moi le "bouncer", mais j'étais probablement l'un des plus petits gars de la place. Il me fallait donc utiliser ma tête. Et puis tu as beau être le plus fort, personne ne peut rien contre une balle de revolver. Pour moi, un bon "bouncer" doit savoir convaincre plutôt que tabasser. Un soir, il y avait ce gars qui importunait tout le monde. Je me suis approché et je lui ai dit : "Il faut que je te parle… La musique est trop forte ici… Viens à l'extérieur." Une fois rendu sur le trottoir, je lui ai expliqué : "Désolé mon vieux, mais tu importunes toutes les filles, tu leur pinces les fesses… Alors, c'est fini pour ce soir. Tu peux revenir demain si tu veux, je n'ai rien contre toi personnellement, mais ce soir, c'est fini." Il s'est rebiffé : "Tu n'as pas le droit de me foutre dehors…". J'ai mis rapidement fin à la conversation : "Bye-bye… et bonne soirée". »

L'importun savait qu'il ne fallait pas défier Georges.

GSP a pu éviter les bagarres parce que tous savaient qu'il n'avait encore jamais perdu lors des combats amateurs auxquels il participait. « Je n'ai jamais eu de problèmes pendant tout le temps où j'ai travaillé comme "bouncer" », dit-il. « Les gens savaient qui j'étais, ils me respectaient et moi, je les respectais. Un soir, un gars s'est approché et m'a dit : "On m'a dit que tu es un combattant. Moi aussi. J'ai fait du kung-fu lorsque j'étais plus jeune. Qu'est-ce que je dois faire pour travailler comme "bouncer", comme toi ? " Le gars avait une bière dans une main et une cigarette dans l'autre. Je lui ai répondu de cesser de boire et de cesser de fumer. »

Ce n'est pas un travail de tout repos et on ne sait jamais quand la violence peut éclater. Alors, dès qu'il a pu, Georges a cessé de faire ce travail. « Le soir où j'ai quitté cet emploi », raconte-t-il, « j'ai dit à la ronde que le "bouncer" qui tente de tabasser les membres de gangs va se faire tirer un jour. Deux semaines plus tard, une fusillade survenait à la porte du bar. Des gars visaient le "bouncer", mais ils ont raté leur cible et touché à la jambe un client qui faisait la file. »

Georges est rentré chez lui, il a continué à travailler, à s'entraîner et à participer à des combats d'amateurs devant quelques centaines de personnes. Lentement, mais sûrement, il prenait les moyens pour réaliser son rêve : devenir un combattant, et un bon. Bref, il attendait l'occasion.

PHOTO : FRANÇOIS ROY, ARCHIVES *LA PRESSE*

L'UFC 83, OPPOSANT GEORGES ST-PIERRE À MATT SERRA, EST LE PREMIER ÉVÉNEMENT
DE LA PRESTIGIEUSE ORGANISATION À SE TENIR À MONTRÉAL (19 AVRIL 2008).
À LA PESÉE OFFICIELLE, DANS UNE SALLE BONDÉE, GSP MONTE SUR LA BALANCE PUIS FAIT UN
DOUBLE SIGNE POUR SOULIGNER QU'IL FAIT LE POIDS.

LA VEILLE DU COMPAT, GSP ET MATT SERRA POSENT POUR LES CAMÉRAS DANS UNE SALLE REMPLIE À CRAQUER. LA TENSION EST À SON PAROXYSME.

GEORGES ST-PIERRE DOMINE SON ADVERSAIRE.
SERRA EST AU SOL ET REÇOIT UNE VOLÉE DE COUPS.

GEORGES ST-PIERRE REMPORTE LE COMBAT CONTRE SERRA PAR KO TECHNIQUE.
IL EST DE NOUVEAU CHAMPION DU MONDE ET GAGNE LE TITRE DEVANT SES PARTISANS
QUI L'ACCLAMENT BRUYAMMENT AU CENTRE BELL.

À LA CONFÉRENCE DE PRESSE EN VUE DU GALA UFC 124 : ST-PIERRE VS KOSCHECK, AUQUEL ASSISTERONT PLUS DE 23 000 PERSONNES, UN RECORD D'ASSISTANCE POUR L'*ULTIMATE FIGHTING CHAMPIONSHIP*.

LORS DU COMBAT QUI L'OPPOSE À GSP, KOSCHECK A L'ARCADE SOURCILIÈRE ENFLÉE ET BLEUIE ET IL SEMBLE INCAPABLE D'OUVRIR SON ŒIL. ON APPRENDRA PLUS TARD QUE ST-PIERRE LUI A FRACTURÉ L'OS ORBITAL.

PHOTO : BERNARD BRAULT, ARCHIVES LA PRESSE

MAL EN POINT, KOSCHECK SUBIT LES ATTAQUES RÉPÉTÉES DE GEORGES ST-PIERRE
LORS DE L'UFC 124, QUI SE DÉROULE AU CENTRE BELL LE 11 DÉCEMBRE 2010.

ST-PIERRE CONSERVE SON TITRE DE CHAMPION MONDIAL AU GALA UFC 124. IL REMPORTE LA VICTOIRE PAR DÉCISION UNANIME SOUS LA CLAMEUR ASSOURDISSANTE DE LA FOULE.

GEORGES ST-PIERRE S'ENTRAÎNE À MONTRÉAL EN VUE DE L'UFC 137, QUI DOIT SE TENIR À LA FIN DU MOIS D'OCTOBRE 2011. AUX PRISES AVEC DES PROBLÈMES PERSISTANTS AUX GENOUX, GSP EST FORCÉ DE SE RETIRER. IL SE BLESSERA GRAVEMENT UN PEU PLUS D'UN MOIS PLUS TARD.

L'ATHLÈTE QUÉBÉCOIS SE REMET À L'ENTRAÎNEMENT APRÈS SA CONVALESCENCE,
À LA SUITE D'UNE INTERVENTION CHIRURGICALE AU GENOU. IL A ANNONCÉ SON RETOUR
POUR L'UFC 154, PRÉSENTÉ À MONTRÉAL EN NOVEMBRE 2012.

CHAPITRE

Les combats d'arts martiaux mixtes étant désormais autorisés au Québec, ce n'est qu'une question de temps avant que des combattants amateurs étoiles comme GSP aient leur chance. Mais si la discipline devient peu à peu une industrie lucrative au début des années 2000, les arts martiaux mixtes restent peu connus au Canada.

Montréal fait toutefois exception et les adopte rapidement. Dans les quartiers durs, que ce soit au centre-ville de Montréal ou sur la Rive-Sud, tout ce qui touche à la bagarre attire de nombreux jeunes hommes, sans compter que Montréal a une longue tradition en lutte professionnelle et en boxe, notamment avec la célèbre famille Hilton.

Le 9 novembre 1997, la métropole est le théâtre d'un événement qui fait grand bruit dans le milieu de la lutte professionnelle. Dans ce qu'on appellera plus tard « The Montreal Screwjob » (*L'arnaque de Montréal*), le grand patron de la WWF, Vince McMahon, informe en privé chacun des deux combattants, soit le champion Bret *The Hit Man* Hart et le challenger Shawn Michaels, qu'il sera déclaré vainqueur. Mais il ordonne ensuite à l'arbitre du combat de déclarer Michaels vainqueur dès que l'occasion se présentera. Les 20 000 places du Centre Molson (aujourd'hui le Centre Bell) ont été vendues pour cette soirée de lutte, qui est aussi fort populaire à la télévision à la carte auprès des amateurs de la région. À l'époque, seuls les

Canadiens de Montréal attirent plus d'amateurs que la lutte professionnelle.

Au tournant du millénaire, les amateurs de sports de combat délaissent la boxe, en raison d'incidents tragiques qui surviennent durant des combats, mais aussi des liens des promoteurs avec le crime organisé. Ils se désintéressent aussi de la lutte, avec son côté puéril et ses combats truqués. Les combats d'arts martiaux mixtes étant maintenant autorisés au Québec, les Montréalais adoptent rapidement ce sport.

Si l'UFC met du temps à comprendre que le Québec constitue un marché potentiel intéressant, l'IFC s'y installe tout de suite. Entre le tout premier combat qu'elle présente en sol canadien, l'IFC 7 : Cage Combat, le 30 mai 1998 — auquel Georges assiste — et l'été 2000, l'IFC organise 11 événements, dont cinq sont présentés dans la région de Montréal (quatre au Kahnawake Sports Complex et un au Centre Pierre-Charbonneau, dans le dur quartier d'Hochelaga-Maisonneuve). Tous ces événements sont présentés à guichets fermés.

Ce succès incite bientôt des promoteurs locaux à s'intéresser aux arts martiaux mixtes. L'homme d'affaires Stéphane Patry fonde l'Universal Combat Challenge (UCC), qui deviendra plus tard TKO Major League MMA ou, pour les amateurs, simplement TKO, et présente des combats d'arts martiaux mixtes à Montréal et dans la région.

Première organisation sérieuse à présenter des combats d'arts martiaux mixtes au Canada, l'UCC met principalement en scène des combattants locaux. Même si plusieurs d'entre eux, et l'immense majorité des spectateurs, sont francophones, l'UCC utilise l'anglais comme langue principale dans l'espoir d'intéresser d'éventuels auditoires étrangers à la télévision à la carte et de vendre des DVD.

L'UCC mise d'abord sur deux combattants canadiens de talent, David *The Crow* Loiseau et Justin *Loaf* Bruckmann. Loiseau, un maître du taekwondo et du muay thaï, est le plus connu.

Il a grandi à Montréal après que ses parents eurent immigré d'Haïti alors qu'il était âgé de 10 ans. Il deviendra plus tard un des meilleurs amis de Georges St-Pierre et son partenaire d'entraînement.

Bruckmann est originaire de Brooklin, un petit village rural au nord-est de Toronto dont le principal employeur est une usine de fabrication de béton, et il est un maître de judo. Malgré leur différence de poids — Loiseau pèse 185 livres (84 kg) et Bruckmann 155 livres (70 kg) —, tous deux s'affrontent lors des deux premiers événements de l'UCC. Bruckmann remporte le premier combat lors de l'UCC 1 : The New Beginning, forçant Loiseau à se soumettre au bout de trois minutes quatre secondes grâce à une clé de bras; mais Loiseau prend sa revanche lors du deuxième événement, UCC 2 : The Moment of Truth, le 12 août 2000, obligeant à son tour Bruckmann à se soumettre avec une guillotine au bout de trois minutes sept secondes.

La communauté québécoise des arts martiaux mixtes est encore une petite communauté où tout le monde se connaît et bientôt, l'UCC s'intéresse à un jeune combattant amateur qui fait de plus en plus parler de lui et qui est encore invaincu, Georges St-Pierre. C'est l'occasion que Georges attendait. « Dès ma première rencontre avec Stéphane Patry et son équipe », racontera Georges plus tard, « j'ai su que je voulais devenir un champion des arts martiaux mixtes. »

Georges fait ses débuts professionnels lors de l'UCC 7 : Bad Boyz, le 25 janvier 2002 à l'Auditorium de Verdun, dans la partie sud de Montréal. Il a 20 ans. Même si l'on parle de l'UCC 7, il s'agit en réalité du neuvième événement d'arts martiaux mixtes de l'organisation. En effet, en plus de cinq événements majeurs à Montréal et Sherbrooke et un autre à Québec, l'UCC avait présenté deux événements mineurs qui visaient à vérifier l'intérêt dans certains milieux et qui avaient eu lieu à l'hôtel Gouverneur de Saint-Jean-sur-Richelieu à environ 50 kilomètres au sud de Montréal.

À son premier combat professionnel, Georges affronte Ivan *The Pride of El Salvador* Menjivar. Plutôt petit à cinq pieds six pouces (1,65 m) et se battant généralement à un poids de 135 livres (61 kg), Menjivar est pourtant un adversaire redoutable. Spécialiste du jiu-jitsu brésilien, de la boxe, du muay thaï et de la lutte, il est expérimenté et bat régulièrement et facilement des adversaires beaucoup plus imposants que lui.

Menjivar vit à Montréal depuis l'âge de 12 ans lorsque ses parents ont émigré du Salvador. Il a remporté ses quatre combats avec l'UCC, dont deux par soumission et un par KO technique. À sa dernière prestation lors de l'UCC Proving Ground 2, le 16 décembre 2001, il a battu l'imposant montréalais Dany Ward en un peu plus d'une minute grâce à une foudroyante rafale de coups. Certes, il est petit, mais tous savent qu'il est un adversaire extrêmement coriace pour n'importe quel combattant, à plus forte raison si ce combattant en est à son tout premier combat professionnel. Et contrairement aux autres adversaires qu'a affrontés Georges jusqu'à maintenant, Menjivar excelle dans le combat au sol, qui constitue la principale faiblesse de St-Pierre.

Avant le combat, l'animateur de la télé à la carte présente Georges comme un jeune combattant spectaculaire qui fait ses débuts avec l'UCC et prononce son nom à l'anglaise : « George Sainte Pierrrr ». Devant la caméra, Georges lance quelques coups de poing et coups de pied rapides, puis se présente, en français : « Mon nom est Georges St-Pierre. Dans la vie de tous les jours, je suis un "gentleman", mais vous allez voir que ce soir, dans le ring de l'UCC, ce sera une autre chose. » Il embrasse son poing et fait mine de frapper la caméra.

St-Pierre est dans le ring et se prépare à combattre. L'annonceur-maison le présente, d'abord en anglais, puis en français. Georges se bat à 168 livres (76 kg). Menjivar, lui, porte un bandage à l'oreille, séquelle de son combat contre Dany Ward cinq semaines plus tôt. Large d'épaules et tout en muscles, il se battra à 172 livres (78 kg). Comme il dépasse le poids limite de la catégorie des poids mi-moyens, qui est fixé à 169,9 livres (77 kg), il devra remettre 20 % de sa bourse à Georges, peu importe l'issue du combat. Pendant que l'arbitre donne ses directives aux deux combattants, Menjivar sourit, puis salue amicalement Georges.

C'est le troisième combat de la soirée. Les deux premiers, qui se sont terminés par décision, ont été plutôt fades. Comme le veut l'usage, les deux adversaires se touchent les poings en signe de respect avant d'engager le combat. St-Pierre lance la première attaque, un coup de pied de la droite à la hanche de Menjivar. Il se sert ensuite de sa plus longue allonge pour décocher un crochet de la gauche à la tête de son adversaire. Hors d'équilibre, Menjivar se lance vers l'avant et les deux opposants échangent une série de coups. Avec un centre de gravité plus bas, Menjivar se penche pour éviter les coups de poing de Georges et il réussit à le repousser. Juste avant que les deux adversaires se retrouvent dans les câbles, Menjivar commence à soulever St-Pierre.

La jeune recrue réussit toutefois à faire pivoter son adversaire, le repousse et s'éloigne des câbles. Il applique une rapide droite à l'abdomen de Menjivar et peut alors se dégager. Il en paye le prix lorsqu'il reçoit un jab sec au visage, mais au moins, il peut s'éloigner quelque peu. Puis, feintant un coup de pied, Georges s'avance vers Menjivar en déséquilibre et lance deux rapides coups de poing.

Le dos appuyé au ridoir des câbles, Menjivar soulève St-Pierre, qui se débat et parvient à remettre les pieds au sol, puis les deux hommes se retrouvent dans les câbles une fois de plus. Menjivar tente alors de renverser Georges, mais ne parvient qu'à le repousser dans les câbles. St-Pierre se relève en prenant appui sur le ridoir. Menjivar se recule pour évaluer la situation, puis lance quelques coups de poing et engage de nouveau le combat. Sous l'impact, Georges agrippant le câble pour éviter de tomber, atterrit en position assise, puis se retrouve à quatre pattes.

Devinant que Menjivar s'apprête à se placer en position de lutte, Georges pivote sur le dos et enserre la taille de Menjivar avec ses jambes. Menjivar, toujours debout, mais penché vers l'avant, peut ainsi lancer une série de coups de poing imparables jusqu'à ce que St-Pierre puisse placer ses mains sur la nuque de son adversaire et le ramener vers lui. Sous son adversaire, St-Pierre se protège en passant en garde papillon, les deux adversaires s'échangent quelques faibles coups de poing, chacun tentant de prendre une position dominante. Avec deux minutes 59 secondes à faire dans ce round d'une durée de cinq minutes, l'arbitre s'interpose et sépare les combattants.

À la reprise, St-Pierre tente d'amener son adversaire au sol par ramassement d'une seule jambe. Menjivar résiste aux deux premières tentatives de Georges, mais il est renversé à la troisième. Il tombe sur le dos et Georges se rue sur lui. En position de faiblesse, Menjivar ceinture son adversaire avec ses jambes dans l'espoir de l'empêcher de l'atteindre au haut du corps. St-Pierre atteint pourtant Menjivar au visage de deux solides gauches appliquées par-dessus. Mais il met trop de force dans ses coups, ce qui le fait pivoter et Menjivar peut alors dégager sa jambe gauche. St-Pierre comprend alors qu'il ne peut plus reprendre une position dominante et laisse Menjivar se relever.

Avec une minute à faire au round, Georges se retrouve sur le dos, réussissant à peine à tenir Menjivar à distance. Menjivar porte quelques faibles coups de poing au visage de Georges, qui le repousse, puis se relève.

Les deux combattants sont maintenant debout. St-Pierre semble étourdi et s'appuie sur les câbles, mais il lance une droite pas très puissante qui fait toutefois trébucher Menjivar vers l'arrière. Georges est maintenant par-dessus son adversaire et lui envoie une rafale de solides coups de poing. L'arbitre s'interpose. On voit les deux adversaires échanger quelques mots avec l'arbitre. Le combat est terminé.

À quatre minutes 59 secondes d'un round qui doit durer cinq minutes, l'arbitre croit avoir entendu Menjivar demander grâce. Georges St-Pierre a remporté son premier combat professionnel. Officiellement, Georges a enregistré un KO technique à quatre minutes 50 secondes. Dix-sept de ses coups ont atteint la cible et il a réussi à renverser son adversaire une fois. Menjivar, lui, atteint la cible huit fois et a renversé son opposant deux fois.

Lorsqu'on annonce le résultat du combat, les huées se font entendre et couvrent les applaudissements. Au centre du ring, les deux combattants échangent quelques mots. Menjivar sourit et hausse les épaules.

En entrevue après le combat, Georges s'empare du micro. En français, il explique à la foule en colère que, s'il a officiellement gagné le combat, il sait qu'Ivan n'a jamais voulu se soumettre, qu'il tentait simplement de faire savoir à l'arbitre qu'il était au contraire en mesure de poursuivre et que, quant à lui, ce combat est un match nul.

La foule applaudit à tout rompre ce jeune homme de Saint-Isidore, debout au centre du ring et encore porté par l'adrénaline, qui dit simplement ce qu'il a vu. Il ne veut pas de faveur, pas de victoire qu'il n'a pleinement méritée. Ce soir-là, Georges St-Pierre démontre un esprit sportif hors du commun.

* * * * *

Presque malgré lui, Georges St-Pierre a officiellement remporté son premier combat professionnel d'arts martiaux mixtes. Et même si le combat s'est terminé dans la controverse, les dirigeants de l'UCC sont fortement impressionnés par sa prestation, à tel point qu'ils décident de lui permettre de se battre dès maintenant pour le titre des mi-moyens de l'organisation.

Avec une fiche de quatre victoires contre une seule défaite, Justin *Loaf* Bruckmann détient le titre des poids mi-moyens depuis sa difficile victoire par décision en quatre rounds contre le regretté Phil Hughes, lors de l'UCC 6: Redemption, le 19 octobre 2001. La catégorie des poids mi-moyens n'est pas la catégorie naturelle de Bruckmann, qui est le plus efficace dans la catégorie des poids légers, soit celle des 155 livres (70 kg). Mais comme il n'avait pas d'opposition valable dans cette dernière catégorie, il est passé chez les mi-moyens. Combattant expérimenté, Bruckmann est un maître du judo et peut donc donner passablement de fil à retordre à Georges, qui est alors essentiellement reconnu comme un cogneur.

Georges est maintenant un professionnel, mais les cachets payés par l'UCC ne sont pas suffisants pour assurer le gagne-pain des

combattants. Bien que l'organisation ait des commanditaires —
les principaux sont Coors Light et les condoms LifeStyles —, les
combattants ne sont pas très bien payés. Les meilleurs gagnent à
peine 15 000 $ par année. Georges St-Pierre doit donc travailler
pour gagner sa vie tout en courant les gymnases et les dojos de
la région de Montréal pour s'entraîner aux divers styles.

Le combat de championnat doit avoir lieu le 15 juin 2002, un
mois après que Georges ait célébré son 21e anniversaire, dans
le cadre de l'UCC 10 : Battle for the Belts 2002. L'événement
doit se tenir dans la ville de Hull (fusionnée depuis à la ville
de Gatineau), le long de la rivière des Outaouais qui sépare le
Québec de l'Ontario, où les combats d'arts martiaux mixtes sont
toujours interdits.

L'événement est présenté devant une salle comble au Centre
Robert-Guertin et huit combats doivent avoir lieu avant l'affrontement St-Pierre–Bruckmann. Les combattants sont pour la
plupart montréalais, et Ivan Menjivar gagnera notamment son
combat par décision unanime contre un expert du jiu-jitsu brésilien au surnom étonnant, l'Américain Jeff *The Big Frog* Curran.

Dès le début du combat Bruckmann–St-Pierre, on constate
l'énorme différence dans les styles des deux adversaires.
Bruckmann est fébrile et sautille sur place comme un boxeur
alors que St-Pierre, lui, a les deux pieds bien plantés au sol.

À la surprise générale, St-Pierre est le premier à tenter de renverser son adversaire alors qu'on s'attendait à ce qu'il tente plutôt
de l'affaiblir avec ses poings. À peine quelques secondes après
le début du combat, il entoure Bruckmann à la taille, place son
épaule sur l'abdomen de son adversaire et le renverse. St-Pierre
est par-dessus Bruckmann, qui arrive difficilement à installer
sa garde avec ses jambes. Les deux adversaires tournent sur le
ring dans cette position, puis Bruckmann passe sa jambe gauche sous la jambe droite de Georges et tente de le soulever, mais
Georges n'a aucun mal à maintenir son adversaire au sol. De ses
deux pieds, Bruckmann repousse à plusieurs reprises Georges,
qui se retrouve à genoux, mais résiste encore.

Voilà qui est étonnant. St-Pierre, le cogneur spécialiste du karaté, domine au sol le champion, un maître ceinture noire de judo. Ce soir-là, Georges fait mentir tous ceux qui croyaient qu'il n'était qu'un redoutable cogneur.

Les deux combattants se relèvent puis, à la vitesse de l'éclair, Bruckmann lance un puissant coup de genou à l'abdomen de Georges. Ce dernier repousse son opposant dans les câbles puis tombe subitement, entraînant son adversaire. Bruckmann se relève, applique deux faibles coups de genou puis tente de faucher St-Pierre. Mais ce dernier réussit à placer ses deux mains derrière les genoux de son adversaire. Bruckmann sait ce qui s'en vient, mais il n'y peut rien : en un éclair, il tombe lourdement, comme un sac de sable. Les commentateurs sont impressionnés : « Ce n'était même pas un renversement… c'était… Allez, toi… par terre ! »

Le combat tire à sa fin. Bruckmann est sur le dos, il calcule mal sa position et son bras gauche est vulnérable. Georges le saisit et applique une clé de bras. Bruckmann n'a pas le choix : il frappe le sol de la main en signe de soumission.

Dès que l'arbitre sépare les combattants, GSP se lève, saute dans les airs et se précipite dans son coin. Ses assistants le soulèvent et le promènent dans le ring. À son deuxième combat, à tout juste 21 ans, Georges St-Pierre est champion. Cette fois, il n'a pas à s'excuser de sa victoire.

Les célébrations sont de courte durée. Georges rejoint bientôt Bruckmann, qui se relève péniblement. Il veut s'assurer que son adversaire n'est pas blessé sérieusement, il lui fait une accolade et le félicite de sa prestation.

Le résultat officiel : soumission par clé de bras à trois minutes 23 secondes du premier round. La victoire de Georges est sans équivoque : 20 de ses 24 coups ont atteint la cible et il a renversé son adversaire deux fois en trois tentatives, alors que Bruckman a lancé seulement trois coups dont deux ont porté et il a raté sa seule tentative de renverser son adversaire.

Georges St-Pierre n'a livré que deux combats, il est professionnel des arts martiaux mixtes depuis moins de six mois, et il est
champion.

Mais très tôt dans sa carrière, Georges doit apprendre à composer
avec la critique. Certaines personnes, en effet, font remarquer que
les deux hommes que Georges a vaincus sont d'une catégorie de
poids inférieure et ont dû rapidement prendre du poids pour pouvoir se battre chez les mi-moyens. Si la victoire contre Bruckmann
est sans équivoque, celle contre Menjivar fait toujours jaser.

Pour faire taire ces critiques, Georges devra affronter et battre
un adversaire plus grand et plus lourd que lui. L'UCC le trouve à
Edmonton, en Alberta. Il mesure 6 pieds (1,82 m), pèse 185 livres
(84 kg) et s'appelle Travis *The Gladiator* Galbraith.

Si Georges St-Pierre fut victime d'intimidation pendant son
enfance, au moins il avait une famille. Galbraith, lui, n'a pas eu
cette chance. « J'ai eu une enfance difficile », dit-il. « Jusqu'à
l'âge de 18 ans, j'allais d'un centre de détention pour jeunes à
un autre. Mes parents ne se sont jamais occupés de moi. Pour
moi qui n'avais pas d'avenir, me battre semblait la seule voie
possible. J'ai appris seul, en me battant. Je savais que je devais
persévérer. Je ne pouvais compter que sur moi-même. »

Si Galbraith a commencé dans la rue, il a su se discipliner et s'est
peu à peu initié à différents arts martiaux. Comme combattant
professionnel pour des organisations d'arts martiaux mixtes de
l'Ouest canadien, comme World Freestyle Fighting et Roadhouse
Rumble, il a remporté cinq victoires et subi une seule défaite,
contre le Manitobain Joe *El Dirte* Doerksen, l'un des combattants
les plus respectés au Canada dans la catégorie des poids moyens.

Contre Menjivar et Bruckmann, Georges a démontré qu'il pouvait
combattre efficacement contre des adversaires qui utilisent divers
styles. Quatre mois après avoir vaincu Bruckmann, il affronterait
donc Galbraith lors de l'UCC 11 : The Next Level, le 11 octobre
2002 à l'Auditorium de Verdun. Neuf combats sont au programme
avec des combattants comme Doerksen, Menjivar, Bruckmann et

Loiseau, et le combat principal doit opposer St-Pierre, qui défendra cette fois son titre de champion des poids mi-moyens contre un adversaire qui se bat habituellement dans la catégorie des poids moyens, une catégorie supérieure.

Ce combat est l'archétype même du combat entre le bon et le méchant, le bon étant bien sûr le *p'tit gars du coin*. Sur le ring pendant que l'annonceur-maison le présente, Galbraith, appuyé dans les câbles, semble désintéressé, presque méprisant. Lorsque son nom retentit, il fait tournoyer son index dans les airs, l'air totalement absent. Des huées se font entendre.

Dans le coin opposé, Georges est une boule d'énergie. Lorsque l'annonceur-maison le présente comme le champion incontesté de la catégorie, il trottine nerveusement vers le centre du ring en lançant des coups de poing dans les airs. L'annonceur prononce son nom sous les cris d'une foule enthousiaste, et Georges salue ses fans en joignant les mains. C'est la première fois qu'on le présente sous le surnom de Georges *Rush* St-Pierre.

On a donné toutes sortes d'explications sur l'origine de ce surnom, et plusieurs affirment que c'est Stéphane Patry qui l'a trouvé, mais quoi qu'il en soit, il s'applique parfaitement à Georges St-Pierre. En anglais, le mot « rush » signifie urgence, mais porte aussi la notion de poussée d'adrénaline (*adrenaline rush*). C'est Georges lui-même qui explique : « Lors de mes premiers combats au Canada, je soumettais tous mes adversaires au premier round, et mon gérant a trouvé ce surnom de Rush particulièrement approprié. »

Si Galbraith avait semblé plutôt méprisant avant le début du combat, il avait un réel respect pour Georges. Juste avant le début du combat, il regarde St-Pierre droit dans les yeux, lui dit quelques mots, puis lui donne la main.

Le combat s'engage rapidement. St-Pierre décoche une faible gauche à la poitrine de Galbraith. Ce dernier voit une ouverture et lance un coup de pied qui atteint la hanche gauche de Georges. En lançant ce coup, Galbraith est en déséquilibre et dès lors vulnérable, et St-Pierre fonce sur lui, plaque son épaule gauche à la taille de l'adversaire, lui enserre la taille de ses deux mains, puis le soulève. Galbraith tombe lourdement au sol.

Les deux adversaires combattent au sol pendant plusieurs secondes, Galbraith constamment sur la défensive. On peut entendre l'entraîneur de Georges lui crier à plusieurs reprises : « Triangle ! Triangle ! ». Mais Galbraith protège bien sa gorge et St-Pierre ne parvient pas à appliquer l'étranglement en triangle. Il tente alors une clé de bras. Il tient le bras gauche de Galbraith, mais ce dernier résiste toujours. Georges donne un rapide coup de genou dans les côtes de son adversaire, puis pose son avant-bras droit sur le cou de Galbraith et sa main derrière sa nuque. S'il ne parvient pas à faire un étranglement, St-Pierre soulève la tête de Galbraith et la rabat violemment au sol en lui appliquant un puissant coup de poing à la figure.

L'arbitre, qui surveille attentivement les combattants depuis près d'une minute, en a assez vu : il met fin au supplice. Georges se relève, se frappe les mains et lance un cri de joie. Il marche sur le ring, enlève son protecteur buccal et le lance dans la foule. Il lève les bras dans les airs en signe de victoire, puis envoie un baiser à la foule, qui est en délire.

Visiblement, Galbraith n'est pas d'accord avec l'intervention de l'arbitre. Il se relève et s'avance vers Georges comme pour le défier, mais l'arbitre lui immobilise les deux bras et l'éloigne de Georges. Celui-ci s'adresse à Galbraith pour calmer le jeu.

L'arbitre et les assistants de Galbraith réussissent à le calmer et l'assoient dans son coin. Georges, lui, s'avance au centre du ring, envoyant des baisers à la foule, puis fait une série de sauts périlleux arrière. Il s'arrête, s'agenouille au centre du ring, se signe et fait une courte prière. Il se relève ensuite, se rend dans le coin de Galbraith pour lui serrer la main et lui parler. Galbraith a retrouvé son calme, mais est visiblement toujours irrité.

St-Pierre a gagné par KO technique à deux minutes trois secondes du premier round. La victoire ne laisse aucun doute : 13 des

15 coups donnés par St-Pierre ont porté, et ses deux tentatives pour renverser Galbraith ont réussi. Galbraith, lui, a porté un seul coup, qui a atteint la cible, et n'a fait aucune tentative de renversement. Après le combat, sur Internet, de nombreux fans se demandent pourquoi Galbraith semblait aussi irrité que l'arbitre ait stoppé le combat. Mais la plupart des internautes s'entendent sur un point : même si le combat s'était poursuivi, jamais Galbraith n'aurait pu en sortir vainqueur.

CHAPITRE

Après sa victoire convaincante contre Galbraith, Georges St-Pierre devient celui dont tout le monde parle dans le milieu des arts martiaux mixtes au Canada. Il attire maintenant l'attention de certaines des personnes les plus influentes du sport, dont le commentateur de la radio et de la télévision du réseau *Sportsnet*, Joe Ferraro (connu sous le surnom de *Showdown* Joe), probablement le commentateur le plus connu et le plus respecté dans le domaine des arts martiaux mixtes au Canada. Plus tard, il écrira :

> « *Georges m'a impressionné lorsqu'il a fait ses débuts professionnels contre le vétéran de l'UFC Ivan Menjivar. Puis, dès son deuxième combat, il a remporté son premier titre lorsqu'il a vaincu l'un de mes partenaires d'entraînement de l'époque, Justin Bruckmann. Il a ensuite remporté la victoire lors d'un combat particulièrement violent contre le vétéran de l'organisation Pride Fighting Championships, Travis Galbraith, et, à son quatrième combat, je me suis rendu à l'évidence : GSP était un véritable phénomène et nous assistions à la naissance d'une légende.* »

St-Pierre est l'étoile montante, mais l'étoile brille peut-être un peu trop... Les médias l'appellent maintenant GSP. Trois mois après le combat contre Galbraith, sept mois après celui contre Bruckmann lors de l'UCC 10, il doit défendre son titre de nouveau le 25 janvier 2003 au Centre Pierre-Charbonneau à Montréal, alors que l'UCC 12 : Adrenaline l'opposera à un combattant californien, Thomas *The Wildman* Denny. C'est le premier événement de l'UCC qui sera présenté à la télévision à la carte.

Même si l'UCC 12 n'est qu'un événement parmi des dizaines d'autres présentés par des organisations régionales et qu'il n'attirera pas des auditoires très nombreux, il s'agit tout de même du combat le plus important de la jeune carrière de GSP.

L'UCC a déjà organisé des événements au même endroit et les amateurs montréalais connaissent plusieurs des combattants qui sont au programme de cette soirée, mais cet UCC 12 est différent des événements précédents. On dirait un mauvais scénario, une sorte de caricature des combats de la WWF (World Wrestling Federation), à commencer par les entrevues pré-combat. Thomas Denny, les bras couverts de tatouages, porte au cou une lourde chaîne en or. La tête, partiellement rasée, est ornée de trois bandes de cheveux — une en plein centre et une de chaque côté — et montre un W tracé au rasoir sur le derrière. De chaque côté du menton, la barbe forme une longue barbichette, un peu comme une chèvre. À la caméra, il récite son boniment : « Je suis *The Wildman*, Thomas Denny. Je suis venu de Californie pour botter le cul de ce petit Canadien. Et vous tous, les Canadiens, je sais que vous me détestez maintenant, mais vous m'adorerez à la fin du combat. Je suis ici pour me battre contre Georges de la Jungle, et il ferait mieux de surveiller mes coups de genou. » Denny a la réputation d'être un excentrique qui n'a pas peur de fanfaronner, mais ce soir, son baratin a visiblement été soigneusement écrit. Jouer sur la rivalité Canada–États-Unis ressemble aux façons de faire de la WWF.

L'entrée de Denny dans le ring est digne des scénarios loufoques auxquels on assiste dans les soirées de lutte professionnelle. L'amphithéâtre est plongé dans l'obscurité totale lorsque, subitement, deux projecteurs illuminent le haut de l'escalier qui descend jusqu'à la longue rampe menant au ring. Denny apparaît sous les projecteurs au son d'une puissante musique *heavy metal*, la fumée jaillit des pots fumigènes. Portant un masque imitant un crâne humain surmonté de deux énormes cornes rappelant les casques de Viking, vêtu d'une tunique en tissu léopard ornée de crânes en plastique, Thomas *The Wildman* Denny s'avance vers le ring.

La mise en scène organisée pour désigner Denny comme le vilain permet de renforcer l'image de héros que l'on veut donner de GSP. À l'écran, on le présente comme un maître du combat au sol, même s'il a plutôt alors la réputation d'être un cogneur. En français d'abord, puis en anglais, Georges se présente comme le champion canadien qui en est à son premier combat international. Il termine en montrant son poing puis en fixant la caméra, il dit : « Ce soir, *The Wildman* va le voir de très près. »

Il descend en courant au son d'une musique entraînante, portant un kimono bleu et un bandeau de tête à la japonaise. Il saute dans le ring, s'agenouille, se signe et fait une courte prière.

Dès le son de la cloche, les deux adversaires prennent la position du boxeur et s'étudient. GSP engage le combat par une solide gauche qui ricoche sur le visage de Denny, qui parvient à bloquer une droite et à placer son avant-bras sur la nuque de GSP. Le champion atteint Denny au flanc et ce dernier réplique avec un coup de genou que St-Pierre réussit partiellement à bloquer.

Denny appuie de toutes ses forces sur la nuque de GSP dans une tentative pour l'amener au sol, mais GSP résiste en abaissant son bassin afin de garder son centre de gravité le plus bas possible. Il s'agenouille et saisit l'arrière du genou de Denny pour le faire tomber, mais Denny est tenace et parvient à libérer sa jambe et à se relever.

Denny repousse son adversaire et lui donne un puissant coup de genou à l'abdomen. Les deux adversaires semblent fatigués. Denny réussit à soulever St-Pierre quelques secondes, mais ce dernier retombe sur les pieds. Ils se retiennent pendant un long moment, et, après que GSP ait pu lancer une rafale de coups de poing, ils se séparent.

Denny s'approche et lance une gauche. St-Pierre tente son meilleur coup. Il se penche et se rue sur Denny qui tombe à genou, mais se relève immédiatement. Georges se relève aussi, appuie alors son épaule gauche sur la poitrine de son opposant qui se tient alors sur un seul pied, et le renverse sur le dos.

Au sol, Denny prend la garde. Chacun tente de trouver une faille dans la défense de l'autre, tous deux échangent quelques coups de poing et de tête, qui sont permis par l'UCC à l'époque. GSP domine nettement l'échange. Il tente sans succès de placer son avant-bras à la gorge de Denny, mais réussit à le frapper sur le côté de la tête avec son genou gauche. Visiblement frustré par la défensive efficace de Denny, GSP lui applique un autre coup de genou à la tête. Ce mouvement de GSP permet à Denny de le soulever sur ses jambes et ses mains. GSP applique une solide droite pour contrer la poussée de Denny et se retrouve de nouveau par-dessus lui. Il soulève la tête de Denny, la rabat au tapis, puis sort une solide droite. Le round se termine ainsi, Denny sur le dos, incapable de faire quoi que ce soit et subissant une sévère correction.

GSP a totalement dominé son adversaire. Mais quelque chose ne va pas. GSP est épuisé. Il est malade, trop malade pour poursuivre le combat. Il prend une décision lourde de sens : il veut abandonner et déclarer forfait.

C'est peut-être une simple tactique. L'UCC est une organisation régionale et GSP est le champion canadien des mi-moyens. S'il abandonne, il conservera son titre et sa ceinture puisque Denny est un Américain. Mais ce serait sa première défaite, une première sur une fiche jusque-là immaculée. Pourtant, il est bien décidé :

« *Au premier round, je l'ai renversé et j'ai tout tenté pour en finir avec lui, mais il a résisté. À la fin du round, j'étais tellement épuisé que j'ai eu de la difficulté à marcher jusque dans mon coin. Alors, j'ai dit à mon homme de coin : "Je suis tellement épuisé, je ne peux pas continuer." Il m'a répondu : "Mais tu es en train de lui botter le cul ! Tu dois poursuivre et continuer de faire ce que tu fais depuis le début du combat." Alors, j'ai dit : "Je me sens vraiment faible. J'ai l'impression que je vais mourir. Écoute, dès la reprise, je tente un coup de pied à la tête. Si ça ne fonctionne pas, tu lances la serviette." Il m'a répondu : "Je n'ai pas de serviette… Georges, vois-tu une serviette ici ?" Alors, j'ai pensé : "Génial ! Mon entraîneur veut que je me fasse tuer !" Mon entraîneur, mon ami, voulait que je meure dans le ring. J'étais en colère. Mais je suis retourné me battre ».*

GSP fait comme il avait prévu : il lance tout de suite un coup de pied circulaire de la gauche à la tête de Denny. Il n'atteint pas la cible. Aucune serviette n'apparaît au centre du ring. Loiseau, son ami, n'allait pas le laisser abandonner. GSP n'a plus le choix : il doit terrasser Denny ou l'obliger à se soumettre, sinon il perdra le combat.

Georges feint un coup de pied de la droite puis se rue sur Denny. Il est positionné un peu trop haut, mais la force, l'élan et la poussée des jambes renversent l'adversaire sur le dos. Il passe la garde de Denny et se place en position montée de côté. Denny se retrouve alors dans la même position précaire que pendant la majeure partie du premier round : sur le dos et cherchant désespérément un moyen de se libérer.

GSP passe complètement la garde de Denny. Il est dans une position idéale, assis sur son abdomen et le martelant de coups de poing à la tête. Denny parvient à passer ses bras autour de la taille de GSP et à le bloquer suffisamment pour faire cesser la rafale de coups de poing. GSP réussit à se défaire de l'étreinte de Denny et recommence à frapper, mais Denny roule par la droite, repousse Georges et se relève.

Denny a le visage tuméfié et saigne abondamment du nez. GSP le couche encore et s'installe par-dessus lui. Denny tente quelques faibles coups de poing à l'arrière de la tête du champion, un autre coup permis par l'UCC.

Les deux combattants semblent épuisés. Denny lance un dur coup de genou à l'abdomen de Georges, qui riposte de la même façon. Alors que Denny, repoussé dans les câbles, tente de trouver un moyen de frapper Georges, ce dernier couche de nouveau son adversaire. GSP est par-dessus Denny, mais la garde de ce dernier est efficace et les deux adversaires parviennent tout juste à s'échanger quelques faibles coups de poing.

Denny parvient à se relever, sur les genoux d'abord, puis sur les pieds. Les deux combattants se retiennent alors un bon moment, se lançant quelques coups de genou, puis Denny se retrouve encore une fois sur le dos. En position montée de côté, GSP semble avoir un regain d'énergie, rabat la tête de Denny au tapis et lance deux durs coups de genou suivis de solides coups de poing.

L'arbitre intervient et sépare les combattants. C'est terminé. GSP, qui était sur le point d'abandonner quelques minutes plus tôt, remporte une victoire indiscutable.

Pendant que dans le coin de Denny, ses assistants épongent le sang qui coule abondamment, GSP célèbre sa victoire, mais il y met moins d'entrain que d'habitude. Il monte sur les câbles, fait semblant de tirer du revolver dans les airs, puis effectue quelques mouvements de break dancing au centre du ring. Denny va le rejoindre, tous deux se font l'accolade et échangent quelques propos qui semblent amicaux, puis Georges prend une petite serviette qu'il enroule sur sa tête comme le bandeau qu'il avait au début du combat. À l'annonce du résultat, Denny applaudit son adversaire et tous deux se font de nouveau une brève accolade. Complètement revigoré, Georges St-Pierre se lance dans une série de mouvements de gymnastique et de break dancing.

Le résultat est clair : KO technique à quatre minutes 45 secondes du deuxième round. Vingt-cinq coups de GSP ont touché la cible et il a renversé son adversaire sept fois alors que sept des coups de Denny ont porté et aucune de ses tentatives de projection au sol n'a réussi.

Pour Joe Ferraro, qui connaissait déjà GSP et était impressionné par lui, ce combat est particulièrement révélateur :

« *Lorsqu'on a annoncé ce combat entre GSP et Thomas* The Wildman *Denny, j'étais convaincu que Georges visait trop haut. Denny avait une fiche de 10 victoires contre neuf défaites, mais il s'était battu contre des combattants de renom et j'avais le sentiment que Georges n'était pas prêt à relever un tel défi si tôt dans sa carrière. J'avais tout faux. Georges a totalement dominé, détruit même, Thomas Denny pour remporter une victoire par KO technique au deuxième round. Selon moi, les moments décisifs du combat furent le ramassement des deux jambes au premier round, de même que les nombreuses projections qu'il a réussies et sa maîtrise du combat au sol. Je me suis dit : "Ce gars-là est à un autre niveau." Il était simplement trop fort pour un combattant que je tenais pourtant en haute estime. C'était comme si Georges était le vétéran expérimenté et Denny le débutant. D'abord, je découvrais à quel point GSP était bon, mais aussi j'avais conscience de vivre un moment déterminant de ma propre carrière de commentateur de combats d'arts martiaux mixtes, car j'assistais à quelques pieds de moi à la naissance d'une légende.* »

Ce combat constitue également un moment déterminant dans la carrière de GSP. On peut reprendre ici tous les clichés sur l'importance de croire en soi, de combattre malgré la douleur et la souffrance et de ne jamais abandonner. Tous s'appliquent parfaitement. Le combat contre Bruckmann lui avait permis de s'emparer du titre de champion, celui contre Denny lui permet de démontrer qu'il est un grand champion.

* * * * *

De toute évidence, GSP est le meilleur combattant de l'équipe de Stéphane Patry. Tout le monde rêve de s'associer à lui. Et les temps changent : les arts martiaux mixtes deviennent de plus en plus populaires partout en Amérique du Nord. Au milieu de l'année 2003, l'UFC — qui s'est réorganisée après le changement de propriétaire — est devenue la plus importante organisation professionnelle d'arts martiaux mixtes, elle remplit facilement des amphithéâtres de plus de 10 000 places et encaisse de nouveau des revenus de télévision à la carte qui approchent la centaine de milliers de dollars.

L'UCC, qui a réussi à intéresser un certain nombre d'amateurs américains à ses combats présentés à la télévision à la carte, et à attirer des combattants américains réputés comme Thomas Denny, retient l'attention de l'UFC. Les deux organisations concluent donc une entente par laquelle l'UCC, dont le nom ressemble trop à l'UFC, accepte de modifier son nom. Ainsi, au printemps 2003, l'UCC change de nom et devient officiellement TKO Major League MMA.

Le prochain événement présenté par la nouvelle organisation (après toutefois un événement, UCC Proving Ground 9, dans un hôtel de Victoriaville, à quelque deux heures de route de Montréal) s'appelle TKO 13 : Ultimate Rush. Un titre quelque peu ambigu : présenté au Centre Pierre-Charbonneau, ce TKO 13 présente bien 13 combats opposant quelques-uns des combattants québécois les plus connus, quelques autres de l'Ontario et de Colombie-Britannique et un de l'Arizona, mais Georges *Rush* St-Pierre n'y est pas.

Georges devait pourtant combattre ce soir-là, contre un adversaire qui avait une bien meilleure fiche en carrière que tous ceux qu'il avait jusqu'alors affrontés. Chez les professionnels, le Texan Pete *The Secret Weapon* Spratt a alors remporté 12 victoires, dont six par soumission, trois par KO et deux par KO technique. Il avait subi six défaites. En raison de sa formation en muay thaï, il est reconnu comme un solide cogneur, mais il a aussi développé une bonne technique au sol. Spratt a livré trois combats pour l'UFC : il a réussi à soumettre Robbie *Ruthless* Lawler et Zach *The Lisbon Outlaw* Light, et a perdu un combat chaudement disputé contre Carlos *The Ronin* Newton lorsque ce dernier a réussi une clé de bras. Lawler avait une fiche parfaite de neuf victoires contre aucune défaite lorsqu'il a perdu contre Spratt, lors de l'UFC 42 : Sudden Impact, à Miami. Spratt avait largement dominé le combat et mis son adversaire sur la touche pour un bon moment.

Spratt était une étoile montante et cette victoire avait fait de lui un choix logique comme challenger au titre de la catégorie. Mais il suscita la colère des dirigeants de l'UFC lorsqu'il refusa d'affronter le champion Matt Hughes. « L'UFC m'a fait payer cette décision », explique Spratt, « en me mettant complètement de côté. Je savais qu'il me fallait faire quelque chose pour revenir dans les bonnes grâces de l'organisation. Aussi, il fallait que je gagne ma vie, alors, lorsque mon gérant m'a parlé de TKO qui avait une bonne réputation et de la possibilité de me battre pour cette organisation, j'ai accepté. »

Le combat Spratt–St-Pierre n'a pas lieu, du moins pas cette fois. Ne voulant pas se battre alors qu'il n'est pas en parfaite condition physique — surtout après son expérience contre Thomas Denny — GSP refuse le combat. Cette décision fait jaser. Sur les forums de discussion et les divers sites consacrés aux arts martiaux, on n'est pas tendre envers GSP. Spratt explique : « Je devais affronter GSP lors du TKO 13, mais il s'est désisté la veille du combat en raison, je pense, d'une infection au genou. Cela m'a mis en colère parce que tout le monde là-bas savait depuis un certain temps qu'il était blessé, mais ils m'ont quand même fait venir, pour absolument rien. »

Spratt n'a pas eu à attendre longtemps. Le combat aurait lieu dès l'événement suivant, le TKO 14 : Road Warriors, présenté au Colisée des Bois-Francs au centre-ville de Victoriaville, le 29 novembre 2003, soit plus de 10 mois après la victoire de GSP contre Denny et presque trois mois après l'annulation du premier combat entre les deux hommes.

Ce combat bouscule le plan de carrière de Spratt. « Le combat fut donc reporté au mois de novembre lors du TKO 14 », m'a raconté Pete Spratt. « Entre-temps, l'UFC m'a rappelé pour m'offrir un combat contre Karo Parisyan, mais j'avais déjà signé pour affronter GSP. »

Spratt était en effet revenu dans les bonnes grâces de l'UFC, qui lui offrait un combat à Las Vegas en janvier 2004 contre Parisyan, une jeune étoile montante ayant une fiche de 10 victoires contre seulement deux défaites chez les professionnels. Aucun titre n'était en jeu, mais le gagnant devenait un challenger logique. Aux yeux de nombreux observateurs, TKO était une petite organisation et ce combat contre GSP constituerait pour Spratt un bon entraînement pour des combats plus importants. Spratt, lui, ne prenait pas GSP à la légère : « Je ne savais rien de Georges », dit-il. « Je savais seulement qu'il était invaincu et je me suis dit que, comme tout combattant qui n'a pas encore connu la défaite, il serait un adversaire redoutable. Je ne refuse jamais les défis et je me retrouve souvent en territoire hostile. C'est le métier qui l'exige, et ce métier, je l'ai choisi. »

En entrevue précombat, Spratt est confiant et parle sans retenue. Il se décrit comme « un combattant pas mal agressif ». Il ajoute, à propos de Georges : « Malheureusement pour lui, il devra subir ma colère. Et je le mettrai KO. » Si avant son combat contre Georges, Thomas Denny s'était présenté comme le vilain, Spratt, lui, est un jeune homme affable et intelligent. Bref, tout le contraire de la brute. Bien sûr, les organisateurs ne peuvent s'empêcher de souligner qu'il est l'Américain venu se battre en sol canadien. Dans une entrevue qui semble bien scénarisée — bien que Spratt y apparaît tout à fait sincère, probablement parce qu'en plus d'être combattant, il est un acteur à temps partiel de talent —, il raconte qu'il préférerait être chez lui avec sa famille en ce week-end férié (c'est en effet le week-end de Thanksgiving aux États-Unis). Il mentionne également qu'il est là pour « terminer le travail », référence au premier combat qui fut annulé.

En entrevue, GSP rappelle, quant à lui, qu'aucun de ses combats jusqu'à maintenant s'est rendu jusqu'à la limite et promet que celui-ci ne ferait pas exception. Faisant référence aux commentaires que Spratt a faits à un blogueur sur Internet, à savoir qu'il était déçu que GSP ait refusé de l'affronter lors du TKO 13, le champion canadien le défie : « Je suis content qu'il ne me respecte pas sur l'Internet. Ça fait monter encore plus de rage en moi, plus de haine pour m'entraîner plus fort et il ne comprendra plus rien quand je vais l'attraper. Je veux y aller pour le KO et la soumission. »

Spratt est le premier à faire son entrée. Il porte un peignoir de boxeur avec le logo de Tapout, une jeune entreprise qui fabrique des vêtements pour combattants. GSP fait son entrée à son tour, à grandes enjambées, sur une musique du collectif hip-hop Wu-Tang Clan. Il porte toujours son kimono bleu et son bandeau de tête, et affiche les logos de quelques petits commanditaires. On le présente comme le *darling* de Saint-Isidore et on le décrit comme «dangereux» et comme «un spécialiste des soumissions».

Lorsque les combattants enlèvent leur survêtement, les spectateurs constatent qu'ils portent tous les deux, tatoué dans le dos, le logo du site GoldenPalace.com. Ce site a l'habitude de commanditer ainsi des combattants (de même qu'un certain nombre de personnes à la recherche d'un peu de notoriété comme des nuvites et des adeptes de l'escalade libre). «Avec ces tatouages au henné», explique Spratt, «nous gagnons un peu d'argent supplémentaire. C'était une pratique très lucrative dans le domaine de la boxe et nous avions l'occasion de nous y mettre nous aussi.» Un choix de commanditaire que l'on peut trouver intéressant — mais que certains pourraient qualifier de douteux —, puisque les propriétaires du site GoldenPalace.com sont des Mohawks de Kahnawake.

Si les deux adversaires ont tenu des propos assez durs l'un envers l'autre avant le combat, ils se serrent la main avec respect et presque amicalement avant d'engager le combat.

Les deux combattants gardent d'abord leurs distances, avec raison. Spratt peut passer le KO à son adversaire d'un seul et dévastateur coup du pied gauche. D'ailleurs, plusieurs années plus tard, lorsqu'on lui demande lequel de ses adversaires est le plus puissant cogneur, GSP nomme sans aucune hésitation Pete Spratt. St-Pierre, lui, est devenu un spécialiste du combat au sol, ce qui peut mettre Pete Spratt en sérieuse difficulté.

GSP lance un premier coup de pied circulaire bas qui effleure Spratt, puis deux rapides jabs qui ratent la cible. Il recule puis Spratt envoie tout de suite un puissant coup de pied circulaire de la droite que Georges évite en sautant. Spratt suit avec un rapide coup de pied haut. Georges esquive et tente le renversement. «Ma stratégie n'était pas de lancer des coups de pied dès le début du combat», se rappellera Spratt, «mais je voulais tout de même qu'il sache que j'ai un solide coup de pied. Cela dit, vous ne multipliez pas les coups de pied lorsque vous savez que la première chose que veut faire votre opposant dans ce cas, est de vous amener au sol. En revoyant ce combat, je constate que j'ai lancé un coup de pied poussé. GSP a saisi mon pied et il a tout de suite tenté de me renverser. Dès le début, j'ai fait une erreur qui s'est avérée fatale. »

Spratt a raison. Alors qu'il a toujours le pied gauche dans les airs, GSP le saisit et le projette sur le dos. Au sol, GSP est dans son élément. Spratt se débat pour se relever, mais GSP, lentement et patiemment, le maintient au sol en cherchant une ouverture. Incapable d'y parvenir, il lance quelques rapides coups de poing à la tête de Spratt. Les deux se retiennent, puis échangent quelques coups, GSP toujours par-dessus son adversaire. Georges réussit à se mettre en position montée de côté, mais est incapable de soumettre son adversaire.

Spratt, qui n'est pas reconnu pour exceller au sol, se défend avec une certaine efficacité contre la position montée de côté, mais n'est pas prêt lorsque GSP passe en position montée complète. Grâce à la grande puissance de ses jambes, Spratt soulève toutefois GSP, qui se retrouve à quatre pattes. Toujours sous son adversaire, Spratt se retourne, se lève sur les pieds et les mains, transportant Georges sur son dos. Ce n'est certes pas une position idéale pour Spratt. Il retourne au sol, Georges toujours sur son dos, lançant des coups de poing.

Au bout d'un moment, Spratt se libère de l'étreinte de GSP, se retourne et se retrouve soudainement par-dessus son adversaire. GSP place tout de suite ses jambes autour de Spratt et les deux combattants recommencent à s'échanger des coups. Subitement, St-Pierre lance un puissant coup de pied de la gauche, pivote et se retrouve de nouveau par-dessus Spratt. La foule l'acclame bruyamment.

Spratt enserre le thorax de GSP fermement des deux bras et Georges en profite alors pour le soulever et l'écrase puissamment au sol. Puis Spratt se retourne pour tenter d'avoir une meilleure position défensive.

Spratt a des jambes puissantes et tente de se relever. Il y parvient, mais cette décision lui est fatale. Georges, monté sur le dos de son adversaire, réussit à le saisir à la gorge et applique un étranglement.

Spratt tombe à la renverse. GSP absorbe tout le poids de son adversaire, mais il peut maintenir l'étranglement. Spratt tape le sol en signe de soumission. Il reste une minute 12 secondes au premier round.

GSP se relève, se rend au centre du ring et fait un magnifique saut périlleux arrière. La foule s'enflamme. Georges lance un baiser à la foule, rejoint Spratt et lui glisse quelques mots à l'oreille. « Je ne me souviens pas exactement de ce qu'il m'a dit », racontera Spratt, « mais cela avait à voir avec le fait que j'étais une idole pour lui et qu'il avait beaucoup de respect pour moi. Il disait qu'il était heureux d'avoir eu l'occasion de m'affronter. »

Comme il en a maintenant pris l'habitude, GSP effectue ses mouvements de break dancing au centre du ring, puis fait son spectacle, se frappant la poitrine au grand plaisir de ses fans.

Ce combat représente une autre avancée dans la carrière de Georges St-Pierre. Spratt est un combattant réputé de l'UFC et en le battant, Georges fait écarquiller les yeux de bien des gens dans le milieu des arts martiaux mixtes. Il est encore peu connu à l'extérieur du Québec, mais cette victoire décisive force tout le monde à constater que ce jeune combattant invaincu de la Belle Province est plus qu'un simple phénomène régional. La communauté mondiale des arts martiaux mixtes ne peut plus l'ignorer.

Après sa victoire, Georges montre bien quel genre de personne il est. Dans un geste qui n'a probablement jamais eu d'équivalent dans le monde de la boxe et de la lutte, il invite Spratt à se joindre à lui. Spratt se souvient : « Georges m'a promené dans la ville après le combat et nous avons eu énormément de plaisir ensemble. Je me suis réellement amusé. Victoriaville est un endroit génial, mais il y fait un peu trop froid pour moi. »

CHAPITRE

Cette victoire contre Pete Spratt provoque une onde de choc dans le milieu international des arts martiaux mixtes. Visiblement, GSP est voué à une grande carrière.

Il est un combattant exceptionnel, certes, mais manque visiblement d'aplomb devant les médias. Une entrevue qu'il donne à MMARingReport.com, un petit magazine en ligne de la Pennsylvanie, le démontre bien. L'entrevue se déroule tout de suite après le combat contre Spratt (et probablement avant que Georges trimballe son adversaire dans la ville de Victoriaville). S'il ne sait pas encore qu'il combattra bientôt pour l'UFC, GSP sait que sa carrière est sur le point de véritablement prendre son envol.

Il a déjà son sourire si caractéristique, mais il n'affiche pas l'assurance calculée qu'il a maintenant. Il est crispé et nerveux, probablement encore chargé de l'adrénaline du combat. Il a des traces d'acné au front, mâche une gomme rose tout au long de l'entrevue, soufflant même quelques bulles. Son anglais n'est pas mauvais, mais il n'est visiblement pas encore à l'aise dans cette langue. Comme beaucoup de gens qui ne sont pas habitués à être enregistrés par les médias, il se tient trop près du micro.

En décrivant le combat, il parle d'une technique qu'il appelle la « ape technique », la technique du grand singe. Il dit s'être inspiré de Matt Hughes qui, avec un étranglement sanguin arrière, a vaincu Frank Trigg. C'est avec ce même type d'étranglement, qu'il appelle la « ape technique », qu'il a réussi à soumettre Spratt. Il reconnaît l'exceptionnel talent de cogneur de son adversaire et dit qu'il a appliqué la bonne stratégie, tentant d'amener Spratt au sol le plus rapidement possible. « Le combattant le plus futé a gagné ce soir », poursuit-il. Encore aujourd'hui, et généralement avec un sourire entendu, les gens parlent de la « ape technique » de GSP, que ce soit pour le louanger ou pour s'en moquer.

L'intervieweur rappelle alors à Georges que Spratt devait affronter Karo *The Heat* Parisyan, lors de l'UFC 46 : Supernatural, à Las Vegas le 31 janvier 2004, et lui demande si ce n'était pas plutôt à lui, GSP, qu'il revient maintenant d'affronter ce coriace Arménien qui venait tout juste de remporter de façon décisive son premier combat pour l'UFC contre le vétéran Dave Strasser. GSP répond : « Bien sûr, je veux combattre pour l'UFC, mais je souhaite bonne chance à Spratt pour ce combat. Mais puisque vous me le demandez, évidemment, je rêve de me battre pour l'UFC depuis que j'ai vu Royce Gracie lorsque j'étais tout jeune. Je l'ai vu botter le cul à des gars alors qu'il était le plus petit. Je veux combattre pour l'UFC, une fois ou plusieurs, pour me faire connaître. »

Bientôt, son rêve se réalise. L'UFC remplace en effet Spratt par GSP pour cet UFC 46. La décision, controversée, est pourtant d'une implacable logique. GSP est maintenant celui dont tout le monde parle. Il est non seulement invaincu, il est aussi dominant dans ses combats. De plus, il est « commercialisable », beau gosse et donne un bon spectacle. Et même s'il vient d'une petite ville inconnue, son innocence et sa totale absence de prétention en font un candidat de choix pour l'UFC.

L'événement se tient au Mandalay Bay Resort and Casino Complex à Las Vegas. Décidément, GSP fait des débuts pour le moins spectaculaires pour l'UFC. Dans l'octogone, il y a les noms et logos de commanditaires prestigieux. Jamais TKO ne pourrait même rêver d'organiser un événement offrant, tant pour ce qui concerne les recettes-guichet que les ventes de vidéo, une telle valeur de production.

La soirée commence lentement. Matt *The Terror* Serra, futur champion des poids mi-moyens et futur opposant de GSP, se bat contre Jeff *The Big Frog* Curran, qui avait perdu contre le copain de Georges, Ivan Menjivar, lors de l'UCC 10 en 2002. Serra gagne alors le combat de trois rounds par décision unanime des juges avec le score de 30–27. Il est le plus fort, certes, surtout lorsque le combat se déroule au sol, mais n'est pas vraiment dominant.

Le deuxième combat, dans la catégorie des poids légers, oppose une étoile montante, l'Américain Josh *The Punk* Thomson au Brésilien Hermes *The Unreal* França, toujours invaincu. À première vue, le combat s'annonce passionnant. En entrevue pré-combat, França avait promis une victoire et Thomson, lui, comme pour se moquer de son adversaire, entre dans l'octogone en portant un masque semblable à celui que portent les *luchador*, ces lutteurs mexicains. Mais le combat est encore moins excitant que le précédent. Chacun des deux adversaires est convaincu d'avoir gagné, et les juges attribuent finalement la victoire à Thomson par le score de 29–28.

C'est maintenant au tour de GSP et Parisyan. Ils sont de même taille et GSP pèse 167 livres (76 kg), même pas un kilo de moins que son adversaire. L'annonceur présente Parisyan comme un Arménien ayant une très, très mauvaise attitude. Il est né à Yerevan, la capitale de l'Arménie, alors que le pays est encore sous domination soviétique. Quand Parisyan a six ans, sa famille immigre en Californie, plus précisément à North Hollywood où vit une importante communauté arménienne. Il apprend le judo dès l'âge de neuf ans et est considéré comme le meilleur combattant en arts martiaux mixtes ayant une formation en judo plutôt qu'en jiu-jitsu brésilien.

De GSP, l'annonceur Joe Rogan dit qu'il est « absolument excité à la perspective d'avoir l'occasion de se battre aux États-Unis pour son premier combat international ». Il ajoute que GSP a une solide réputation au Canada, qu'il y est très connu, qu'il est champion de la TKO, auparavant l'UCC, et qu'on dit de lui qu'il est d'une force à faire peur.

GSP porte un maillot d'un blanc éclatant et, contrairement à Parisyan, il n'arbore aucun logo de commanditaire. Bien que Parisyan soit un judoka et qu'il excelle au combat au sol, les deux combattants amorcent le combat avec des coups de pied. Très vite toutefois, Parisyan se retrouve par-dessus Georges, lui saisit le bras droit et l'étire pour appliquer un kimura. Déjà, plusieurs estiment que le combat est terminé. Ce mouvement dérivé du judo est d'une formidable efficacité et celui qui en est victime ressent une douleur atroce. C'est ce même mouvement qui a permis à Parisyan de vaincre Strasser à son combat précédent.

Mais GSP prend le contrôle du travail au sol. Par-dessus son adversaire, qui est en position de garde, il le martèle de coups dans l'espoir qu'il se soumette ou commette une erreur qui lui permettra de réussir un étranglement ou une clé. Lorsqu'un crochet de la gauche de Georges rate la cible, Parisyan réussit presque un étranglement en triangle, mais GSP s'en libère rapidement. Georges lance une rafale de coups de poing et de coups de coude tout en contrant les tentatives d'étranglement, de clé de bras ou de jambe de son adversaire. Le round se termine ainsi.

GSP amorce le deuxième round avec une confiance évidente. Dès le début, il atteint Parisyan d'une puissante gauche au visage. Dès que Parisyan réplique lui aussi avec une gauche, Georges se penche, saisit les cuisses de son adversaire et le couche au sol.

Avec deux minutes 20 secondes à faire dans ce round, GSP porte un coup juste au-dessus de l'œil droit de son adversaire et le sang coule. Georges continue de le frapper des poings et des coudes. C'est là une stratégie dangereuse parce qu'à chaque fois qu'il porte un coup, GSP créée une ouverture pour une contre-attaque par en dessous de son adversaire. Avec le sang qui coule, toutefois, la confiance de Parisyan semble ébranlée. S'il tente quelques coups de poing et quelques clés, il cherche surtout à protéger son visage avec ses mains. Tout au long du combat Joe Rogan, le réputé analyste de l'UFC, est de toute évidence du côté de Parisyan. Il souligne alors que ce dernier semble calme. Lorsque le round se termine, Parisyan, toujours ensanglanté, est sur le dos, la tête appuyée au grillage, et Georges le martèle de coups.

Le troisième round débute comme le deuxième : GSP apparaît confiant alors que Parisyan est visiblement craintif. C'est GSP qui déclenche la première attaque, un coup de pied haut de la gauche que Parisyan bloque, puis Georges suit avec un puissant coup de poing sauté qui fait reculer son adversaire. Ce dernier revient tout de suite avec une droite qui rate la cible.

GSP lance un autre coup de pied de la gauche qui fait un bruit sec lorsqu'il touche la cuisse de Parisyan. GSP lance ces coups de pied de la gauche pour réduire la mobilité de son opposant. Cela le place toutefois en déséquilibre et il recule, mais Parisyan n'est pas suffisamment rapide pour en profiter. GSP voit alors une ouverture et se rue dans les genoux de Parisyan. S'il sait qu'il ne peut éviter de tomber au sol, Parisyan parvient, en se déplaçant sur le côté, à tomber sur les genoux plutôt que sur le dos. Il saisit le bras droit de Georges, visiblement pour tenter encore une fois un kimura.

Pour compléter ce mouvement classique, Parisyan doit se relever, renverser son adversaire et appliquer une torsion du bras. Facile à dire, moins facile à faire contre un adversaire aussi fort que GSP. Parisyan parvient à se lever, mais ne peut renverser Georges. Il se retrouve de nouveau au sol, sous GSP. Il maintient toutefois sa clé de bras et tente alors le même coup qu'il avait réussi dans son combat contre Strasser. Il place sa jambe droite entre les deux jambes de GSP dans le but d'utiliser cette jambe comme levier pour renverser son adversaire, un mouvement qui aurait pour effet de tirer le pied de Georges et de l'amener au sol par effet de levier.

Le mouvement réussit. Il renverse GSP et applique la clé de bras. Tout l'amphithéâtre croit que le combat est terminé. GSP, qui a largement eu l'avantage depuis le début, se soumettra dans quelques secondes. Parisyan étire le bras de GSP, mais subitement, ce dernier renverse son adversaire. En une fraction de seconde, Parisyan se retrouve de nouveau sur le dos à essuyer une volée de coups.

Ce corps à corps se poursuit pendant une bonne minute, puis l'arbitre, comme il en a le pouvoir, sépare les deux combattants et leur demande de se relever. Avec 90 secondes au round final, GSP place un solide coup de pied haut de la droite. Parisyan s'avance pour tenter un renversement en utilisant la tête et l'épaule, mais il n'insiste pas. GSP le repousse facilement et atteint la cible avec un solide uppercut. GSP tente quelques coups de pied, puis Parisyan se rue sur son adversaire qui le repousse.

Lorsque Parisyan amorce un mouvement pour se ruer sur GSP, ce dernier saisit sa tête puis lance un coup de genou sauté qui atteint la poitrine de Parisyan, et tente un renversement. Parisyan tombe assis, mais se relève aussitôt. Georges se lance alors dans ses jambes et Parisyan peut de nouveau saisir le bras droit de St-Pierre, le seul mouvement qu'il a véritablement tenté de tout le combat. La cloche sonne. GSP se dégage, se rend au centre de l'octogone et effectue une série de sauts périlleux arrière en signe de célébration. Lorsqu'on annonce sa victoire par décision unanime, il agite la langue plusieurs fois devant la caméra et, tout sourire, il lance : « Allô tout le monde au Canada ! ».

Les juges sont unanimes : Abe Belardo et Glenn Trowbridge donnent GSP gagnant par 30–27, alors que Nelson Hamilton remet un score de 29–28. Les statistiques officielles confirment que le combat fut à sens unique. Georges a lancé le nombre incroyable de 177 coups dont 138 ont porté, et six de ses huit tentatives de renversement ont réussi. Parisyan a réussi 23 des 33 coups qu'il a décochés et n'a réussi aucun de ses renversements.

* * * * *

Avec cette victoire, GSP s'approche du sommet. À 22 ans, il a remporté son premier combat pour la seule organisation internationale reconnue d'arts martiaux mixtes et a une fiche vierge de six victoires et aucune défaite chez les professionnels. Cela n'en fait toutefois pas un homme riche. Cet UFC 46 a attiré 10 700 personnes au Mandalay Bay Events Center, pour des recettes de 1,377 million de dollars, et plus de 80 000 personnes ont payé pour voir l'événement à la télévision à la carte. Mais GSP, lui, a reçu un cachet de 3 000 $, et 3 000 $ supplémentaires pour avoir remporté le combat.

C'est une somme ridicule lorsqu'on considère le nombre d'heures d'entraînement auxquelles Georges a dû s'astreindre pour obtenir une place dans l'octogone pendant 15 minutes, d'autant plus que celles-ci sont loin d'être une partie de plaisir. Mais c'est le chemin obligé, une sorte de stage d'initiation que tous doivent suivre. Ce soir-là, les vrais gagnants — en plus de l'UFC bien sûr — sont ceux qui s'affrontaient pour le titre des poids mi-lourds de l'UFC. Le Brésilien Vitor *The Phenom* Belfort reçoit un cachet de 100 000 $, plus 30 000 $ pour sa victoire. Son adversaire Randy Couture, plus connu et établi favori par les experts, a un cachet de 120 000 $, plus 80 000 $ en cas de victoire. Pas mal pour un combat qui, finalement, durera 49 secondes. Et bien sûr, ces combattants plus connus ont des contrats de commandite.

Après sa victoire contre Spratt, GSP avait dit en entrevue qu'il souhaitait combattre pour l'UFC « une fois ou plusieurs, pour me faire connaître ». Il aurait l'occasion de se faire connaître encore un peu plus, moins de cinq mois plus tard, lors de l'UFC 48 : Payback, présenté le 19 juin 2004, encore au Mandalay Bay arena, où l'UFC avait présenté l'UFC 46 et de nombreux autres événements. Le titre de l'événement, *Payback*, fait référence au combat, sans titre en jeu, qui devait opposer le poids lourd Kimo Leopoldo, un maître du taekwondo qui était venu bien près de battre Royce Gracie lors de l'UFC 3 : The American Dream, et Ken Shamrock, battu par ce même Gracie lors de l'UFC 1, mais qui lui avait arraché un match nul lors de l'UFC 5 : The Return of the Beast, et avait battu Leopoldo lors de l'UFC 8 : David vs Goliath.

Le vieux copain de GSP, le poids léger Ivan Menjivar, ferait ses débuts pour l'UFC lors de ce même événement contre une étoile montante, l'Américain Matt *The Terror* Serra.

Georges, lui, doit se battre contre un autre jeune combattant, Jay *The Thoroughbred* Hieron. Le jeune homme avait été adopté par une famille du nom de Hieronymous et avait simplement raccourci son nom, que les gens avaient pris l'habitude de prononcer *hairy mouse*. Il avait grandi à Freeport, dans l'État de New York. Si la partie sud de cette petite communauté de Long Island est un milieu fort agréable, la partie nord est un milieu beaucoup plus dur. « Je n'ai pas grandi dans la bonne partie de la ville », dit-il, « et je me faisais intimider tous les jours. Je me réfugiais dans le *7-Eleven* du coin et j'appelais mes sœurs plus vieilles qui venaient me chercher. Aujourd'hui encore, elles me narguent là-dessus, blaguant sur le fait qu'un combattant professionnel les appelait pour qu'elles viennent le protéger. »

Même s'il ne pèse que 91 livres (41 kg), le tout jeune Jay s'inscrit dans l'équipe de lutte du Freeport High School, dans l'espoir d'apprendre à se défendre. Il démontre un réel talent et, après l'école secondaire, il s'inscrit à un collège de l'Iowa parce que cela lui permettrait d'être éventuellement accepté plus facilement dans la très réputée équipe de lutte de l'Université de l'Iowa. Mais il n'y reste que quelques semaines, incapable de surmonter le « choc culturel » que doit vivre un jeune urbain de Long Island qui s'expatrie dans une petite communauté entourée de champs de maïs à perte de vue.

De retour à Long Island, il est la vedette de l'équipe de lutte du Nassau Community College et mène son équipe au championnat national junior collégial de lutte. Il s'inscrit ensuite à la Hofstra University, à quelques kilomètres de chez lui. S'il a de bons résultats scolaires et est la vedette de l'équipe de lutte, tout ne va pas pour le mieux dans sa vie personnelle. « J'avais des problèmes dès que la saison de lutte était terminée », dit-il. « Je passais mes soirées à flâner sur Pearsall Avenue, à Freeport. Je me battais, je fumais de l'herbe. Bref, je ne faisais rien de bon. » Et même si, avant le début de la saison, on l'avait mis en garde contre les tests antidopage, il est testé positif à l'un d'eux et est expulsé de l'équipe.

Même s'il a toujours droit à sa bourse d'études et qu'il est sur le point d'obtenir son diplôme, le jeune Hieron abandonne l'école.

Il continue de prendre des drogues. Un jour, il se retrouve en prison. Grâce à sa famille, qui embauche un bon avocat et obtient des lettres d'appui de plusieurs de ses ex-entraîneurs de lutte, il évite la prison et est condamné à une probation de cinq ans.

Mais Hieron retrouve finalement le droit chemin. Il se met d'abord sérieusement à la boxe, histoire de canaliser son agressivité, puis aux arts martiaux mixtes à la suggestion de ses partenaires d'entraînement. Il commence à combattre professionnellement et gagne ses quatre premiers combats avant de faire ses débuts pour l'UFC contre GSP. Surtout, il se tient tranquille hors du ring.

Si Hieron est un opposant coriace, il n'est pas le premier choix des dirigeants de l'UFC, qui misaient plutôt sur un autre poids mi-moyen, Jason *Mayhem* Miller. Encore plus excentrique que Thomas Denny, Miller est un combattant d'expérience qui a une fiche impressionnante de 11 victoires contre trois défaites pour diverses organisations d'arts martiaux mixtes. Mais Miller devra attendre pour faire ses débuts pour l'UFC. Il fait en effet face à des accusations criminelles à la suite d'une bagarre à Atlanta au cours de laquelle il aurait fracturé le nez de son adversaire. Même s'il n'est pas encore reconnu coupable, l'UFC décide finalement de ne pas s'associer à lui. Miller plaidera coupable et sera condamné à cinq ans de probation en novembre 2004.

Puisque le combat St-Pierre–Hieron est présenté en préliminaire, on en parle peu dans les médias, qui s'intéressent évidemment plus au combat Shamrock-Leopoldo et à celui pour le titre des poids lourds, qui doit opposer Frank Mir à Tim *The Maine-iac* Sylvia.

Conformément à son surnom de *Thoroughbred*[2], Hieron porte un maillot de boxeur noir portant l'image d'un cheval alors que GSP a son habituel maillot blanc. Aucun des boxeurs n'arbore le logo d'un commanditaire. Cette fois, les commentateurs, dont Joe Rogan, ne prennent plus GSP à la légère. Ils le traitent comme un vétéran, ou du moins comme le favori de ce combat.

---

2 *Thoroughbred* signifie «pur-sang». (NDT)

Hieron frappe en premier, un faible coup de pied de la gauche à la cuisse de GSP, qui réplique avec une première gauche au visage. Elle atteint la cible et St-Pierre en lance quelques autres, des coups peu puissants qui ont essentiellement pour but d'évaluer l'adversaire. Hieron lance alors un coup de poing que GSP esquive. Voyant l'ouverture, GSP se lance vers le bassin de Hieron pour tenter de le renverser, mais celui-ci résiste.

Dans ses derniers combats, Georges avait pris l'habitude de toujours chercher le combat au sol, moins spectaculaire, certes, mais dans lequel il est d'une redoutable efficacité. Pas cette fois. Il est tout de même un expert en karaté kyokushin et s'est sérieusement mis à la boxe depuis quelque temps. Avec un peu moins de quatre minutes au premier round, GSP lance une solide droite directement à la mâchoire de Hieron, qui roule des yeux et tombe aussi lourdement qu'un sac de sable. La foule s'anime bruyamment.

Hieron reprend rapidement ses esprits et s'agrippe aux genoux de GSP. Les deux combattants se relèvent et se séparent. GSP décoche quelques puissantes gauches, puis une droite. Hieron chancèle, glisse vers sa droite. Il se redresse et recule pendant que GSP le poursuit en lançant d'autres coups de poing. Acculé à la clôture, Hieron tombe encore. Au-dessus de lui, debout d'abord, puis sur ses genoux, GSP martèle son adversaire, visiblement sonné, d'une terrifiante rafale de coups de poing et de coude. Avec trois minutes 19 secondes à faire, l'arbitre Steve Mazzagatti crie : « Stop ! Stop ! »

Le combat est terminé. GSP se relève et, au centre de l'octogone, il rate partiellement son saut périlleux arrière, atterrissant sur les genoux. Rogan s'en amuse : « Il a probablement eu plus mal en retombant sur ses genoux que pendant tout le combat ». GSP se lance ensuite dans ses habituels mouvements de break dancing.

Après son combat contre Spratt, GSP s'était dit fier d'avoir été plus futé que son adversaire. Il avait constamment tenté d'empêcher Spratt de recourir à son arme favorite, son coup de pied dévastateur. Cette fois, contre un spécialiste de la lutte au sol, il est resté debout, rouant de coups son adversaire. Non seulement GSP est-il un combattant particulièrement intelligent, il peut aussi facilement modifier son style en fonction des forces et des faiblesses de son opposant. En ce sens, il rappelle Bruce Lee, qui savait utiliser tous les styles et s'ajuster au fil du combat. Parce qu'il s'est entraîné à plusieurs disciplines et qu'il a su intégrer les enseignements de ses divers entraîneurs et maîtres, GSP était maintenant en mesure de faire la même chose.

Les statistiques du combat sont éloquentes. Vingt-trois des 32 coups de Georges ont atteint la cible, contre trois des sept coups de Hieron. Aucun des combattants n'a réussi de renversement, seul GSP ayant fait une tentative. La firme FightMetric, qui établit les statistiques officielles pour l'UFC, donne une note globale de 97 sur 100 à Georges St-Pierre et de seulement 5 sur 100 à Hieron.

Le combat s'est terminé par un KO technique à une minute 45 secondes du premier round, et la fiche de GSP chez les professionnels est maintenant de sept victoires, dont deux pour l'UFC, et aucune défaite.

Cette fois, Georges gagne un peu plus d'argent. L'amphithéâtre était bondé, mais seulement 6 528 spectateurs avaient payé leur place, les autres profitant de billets de faveur. Les recettes-guichet atteignent tout de même 901 655 $, et la télévision à la carte attire 110 000 personnes, un nombre fort satisfaisant. Près de 30 % du total des cachets des 16 combattants va à un seul d'entre eux, Ken Shamrock qui, grâce à sa victoire par KO technique au premier round contre Kimo Leopoldo, empoche 170 000 $. GSP, lui, a droit à une bonne augmentation par rapport à son combat précédent : il reçoit 4 000 $ de cachet, et 4 000 $ supplémentaires pour sa victoire.

* * * * *

S'il commence à se faire un nom au sein de l'UFC, Georges St-Pierre est encore loin d'être une vedette, et n'est même pas le combattant le plus populaire de sa catégorie. Pendant que

GSP gravit les échelons, c'est un jeune converti à la voix douce et originaire du Midwest nommé Matt Hughes qui domine la catégorie. Il a fait ses débuts pour l'UFC lors de l'UFC 22 : There Can Only Be One, le 24 septembre 1999, après avoir remporté huit victoires contre une seule défaite pour d'autres organisations, dont une victoire convaincante contre le réputé combattant bulgare Valeri Ignatov.

Hughes a déjà une fiche de 29 victoires contre trois défaites (deux victoires contre une défaite pour l'UFC), lorsqu'on lui offre un combat pour le titre des mi-moyens lors de l'UFC 34 : High Voltage, le 2 novembre 2001. Le champion est le Canadien Carlos *The Ronin* Newton. Né à Anguilla, dans les Antilles, il a grandi au nord de Toronto et s'est initié au jiu-jitsu brésilien dans un dojo de la Ville Reine. Il n'a pas la réputation d'un très grand combattant, même après qu'il eut remporté, six mois plus tôt, le titre des mi-moyens par étranglement sanguin arrière contre Pat *The Croatian Sensation* Miletich lors de l'UFC 31 : Locked & Loaded.

Contre Hughes, Newton en est à la première défense de son titre. Avec à peine 87 secondes d'écoulées dans le combat, Hughes enregistre un KO technique grâce à un spectaculaire *body slam*. Pendant les mois suivants, le nouveau champion n'aura pas d'opposition valable. Pendant que GSP fait ses classes au sein de l'UCC et de TKO, puis livre ses premiers combats pour l'UFC, Hughes défend son titre à cinq reprises en moins d'un an et demi, contre Hayato *Mach* Sakurai, Newton lors d'un match revanche, Gil Castillo, Sean *The Muscle Shark* Sherk et Frank *Twinkle Toes* Trigg. Seul Sherk, un combattant fort réputé, a poussé le combat à la limite des cinq rounds.

Matt Hughes domine totalement ses adversaires. Le public semble s'identifier à lui, peut-être parce qu'il garde les deux pieds sur terre. « Je n'aime pas particulièrement être sous les projecteurs », dit-il. « C'est flatteur, bien sûr, mais je lis la Bible chaque jour et cela me permet de rester humble. Un jour, je vais quitter ce sport. J'en profite pour gagner tout l'argent que je peux maintenant, puis je vais rentrer chez moi et vivre paisiblement en famille sur ma ferme ». Cette attitude fait de lui un excellent ambassadeur de son sport et lui vaut l'admiration de nombreux fans. Georges St-Pierre avoue d'ailleurs être l'un d'eux.

Si aucun mi-moyen ne peut détrôner Matt Hughes, un combattant d'une autre catégorie croit pouvoir y parvenir. Il s'appelle BJ *The Prodigy* Penn. Originaire d'Hawaii, Penn s'est entraîné avec les Gracie au Brésil et est devenu, en 2000, le premier non-Brésilien à remporter le championnat mondial de jiu-jitsu brésilien. Grâce à une fiche de cinq victoires, une défaite et un combat nul chez les professionnels, il est le champion des poids légers.

Comme Hughes, Penn n'a pas d'opposants de qualité dans sa catégorie et il décide alors d'affronter Hughes dans la catégorie supérieure. Le combat a lieu lors de l'UFC 46, qui marque aussi les débuts de Georges St-Pierre avec l'UFC. Hughes est largement favori.

Penn a fait des efforts considérables pour augmenter son poids, à tel point qu'il semble maintenant plus imposant que Hughes. Dès le début du combat, Penn prend le contrôle, réussissant rapidement à amener Hughes là où il excelle : au sol. Hughes, toutefois, est coriace et réplique vaillamment, surtout lorsque les combattants sont debout. Mais Penn décoche un vif coup de poing qui atteint Hughes au visage. Le sang coule abondamment de son nez. Il fait alors une erreur fatale. Lorsqu'il tourne la tête pour éloigner son nez des poings de Penn, ce dernier applique immédiatement un étranglement sanguin arrière. Juste avant la fin du premier round, Hughes se soumet.

Penn est maintenant le champion UFC des poids légers et des poids mi-moyens. Il prend alors une décision qu'il mettra plus tard sur le compte de l'immaturité et qu'il regrettera amèrement. Prétextant ne pas avoir d'opposants sérieux au sein de l'UFC, il signe un contrat avec K-1, une organisation rivale installée à Tokyo.

Tout de suite, l'UFC le dépouille de son titre de champion des mi-moyens, invoquant une clause de son contrat qui oblige les champions à défendre leur titre au moins une fois ou, à défaut, à l'abandonner. Penn intente alors une poursuite contre Zuffa, la société-mère de l'UFC, pour rupture de contrat. Il veut reprendre son titre de champion, réclame des dommages et intérêts et obtient une injonction qui empêche l'UFC de désigner un nouveau champion tant que la cause sera toujours devant les tribunaux.

Lorsque Georges fait ses débuts pour l'UFC en janvier 2004, l'organisation n'a pas de champion dans la catégorie des mi-moyens. Mais le 29 septembre de cette même année, le juge Ken Cory de la cour du district de Clark County, au Nevada, rejette l'injonction obtenue par Penn, permettant alors à l'UFC de désigner un nouveau champion.

Les fans, comme les médias, se demandent si l'UFC ne doit pas tout simplement offrir le titre à l'ex-champion de la catégorie, Matt Hughes. L'UFC décide plutôt qu'il devra se battre pour récupérer son titre. C'est ainsi que lors de l'UFC 50 : The War of '04, qui aura lieu au Trump Plaza d'Atlantic City le 22 octobre 2004, Hughes, dont la fiche en carrière est de 36 victoires contre quatre défaites, se battra contre le seul adversaire susceptible de le vaincre. Il est jeune, il est invaincu, il s'appelle Georges St-Pierre.

CHAPITRE

6

Cet UFC 50 suscite un véritable engouement dans le milieu des arts martiaux mixtes. Les discussions sont vives : qui du sage et humble ex-champion ou du jeune Canadien-français toujours invaincu sera le prochain titulaire des mi-moyens de l'UFC?

Si neuf mois plus tôt, un étranglement sanguin arrière de BJ Penn avait détruit le mythe de l'invincibilité de Matt Hughes, ce dernier est toujours un combattant redoutable. Jusque-là, il a remporté 13 victoires consécutives et a défendu son titre avec succès à cinq reprises. Il est d'une force herculéenne et a l'habitude de vaincre ses adversaires en les soulevant de terre et en les rabattant violemment au sol. Le battre représente tout un défi.

L'athlétique GSP, lui, est un jeune homme très discipliné, patient et plein de ressources. Pour les observateurs, il n'a que deux faiblesses : son manque d'expérience et son jeune âge. Tous s'entendent sur une chose, et même Matt Hughes l'affirmera avant le combat : GSP sera champion un jour. Mais vaincre un combattant qui est au sommet de son art comme Matt Hughes représente un défi trop grand pour un jeune comme GSP. Son tour viendra, mais pas lors de cet UFC 50.

Un combattant qui a le sens des réalités et qui est moins compétitif que Georges se serait simplement dit qu'il n'a rien à perdre.

Si par miracle il gagne, il sera champion et s'il perd, sa réputation sera intacte parce que de toute façon, il ne devait pas gagner.

GSP, lui, ne manque pas de confiance : « Je vais gagner », dit-il. « Ce sera le plus grand accomplissement de ma vie jusqu'à maintenant. Je n'ai pas peur. Je n'ai pas peur de Matt Hughes. Je vais surprendre le monde entier. »

GSP fait son entrée vêtu de son habituel bandeau de tête et de son kimono bleu couvert de logos de commanditaires. Alors que les haut-parleurs crachent la chanson *Jesus Walks*, du chanteur hip-hop Kanye West, GSP file vers l'octogone à grandes enjambées, tapant au hasard dans quelques mains de spectateurs et, à son passage, un fan déploie un drapeau mohawk devant la caméra.

Le contraste est frappant lorsque Hughes fait son entrée. Avec son t-shirt tout blanc et son maillot de boxeur, il marche lentement vers l'octogone accompagné, comme à chacun de ses combats, de la voix nasillarde de Hank Williams Jr. qui chante une vieille chanson de 1982, *A Country Boy Can Survive*. Il fixe le sol et salue à peine la foule.

Les commentateurs Mike Goldberg et Frank Mir, actuel champion des poids lourds de l'UFC en remplacement de Joe Rogan qui est en tournée avec son spectacle, parlent de la force herculéenne de Matt Hughes. Goldberg raconte que Tim Sylvia, qui pèse 280 livres (127 kg) s'est un jour rué sur Matt Hughes, qui pèse à peine 170 livres (77 kg) et que ce dernier a traîné son adversaire sur son dos jusque dans le coin, puis l'a assis au sol. Mir ajoute que la force de Hughes peut être un élément déterminant dans le combat qui est sur le point de commencer : « S'il réussit à le saisir, St-Pierre se retrouvera rapidement au sol. Il ne peut en être autrement. »

À l'annonce de son nom, GSP est accueilli par un mélange d'applaudissements et de huées. GSP fait un petit salut destiné aux fans et un petit sourire narquois en réponse aux huées. Les acclamations fusent lorsqu'on présente Hughes. Il salue sobrement la foule. Comme toujours, GSP est athlétique, solide ; mais

Hughes, lui, est une masse de muscles. On dirait la caricature d'un bulldog.

Quelques jabs sont échangés pendant les 27 premières secondes du combat. À quatre minutes 33 secondes, juste comme Frank Mir souligne que Georges a avantage à se battre debout et à miser sur sa force de frappe, GSP se penche et se lance dans les jambes de Hughes pour le coucher au sol. Tout le monde est surpris, Hughes le premier, qui se retrouve assis au sol en un éclair. GSP est par-dessus et commence à frapper Hughes, qui joue des coudes et cherche une façon d'appliquer un étranglement.

Hughes se relève en entraînant GSP et commence à le repousser. Avant de se retrouver dos au grillage, GSP parvient à se libérer et les deux adversaires se séparent. Ils décochent tous deux quelques jabs, et St-Pierre lance un solide coup de pied circulaire de la gauche qui effleure le visage de Hughes. Quelques coups sont encore échangés, puis Hughes tente à son tour une projection au sol. Il repousse GSP dans le grillage et cherche une prise pour le renverser. Après quelques tentatives, il réussit à soulever GSP et à le plaquer au tapis.

Retenu par Hughes, GSP roule des yeux en signe de frustration. Puis, il se retourne lentement dans une tentative pour que l'adversaire relâche son étreinte. La tactique fonctionne. Bien qu'il ne soit pas totalement dégagé, il est de nouveau sur ses pieds. Les combattants s'échangent alors des coups de genou à l'abdomen. Au moment où Hughes s'apprête à lancer un autre coup de genou, GSP recule et les deux adversaires se séparent.

GSP feint alors de lancer une droite, pivote sur lui-même et décoche un foudroyant coup de pied retourné à l'abdomen de Hughes. Le coup produit un bruit sourd et projette Hughes dans la clôture. Il semble ébranlé, mais récupère rapidement et tente une projection au sol que GSP réussit à contrer. En se relevant, GSP décoche une droite qui rate la tête de son adversaire. Des jabs sont encore échangés, puis un coup de pied de Hughes rate tout juste le menton de GSP.

La fin du combat est proche. Au sol, Hughes est en position montée, il a passé la garde de GSP et ce dernier tente de saisir le bras gauche de son adversaire pour tenter un kimura. Mais Hughes pivote complètement par-dessus St-Pierre et saisit son bras droit des deux mains. Son pied droit sous le dos de GSP et maintenant sa jambe gauche au-dessus de son cou, il tire le bras de GSP pour compléter une clé de bras classique.

Constatant qu'il ne pourra dégager son bras, GSP tape le sol en signe de soumission. Il n'a pas compris qu'il ne restait que 0,3 de seconde au premier round.

Hughes se relève, se rend calmement dans son coin rejoindre ses assistants, se retourne et rejoint GSP toujours au sol. Il lui adresse quelques mots et lui fait une accolade bien sentie.

Lorsqu'on annonce officiellement la victoire de Hughes, GSP lui fait l'accolade à son tour, puis soulève Hughes sur ses épaules.

En entrevue d'après-combat, lorsque Kerri Kasem du magazine *E!* demande à Matt Hughes s'il avait songé pouvoir soumettre GSP, le champion répond : « Non. Georges est tellement bon au sol, et tellement fort physiquement que jamais je n'ai imaginé que je pourrais le soumettre. »

Lorsque Kasem demande à GSP de commenter l'affirmation de plusieurs voulant qu'il est encore trop jeune pour se battre pour le titre, il répond : « Premièrement, je veux simplement dire que Matt Hughes est un de mes héros dans les arts martiaux mixtes et que ce fut pour moi un honneur d'avoir l'occasion de me battre contre lui. Et je vais être franc. J'étais intimidé. Ce soir, vous avez vu le vrai Georges *Rush* St-Pierre. J'étais au sommet de ma forme. J'ai simplement fait une erreur que je n'ai jamais faite en entraînement. Alors, tout ce que je peux dire, c'est : Félicitations Matt. »

Cette fois, personne dans l'amphithéâtre n'a hué GSP.

* * * * *

La défaite contre Hughes est probablement difficile à accepter pour un athlète toujours invaincu et aussi compétitif que Georges St-Pierre, encore plus lorsqu'il constate que, s'il avait résisté moins d'une seconde de plus à la clé de bras, la cloche aurait mis fin au supplice et qu'il aurait pu reprendre le combat au deuxième round. Mais plutôt que de ruminer sa défaite, Georges reprend immédiatement l'entraînement. Il passe beaucoup de temps à s'entraîner avec l'équipe canadienne de lutte sous la direction des entraîneurs Rob *The Caveman* Moore et Cleo *Zulu Man* Ncube, affinant ses habiletés au contact des athlètes olympiques et envisageant même peut-être de participer lui-même aux Jeux.

Plus tard, GSP reviendra sur ce combat contre Hughes. Il raconte alors qu'il a grandi en suivant la carrière de Hughes, qu'il considérait comme un héros. Hughes a fait ses débuts professionnels lorsque Georges avait 17 ans et a remporté sa première victoire pour l'UFC l'année suivante. Avant d'affronter Hughes, Georges s'était battu contre de jeunes athlètes comme lui, et non pas contre des athlètes qu'il avait admirés en les voyant combattre à la télévision. Il avouera même que, le soir du combat, il était incapable de regarder Hughes dans les yeux tellement il était intimidé par lui.

Dans la défaite, GSP a bien combattu. En réalité, avant la clé de bras fatale, les juges semblaient vouloir donner ce round à GSP. Le spectaculaire coup de pied retourné à l'abdomen qui avait repoussé Hughes dans la clôture avait été le fait saillant du round avant que Georges se soumette.

Comme un requin affamé, GSP ne peut rester immobile. Il doit constamment aller de l'avant. S'il n'est plus prétendant au titre des mi-moyens, il est toutefois devenu un combattant de l'UFC et les arts martiaux mixtes constituent maintenant son gagne-pain. Il a gagné le respect de tous. Plusieurs observateurs, tant des amateurs que les gens des médias, estiment que s'il était encore trop jeune et inexpérimenté pour espérer remporter le titre contre Hughes, GSP est l'avenir du sport et que ce combat en constitue la preuve. Tous savent que GSP sera

champion un jour et que sa maîtrise des divers styles constitue l'avenir de l'UFC.

Cela dit, personne ne lui fera de cadeau et il devra mériter sa
prochaine chance de se battre pour le titre de champion. Mais
Georges n'a jamais pensé autrement : il a toujours eu comme
philosophie que le succès vient à force de travail.

La route vers cette Terre promise débute à un endroit que
Georges connaît bien, le Centre Pierre-Charbonneau, et avec des
gens qui le connaissent bien aussi. Il se battra lors du TKO 19 :
Rage, le 29 janvier 2005.

* * * * *

Il affronte cette fois Dave Strasser. Vétéran âgé de 35 ans,
Strasser a une fiche de 21 victoires, cinq défaites et quatre combats nuls et il est l'un des pionniers des arts martiaux mixtes aux
États-Unis. Mais il avait déjà presque 34 ans lorsqu'il a fait ses
débuts pour l'UFC contre le maître du jiu-jitsu brésilien Romie
Aram. Avec une impressionnante fiche de six victoires contre
aucune défaite chez les professionnels, Aram suscitait un intérêt semblable à celui de GSP maintenant. Ainsi, de nombreux
observateurs voyaient le combat Strasser-Aram lors de l'UFC 42 :
Sudden Impact comme un match préparatoire pour Aram sur
la route qui devait le mener à un combat pour le titre des mi-
moyens contre Hughes ou Penn.

Mais ce ne fut pas le cas. Bien qu'Aram ait réussi à coucher
Strasser dès le début du combat, le vétéran s'est rapidement
repris, dominant complètement la jeune étoile montante et laissant son adversaire ensanglanté au terme des trois rounds du
combat. Strasser remporta le combat par décision unanime des
juges par le score de 30 à 27.

Lors de l'entrevue précombat, Strasser dit : « Je viens de l'Amérique jusqu'au Canada pour combattre Georges St-Pierre. » Ce
commentaire suscite la colère de nombreux Canadiens, qui font
remarquer que le Canada a une frontière avec les États-Unis. À

la défense de Strasser, mentionnons qu'il vit et s'entraîne loin de la frontière canadienne, à Kenosha, au Wisconsin, à près de 1 000 km de Montréal. Et Strasser ajoute : « Je ne parle pas beaucoup. Je laisse plutôt mes poings parler. »

Lorsqu'il descend l'allée la tête recouverte d'un capuchon gris, Strasser paraît beaucoup plus vieux que GSP. Ce dernier, quant à lui, trottine dans l'allée menant à la cage, vêtu comme toujours de son kimono bleu et de son bandeau de tête blanc. Au son de la chanson de 1976 de Black Sabbath, *Iron Man*, l'entrée de Strasser n'est pas très spectaculaire comparée à l'entrée de GSP qui se fait au son d'une entraînante et très actuelle chanson hip-hop en français.

Quelques huées se font entendre lorsqu'on présente Strasser, puis les acclamations fusent dès que la foule devine que l'annonceur se prépare à présenter GSP. Lorsqu'il le présente comme le champion des mi-moyens du TKO et deuxième de la catégorie au niveau mondial, GSP salue ses fans en levant les deux pouces en l'air. Comme lors du combat contre Spratt, GSP affiche dans le dos le logo de GoldenPalace.com tatoué au henné.

Les deux adversaires amorcent le combat en frappant. Strasser lance les premiers coups de poing et GSP réplique avec des coups de pied hauts. Au bout de 30 secondes, Strasser décoche un faible coup de pied de la gauche. GSP saisit la jambe de son adversaire et l'envoie sur le dos. Pendant les deux minutes suivantes, GSP frappe son adversaire en passant successivement en position montée de côté et de face, puis il trouve enfin l'occasion qu'il cherchait : il tire violemment le bras de Strasser. Ce dernier sait trop bien ce que tente de faire GSP, mais ne peut l'en empêcher. Lorsque GSP réussit à étendre le bras de son adversaire dans le dos de celui-ci, Strasser n'a pas le choix : il tape le sol.

Tout de suite, GSP effectue son fameux saut périlleux arrière. Il retrouve Strasser encore grimaçant de douleur après avoir subi ce kimura, lui dit quelques mots et lui fait l'accolade. GSP monte ensuite sur les câbles, tenant sa ceinture bien haut au-dessus de sa tête. Il effectue ensuite ses habituels mouvements de break dancing au centre du ring et pose pour les photos. Il a fait plaisir à ses fans montréalais et a clairement démontré qu'il est prêt pour un autre combat de championnat.

* * * * *

GSP se bat à une époque charnière de l'histoire de l'UFC. Les arts martiaux mixtes ont toujours leurs détracteurs dans les grands médias. Le réputé chroniqueur Phil Mushnick, du *New York Post*, écrit : « C'est la violence pour la violence. Je comprends que tout ne peut être d'une haute valeur sociale. Certaines choses peuvent même n'avoir aucune valeur sur le plan social. Mais ce genre de combat est carrément dommageable. »

Mais le public, et surtout les gens riches et influents, commencent à s'intéresser à ce sport. En juin 2004, l'UFC signe une entente de représentation avec Creative Artists Agency (CAA), l'une des plus puissantes agences de spectacles, qui compte notamment comme clients Steven Spielberg, Brad Pitt, AC/DC et Peyton Manning. Tout de suite, Hollywood commence à développer des scénarios de films et des concepts d'émissions de télévision inspirés de l'UFC.

Les efforts de la CAA donnent ainsi naissance à une téléréalité intitulée *The Ultimate Fighter* pour Spike TV, une chaîne diffusée sur le câble appartenant à Viacom et MTV. La chaîne s'adresse à un public masculin et est déjà l'objet de nombreuses critiques dans les grands médias. *The Ultimate Fighter* met en scène deux entraîneurs — qui, pour la première saison, seront Randy Couture et Chuck *The Iceman* Liddell —, chacun à la tête d'une équipe formée de quatre combattants de la catégorie poids moyen et de quatre combattants de la catégorie poids mi-lourd. Dans un premier temps, une série d'épreuves athlétiques permet d'éliminer des combattants, et ceux qui restent combattent dans l'octogone. Le narrateur est l'ex-chanteur d'opéra et animateur sur le réseau de télé-achats QVC, Mike Rowe, un homme fort populaire à la télévision par câble, et les animateurs de l'émission sont Dana White et la top modèle et chanteuse Willa Ford.

Le gagnant de la série doit, selon le terme utilisé par les producteurs, se voir offrir un contrat « dans les six chiffres » pour combattre pour l'UFC. La formule est un peu réductrice. En réalité, le gagnant signera un contrat d'une durée de trois ans qui lui garantit trois combats par an. Chaque combat lui vaudra un cachet de 12 000 $ et 12 000 $ supplémentaires en cas de victoire pour la première année. Cachet et prime en cas de victoire passeraient à 16 000 $ la deuxième année, puis à 22 000 $ la troisième année. L'athlète pourrait donc gagner un total de 300 000 $ s'il remporte ses neuf combats.

On ne manque pas de candidats. La première émission est présentée le 17 janvier 2005 et donne lieu à plus d'action que peuvent même en rêver la plupart des émissions de téléréalité. On a droit à des beuveries, des insultes, des bagarres à l'extérieur du ring, les portes claquent et un des concurrents décide même de se venger d'un autre en urinant sur son oreiller. La combinaison controverse-combat attire les téléspectateurs. Bien que l'émission soit diffusée en même temps que celle de la WWE (World Wrestling Entertainment), *The Ultimate Fighter* obtient des cotes d'écoute pour le moins remarquables. Plus de 2,6 millions de personnes, un chiffre considérable pour l'époque, ont vu la finale de la première saison.

Dana White affirme que l'émission fait partie d'un plan global. C'est, selon son expression, son « cheval de Troie », signifiant par là que l'émission lui donne l'occasion de s'infiltrer peu à peu dans la conscience collective du grand public. Son plan fonctionne. Le 9 avril 2005, la finale de *The Ultimate Fighter I* sur Spike TV attire plus de téléspectateurs que la populaire émission de MTV *X Games* et qu'un match présaison de la NFL sur ESPN 2, et surtout, elle rejoint les groupes d'âge les plus convoités par les annonceurs.

Les téléspectateurs ont droit à tout un spectacle. La plupart des amateurs de longue date veulent surtout voir le combat entre le vétéran et futur membre du Panthéon de la gloire de l'UFC, Ken *The World's Most Dangerous Man* Shamrock, et le jeune à l'avenir prometteur Rich *Ace* Franklin plutôt que ceux qui doivent opposer les finalistes de la téléréalité. Certes, le combat Shamrock-Franklin est excellent — Franklin est le premier à passer le KO à Shamrock —, mais ce n'est pas le plus excitant de la soirée. Cette distinction revient au combat entre les finalistes de la catégorie des mi-lourds, Forrest Griffin et Stephan *American Psycho* Bonnar. L'affrontement, très serré, se termine par une décision unanime en faveur de Griffin, mais Dana White est tellement impressionné par Bonnar qu'il lui offre aussi un contrat.

Cette finale spectaculaire ne pouvait arriver à un meilleur moment pour l'UFC. L'organisation avait ses fans, bien sûr, mais ils n'étaient pas suffisamment nombreux et les médias parlaient abondamment de la menace de faillite qui planait au-dessus de l'UFC. Les inconditionnels des arts martiaux mixtes affirmaient qu'il suffisait de voir un combat pour que même les simples curieux deviennent des mordus du sport. Il semble qu'ils avaient raison. Le dernier événement qui est présenté avant la diffusion de la première saison de *The Ultimate Fighter*, l'UFC 50 : The War of '04, avait attiré 40 000 personnes à la télévision à la carte, alors que le premier événement présenté après la finale de l'émission, l'UFC 52 : Couture vs Liddell 2 (les deux entraîneurs de l'émission de téléréalité), en attire 280 000, soit sept fois plus à peine cinq mois plus tard. Non seulement l'UFC évite alors la faillite, elle a maintenant un produit qui allait bientôt devenir un sport majeur.

* * * * *

GSP revient donc à l'UFC à un moment où l'organisation est plus populaire que jamais. L'UFC avait déjà annoncé que GSP serait opposé à Jason *Mayhem* Miller lors de l'UFC 52 : Couture vs Liddell 2, le 16 avril 2005. On se souvient que l'organisation voulait opposer Peter Spratt à Karo Parisyan lors de l'UFC 46, mais s'était rabattue sur GSP après que celui-ci ait vaincu Spratt. La plupart des observateurs étaient d'avis que GSP n'aurait pas été de cet UFC 52 s'il avait perdu contre Strasser.

Si Miller fait ses débuts pour l'UFC, il a déjà ses admirateurs grâce à une fiche de 12 victoires contre trois défaites chez les professionnels. Alors que plusieurs athlètes, comme Hughes et GSP, forcent l'admiration par leur modestie, Miller, lui, se sert de son sens de l'humour et de son comportement imprévisible pour impressionner les fans. Jouant avec son surnom — *mayhem* signifie destruction —, il dit de ses partisans qu'ils sont les *Mayhem monkeys* (les singes de la destruction). Bien qu'il soit plus à l'aise dans la catégorie des 185 livres (84 kg), il se bat cette fois dans la catégorie de poids inférieure, car l'UFC est désespérément à la recherche de bons challengers chez les poids mi-moyens.

« Je combine la bagarre de rue, le jiu-jitsu, la boxe thaï et la lutte », explique en souriant Miller avant le combat. « J'ai tout ce qu'il faut pour être un botteur de derrière certifié. »

En entrevue précombat, GSP semble à la fois plus confiant et moins modeste que lors de ses combats précédents. Comme c'est le cas pour Miller, les commentaires de Georges semblent moins appris par cœur que ceux que nous réserve habituellement l'UCC/TKO : « Lorsque je me bats comme j'en suis capable, lorsque je suis à 100 % de mes capacités, mentalement et physiquement, je pense que personne ne peut suivre mon rythme. Personne dans ma catégorie. » Il répète : « Personne dans ma catégorie — non seulement Miller — personne dans ma catégorie. » Si GSP s'exprime bien en anglais, il a un fort accent québécois et, que ce soit pour se moquer de lui ou, au contraire, pour le louanger, plusieurs personnes s'en amusent en déclinant de nombreuses variantes de l'expression « handle my rhythm » que Georges prononce « andle my riddum ».

GSP affirme qu'il est dans la meilleure forme de sa carrière. Lorsqu'on lui demande de prédire l'issue du combat, il dit : « Je vais lui assener des coups solides et viser une soumission au sol. » Et lorsqu'on lui mentionne que Miller dit de lui qu'il n'a pas de cœur et affirme qu'il gagnera par KO technique, Georges sourit et réplique : « Je ne pense pas ; on verra s'il se bat aussi bien qu'il parle. »

L'entrée en scène de Miller a de quoi faire rougir même Thomas *Wildman* Denny. Il porte un masque à la Slipknot, le groupe de *horror metal* dont la musique retentit dans les haut-parleurs, parcourt l'allée en dansant. Il s'arrête, enlève son masque, puis sort des billets de banque qu'il lance autour de lui. Son large sourire un peu niais révèle des dents frontales éclatantes, couronnées non pas d'or, mais de platine. Sur le sommet de la tête, il a une grosse touffe de cheveux rouges.

Comme il en a l'habitude, GSP fait son entrée au son d'une musique hip-hop, cette fois la populaire chanson *X Gon' Give it to Ya*, de DMX. Portant toujours son kimono bleu et son bandeau de tête blanc, il s'avance à grandes enjambées, aussi souriant que Miller. Il lance dans la foule quelques t-shirts portant le logo de Mopai.com (un fournisseur de vêtements d'arts martiaux en ligne qui n'existe plus aujourd'hui) et donne des *high five* à ses fans. Alors que GSP approche de l'octogone, le présentateur du combat Mike Goldberg raconte que cette même semaine, Matt Hughes lui avait affirmé que GSP représentait l'avenir de l'UFC. Il mentionne aussi que St-Pierre lui-même lui a dit qu'il n'était pas fier de son combat contre Hughes, mais que cette défaite lui avait permis de grandir.

Très dynamiques, les deux combattants amorcent le combat en s'étudiant au centre de la cage. Miller sautille dans son style caractéristique qu'il appelle le « monkey style », puis décoche un coup de pied circulaire bas du pied droit qui rate la cible. Les deux adversaires échangent quelques coups de poing qui ne portent pas. Miller tente un autre coup de pied circulaire de la droite, mais GSP attrape le pied et envoie Miller au tapis.

Miller est au sol, prêt à accepter la position montée de face de GSP, mais celui-ci lui applique plutôt un coup de pied au derrière. GSP lève alors la jambe gauche jusqu'à la taille puis lance un coup de pied retombant à l'abdomen de Miller. Plusieurs personnes estiment alors que GSP aurait dû être disqualifié pour coup de pied illégal, mais l'arbitre John *Big John* McCarthy — un ex-policier de Los Angeles qui est en train de devenir une célébrité dans le milieu des arts martiaux mixtes — décide qu'il s'agit bien d'un coup de pied retombant parce qu'il a frappé son adversaire avec le derrière du pied, et non pas le dessous.

GSP tente alors une position montée, mais Miller se protège bien. Ils échangent quelques coups de poing, mais GSP, visiblement frustré, recule, laissant Miller se relever.

De huit centimètres plus grand que GSP, Miller tente de profiter de sa plus grande allonge. Il se lance à l'offensive et décoche deux puissants coups de pied circulaires, un de chaque pied. Les deux combattants s'échangent des coups de poing, et ceux de GSP sont visiblement plus puissants. St-Pierre fait alors une rare erreur. Il tente un coup de poing retourné que Miller évite facilement en se penchant. Alors que GSP est emporté par son élan, Miller réussit à le saisir brièvement. Il tente visiblement d'amener GSP au sol, mais ce dernier résiste.

Miller reçoit un coup de pied aux jambes, puis décoche une puissante droite qui atteint GSP au visage. Georges saigne. Mais il réplique par une foudroyante droite, puis se rue sur Miller qu'il fait reculer jusqu'à la clôture. GSP saisit Miller par la taille et tente de le soulever et de le rabattre au sol comme le fait si bien Matt Hughes, mais il réussit tout juste à le pousser au tapis.

Par-dessus son adversaire, GSP commence à le frapper, mais celui-ci excelle au sol et, après quelques mouvements pour se dégager, il réussit à relever GSP et à le repousser. GSP revient vers son adversaire toujours au sol, lançant ses coups avant même d'avoir complété sa position montée. Il prend alors le contrôle. Il lance des dizaines de solides coups et Miller ne peut que tenter de se protéger du mieux qu'il le peut. Le commentateur du combat, Mike Goldberg, souligne que la quantité de sang qui gicle de la figure de Miller pourrait bien inciter l'arbitre McCarthy à mettre fin au combat.

GSP rate un kimura. Debout, les deux adversaires s'échangent quelques coups, puis GSP se rue sur Miller et l'amène au sol. Miller se met en garde fermée haute. GSP parvient presque à faire un étranglement d'Arce, mais Miller — jamais dépourvu de ressources — réussit à le contrer par des contorsions. GSP poursuit avec une série de coups de genou, d'avant-bras et de poing, mais il ne lui reste plus de temps pour déjouer la garde de Miller.

À mesure que ce premier round, brutal, se déroulait, GSP avait imposé sa loi. Mais dans son coin, Miller sourit pendant que son soigneur tente du mieux qu'il peut d'arrêter le saignement à l'arête de son nez.

Au deuxième round, St-Pierre tente constamment le kimura, mais Miller se défend bien. Comme il l'a fait plus tôt, genoux et coudes au sol, il se recroqueville un peu comme une tortue. Cette position laisse peu de possibilités d'attaque à son adversaire, mais Miller lui-même ne peut rien faire d'autre que se défendre. GSP ne peut qu'appliquer des coups de genou au flanc. Miller se contorsionne et, prenant appui sur la clôture, il se retourne. GSP, sur le dos de Miller, lance rapidement une puissante droite. Mais Miller réussit à pivoter encore une fois et se relève rapidement.

Bien décidé à soumettre son adversaire avant la fin du round, GSP tente une clé de bras, le même mouvement avec lequel Matt Hughes avait réussi à le soumettre, mais Miller tient bon jusqu'au son de la cloche.

Miller amorce le troisième round en force, atteignant GSP d'un solide jab à la figure. Mais GSP réplique lui aussi avec un jab qui semble plus puissant encore et qui fait reculer Miller. Ce dernier rate un autre coup de poing, puis un coup de pied qui fend l'air et le laisse en déséquilibre. GSP en profite, se rue sur son opposant et le projette rapidement au sol.

Par-dessus son adversaire, GSP recommence à le frapper à coups de poing et de coude. Subitement, pour la première fois dans ce combat, Miller se retrouve par-dessus St-Pierre et, en position montée de côté, lance deux rapides coups de genou. GSP est toutefois d'une telle force qu'il parvient à renverser son adversaire et se retrouve de nouveau par-dessus lui. Pour les dernières secondes de ce combat, GSP martèle Miller de coups de poing et de genou.

Il n'y a aucun doute sur l'identité du gagnant. Il n'y a pas eu de KO technique, mais GSP a outrageusement dominé. Ce combat démontre bien qu'il est de nouveau prêt à combattre pour le titre de champion. Après le combat, St-Pierre est heureux de sa performance : « Ce ne fut pas le combat le plus difficile de ma vie », dit-il. « Mais Miller est un dur. J'ai tenté de le soumettre à quelques reprises, mais il n'a jamais abandonné. »

GSP est de retour à l'avant-scène, mais son cachet demeure modeste. Ce soir-là, Randy Couture empoche 150 000 $ et encaisse la défaite contre Chuck Liddell, qui lui gagne 140 000 $. Matt Hughes, lui, empoche 110 000 $ pour défendre son titre contre Frank Trigg. Quant à GSP, il gagne ce soir-là à peine 18 000 $, soit 9 000 $ de cachet, et 9 000 $ pour sa victoire.

Mais ce qui compte surtout pour Georges, c'est qu'il est revenu en force là où il doit être : parmi les meilleurs. Lorsqu'on lui demande ce qu'il souhaite pour les prochains mois, il est très clair : « Évidemment, je veux une autre chance pour le titre. Je ne sais pas s'ils vont me la donner tout de suite — je vais peut-être devoir affronter quelques autres gars avant —, mais on verra. Moi, je suis prêt. »

* * * * *

Son prochain combat ne sera pas pour le titre, mais celui qu'il doit affronter est tout de même à l'époque l'un des meilleurs combattants en arts martiaux mixtes. Lors de l'UFC 54 : Boiling Point, au MGM Grand Arena à Las Vegas le 20 août 2005, GSP doit affronter Frank *Twinkle Toes* Trigg. Celui-ci a grandi dans une famille pas très fortunée, mais aimante dans le nord de l'État de New York. Il dit qu'avec six frères à la maison, il n'avait pas le choix que d'apprendre à lutter pour se défendre. Il a du talent et devient un excellent lutteur à l'école secondaire, puis à l'Université d'Oklahoma. Après avoir obtenu son diplôme en affaires publiques et administration, il apprend le judo avec le médaillé de bronze olympique Patrick Burris. Rapidement, il commence à combattre professionnellement pour diverses organisations d'arts martiaux mixtes.

Lorsqu'il affronte GSP, il a une fiche de 12 victoires contre trois défaites chez les professionnels. Plus impressionnant encore, deux de ses défaites l'ont été lors de combats dramatiques et extrêmement serrés contre Matt Hughes — Trigg dominait l'un de ces combats lorsque Hughes réussit à le soumettre avec un étranglement sanguin arrière — et la troisième défaite fut contre Hayato Sakurai que Trigg dominait également jusqu'à ce que son adversaire le terrasse avec une série de coups de genou. Bref, malgré un surnom plutôt cocasse, *Twinkle Toes*[3], Trigg possède tout le talent qu'il faut pour se battre contre n'importe quel poids mi-moyen.

Avant le combat Trigg, qui est reconnu pour ses commentaires souvent iconoclastes, tient sensiblement les mêmes propos que Hughes lorsque celui-ci affronta GSP. Il reconnaît que GSP est un combattant phénoménal et qu'il a le potentiel d'un futur champion, mais affirme qu'à 24 ans, il est trop jeune et trop inexpérimenté pour le vaincre.

La réplique de GSP est fort différente de ce qu'elle avait été avant le combat contre Hughes : « Probablement qu'à l'époque, je n'étais pas prêt mentalement pour combattre pour le titre », dit-il. « Aujourd'hui, je suis deux fois plus solide… Je pense que c'est un bon moment pour moi. Mentalement… je suis plus fort qu'avant et physiquement, je dispose de plus d'outils. Je suis un tout nouveau combattant. Cette défaite aura été la meilleure chose qui pouvait m'arriver. Elle a fait de moi un athlète plus complet, plus fort tant physiquement que mentalement. »

Dès le début du combat, Trigg est agressif, lançant des coups de poing de la droite et quelques jabs de la gauche. GSP réplique avec quelques gauches, puis avec un coup de pied circulaire de la droite. Les deux adversaires s'échangent ensuite quelques coups.

Le combat se transporte au sol, où GSP domine son adversaire. Au bout d'un moment, Trigg réussit à se relever, mais GSP le plaque au sol. Puis Trigg, les mains au sol et la tête baissée, tente de se relever, mais GSP le plaque de nouveau au sol par

---

3 Ce qui signifie littéralement « orteils scintillants ». (NDT)

un mouvement de la jambe droite. Trigg est couché sur le dos et GSP, avec sa tête et un bras, tente un étranglement en triangle. Trigg se débat, mais son visage devient pourpre. Avant de pouvoir bloquer pour terminer le travail, GSP perd sa prise sur Trigg. Ce dernier respire bruyamment, et GSP lui lance deux solides coups au visage. Trigg se débat, tentant de trouver une façon de se sortir de cette impasse. Il reste plus de deux minutes au premier round et les coups de GSP, surtout ses coups de coude, affaiblissent de plus en plus son adversaire. Trigg tente encore une fois de se dégager. Il parvient à se relever légèrement, pieds et mains au sol, avec GSP sur son dos qui continue de le marteler de coups. Trigg retombe sur les genoux, la tête appuyée au tapis pour se maintenir en position légèrement relevée. Il a toujours GSP sur le dos et ses jambes commencent à trembler sous le poids de son adversaire. Il retombe alors sur ses genoux.

Il reste une minute au round et Trigg semble crevé. Il est sur ses genoux et ses coudes, les mains derrière la nuque. Lorsque GSP lance un puissant coup de poing, Trigg a un bref regain d'énergie, se relevant sur ses genoux puis roulant par-dessus Georges. Mais GSP roule à son tour et place ses deux bras autour de la gorge de Trigg. Après quelques secondes de cet étranglement sanguin arrière, Trigg tape au sol en signe de soumission. À la seconde où l'arbitre les sépare, GSP se relève et, en courant, fait son saut périlleux arrière.

Ce combat ouvre les yeux à beaucoup de gens dans le milieu, tant les amateurs que les autres combattants. Les statistiques du combat montrent bien à quel point il fut à sens unique. Trente-sept des 44 coups de GSP ont atteint l'adversaire (sur 32 coups importants, 25 ont porté), il a réussi sa seule tentative de projection au sol, 10 passages de garde et gagné par soumission avec 51 secondes à faire au premier round. Trigg a appliqué seulement trois coups et sa seule tentative de projection au sol a échoué.

Après le combat, GSP explique que sa stratégie consistait à amener son adversaire au sol dès le début, même si la sagesse lui commandait de se battre debout, parce qu'il croyait que Trigg n'était «pas aussi efficace sur le dos que lorsqu'il est par-dessus».

Il ajoute qu'il estime avoir mérité une autre chance de se battre pour le titre, et qu'il veut avoir un combat contre Matt Hughes.

Son cachet a augmenté. Cette fois, il reçoit 28 000 $, soit 13 000 $ pour combattre et 15 000 $ pour avoir remporté la victoire. C'est encore loin de ce qu'obtient Randy Couture pour son combat, où il n'y a pas de titre en jeu, contre un opposant âgé de 40 ans, Mike van Arsdale, qui n'a jamais été considéré comme un aspirant sérieux. La popularité de Couture et la visibilité que lui a donnée l'émission *The Ultimate Fighter* rapportent gros : ce soir-là, il empoche 225 000 $, soit 150 000 $ de cachet et 75 000 $ pour la victoire.

* * * * *

Même si la victoire de GSP contre Trigg est convaincante, l'UFC estime qu'il n'est pas encore prêt à se battre pour le titre. On décide plutôt de l'opposer à un vétéran respecté, Sean *The Muscle Shark* Sherk lors de l'UFC 56 : Full Force, le 19 novembre 2005.

Lutteur au talent naturel, originaire d'une petite ville du Minnesota, Sean Sherk découvre les arts martiaux à la fin de l'adolescence et s'initie alors à la boxe, à la lutte libre et au muay thaï, puis commence à combattre. Il accumule une extraordinaire fiche de 17 victoires (dont deux contre Karo Parisyan), aucune défaite et un combat nul pour diverses organisations (notamment l'UFC et l'UCC) avant d'affronter Matt Hughes pour le titre des mi-moyens de l'UFC lors de l'UFC 42 : Sudden Impact, à Miami le 25 avril 2003.

Il livre un excellent combat qui se rend à la limite et se termine par une décision en faveur de Matt Hughes. C'est sa première défaite chez les professionnels. Il quitte alors l'UFC et remporte 12 victoires consécutives pour diverses autres organisations, gagnant l'admiration d'une véritable armée de fans au Japon.

Hughes doit alors défendre son titre contre Parisyan, mais ce dernier subit une blessure au tendon du jarret et doit déclarer forfait. Parisyan développera par la suite une dépendance aux puissants médicaments antidouleur qu'on lui prescrit et, en 2009, il sera suspendu par l'UFC pour une période de neuf mois.

L'UFC trouve rapidement un remplaçant, Joe Diesel Riggs. Ce dernier s'est initié à la boxe dès son enfance et fut un lutteur vedette à la même école secondaire qu'avait fréquentée Randy Couture à Glendale, en Arizona, puis il s'initie au jiu-jitsu brésilien. Il a commencé sa carrière professionnelle à l'automne 2001, et avant cet UFC 56, il a une excellente fiche de 23 victoires et six défaites. Il a d'abord combattu dans la catégorie des mi-lourds, puis chez les poids moyens au printemps 2004, et a livré son premier combat pour l'UFC lors de l'UFC 55 : Fury, dans la catégorie des mi-moyens, battant Chris Lights Out Lytle par KO technique après l'avoir sérieusement coupé dès les premières minutes du deuxième round.

Mais pour l'UFC 56, Riggs ne parvient pas à respecter la limite de poids. Il a moins d'une livre (0,45 kg) en trop. Pour ce combat contre Hughes, le titre ne sera donc pas en jeu.

Mais ce n'est pas le fait saillant de cet UFC 56. Le président de l'organisation, Dana White, lance en effet une bombe : il annonce que l'UFC a conclu une entente avec l'ex-champion BJ Penn et que celui-ci revient à l'UFC pour tenter de reprendre son titre de champion des mi-moyens. La nouvelle revêt une grande importance pour GSP. Lui qui était le no 2 de la catégorie, le voilà relégué au troisième rang.

En entrevue précombat, les commentaires, tant de Sherk que de GSP, sont prévisibles. Mais David Loiseau, combattant montréalais, homme de coin et partenaire d'entraînement de longue date de Georges, affirme : « Georges imposera son rythme dès le début… et nous verrons s'il peut continuer à le faire par la suite. Il gardera les mains hautes, le menton bas, ne s'engagera dans rien de compliqué, mais imposera simplement son style. » Tout en parlant, il frotte les oreilles et la figure de GSP.

Au lieu de faire son entrée au son de la musique hip-hop américaine qu'il avait utilisée précédemment, GSP utilise cette fois la chanson *Tout le monde debout,* du groupe de dancehall ragga français, Nèg' Marrons, dont les membres sont originaires d'anciennes colonies françaises d'Afrique (le Congo et le Cap-Vert) et de la Martinique. GSP adore ce groupe depuis longtemps. Sur son maillot de boxeur, on voit son surnom, Rush, et deux versions du logo de Spike TV.

De huit ans l'aîné de Georges, Sherk a choisi une chanson plus sombre, *Wait,* du groupe de métal alternatif Earshot. Sa casquette de baseball et son capuchon contrastent fortement avec le kimono rouge vif et chargé de logos de commanditaires et le bandeau de tête tout blanc de GSP.

GSP a l'air immense devant Sherk, qui ne mesure que 5 pieds 6 pouces (1,67 m). Mais Sherk semble plus massif, plus découpé et, une fois le combat bien amorcé, plus rapide et agressif. Rogan, le coloré commentateur, mentionne que ce combat pourrait très bien en être un pour le titre. Une seconde après le début du combat, Sherk tente un balayage du pied droit qui rate sa cible. GSP lance un puissant coup de pied de la gauche qui rate aussi sa cible, mais de peu et, dans la foulée, il décoche une droite.

GSP réussit une projection au sol, mais Sherk réagit rapidement par une garde papillon. Avant que Sherk puisse tenter un balayage, GSP se retire et Sherk trébuche vers l'arrière, mais réussit à rester debout.

Après un échange de coups, Sherk se lance sous les poings de GSP, saisit ses jambes et tente une projection au sol. GSP écarte les jambes, réussit ainsi à rester debout alors que Sherk glisse.

Ils reviennent en position de boxe, Sherk lançant des coups de pied bas, GSP des coups de pied hauts. Un coup de pied haut de GSP fait hurler la foule. L'arbitre Herb Dean interrompt le combat pour vérifier si Sherk est en mesure de poursuivre, et celui-ci sourit et lève les deux pouces en l'air. L'action peut reprendre.

Les deux combattants multiplient les coups. Encore une fois, les coups de pied de Sherk sont bas, ceux de GSP hauts. Sherk réussit un puissant crochet de la gauche, mais c'est GSP qui a l'avantage. Lorsque Sherk lance un coup de poing à la tête de GSP, ce dernier, plus grand, réplique par une spectaculaire attaque aux jambes qui repousse Sherk contre la clôture, puis le projette au sol.

Sherk se défend pendant que GSP lance des droites à répétition. Après un moment, Sherk répond lui aussi par des coups de poing que GSP parvient à contrer en se collant sur son adversaire, ce qui donne l'occasion à Sherk de bloquer ses mains derrière la poitrine de St-Pierre.

GSP se relève pour profiter de l'effet de levier et repousse Sherk au sol. Frappant son adversaire au visage, d'abord avec les poings puis, avec encore plus de puissance, avec les avant-bras et les coudes, GSP semble clairement dominer les échanges. Au moment où la cloche sonne, GSP décoche une puissante droite au visage de son adversaire. Georges se relève et se retire dans son coin.

Le deuxième round s'ouvre comme le premier : agressif, Sherk multiplie les coups de pied bas et les longs coups de poing. Ils s'échangent coups de poing et de pied pendant un moment et Georges décoche un coup de pied particulièrement puissant au milieu du corps de son adversaire, puis un coup de pied arrière retourné qui fait reculer Sherk d'environ un mètre. Ensuite, un solide crochet de la gauche fait trébucher Sherk, qui récupère toutefois rapidement, mais GSP décoche un coup de pied haut que Sherk, à peine relevé, parvient à éviter. Alors que Sherk prend la position du boxeur, GSP se lance sous ses poings et le repousse. Sherk sautille sur une seule jambe et son dos percute la clôture.

Les combattants se retrouvent au sol et St-Pierre, dans une position qu'il connaît bien, recommence à marteler son adversaire de coups de coude et de poing. Le sang gicle. Le présentateur Mike Goldberg fait alors remarquer que le visage de Sherk « semble montrer une douleur extrême » et se demande s'il n'a pas le nez fracturé. Herb Dean s'avance pour bien évaluer la situation. Convaincu que Sherk ne peut poursuivre, il met fin au combat.

GSP a complété son saut périlleux arrière avant même que son opposant ait commencé à se relever.

Après le combat, Sherk explique qu'il voulait se battre debout et qu'il s'était entraîné dans ce sens parce que personne ne s'attendait à une telle stratégie. Il souligne le remarquable talent de GSP à résister aux tentatives de projection en écartant les jambes, puis il dit de son adversaire : « son corps était très, très glissant… comme s'il était recouvert d'huile… je n'arrivais pas à avoir une prise. ». Voilà une accusation grave. Les hommes de coin ont toujours de la Vaseline qu'ils appliquent sur les coupures et les écorchures que subissent les combattants, et cela est parfaitement autorisé par l'UFC. Mais appliquée sur le corps, la Vaseline ou tout autre lubrifiant donne au combattant un énorme avantage. Pour bien combattre au sol ou pour réussir une projection au sol, le combattant doit avoir une bonne prise sur son adversaire. Le lubrifiant offre une protection à peu près totale. Mais Sherk bat en retraite : il ne veut pas accuser GSP d'avoir triché. Épongeant le sang qui coule toujours de son nez, il poursuit : « Je n'ai pas d'excuses… Ce gars-là a d'excellents écartements, il frappe fort, se déplace bien… ce fut un bon combat et je désirais le gagner… alors si ce n'est pas mon bras qu'on lève à la fin, je ne suis pas satisfait. »

GSP, lui, est tout sourire. « À la fin du combat », dit-il, « alors qu'il était au sol et que je le frappais, je l'ai entendu crier "ahhhh!", et j'ai su que je lui avais fait mal, alors, j'ai continué et j'ai terminé le travail. » Pendant l'entrevue d'après-combat, GSP aperçoit Matt Hughes sur un écran de télévision qui donne, lui aussi, une entrevue dans l'octogone. Hughes venait de vaincre Riggs avec un kimura dès le premier round. GSP entraîne alors les journalistes avec lui devant le poste de télévision. « Peut-être qu'il va parler de moi », dit-il dans un large sourire. « J'aimerais me battre contre ce gars-là. Je l'aime comme personne et comme combattant, il est une de mes idoles. J'aimerais avoir un match revanche contre lui. C'est très important pour moi. Ce gars-là est un phénomène. Pour moi, il est le plus grand champion de l'UFC. Si jamais je parviens à le vaincre, ce sera un accomplissement extraordinaire pour moi. »

La victoire de GSP est impressionnante. Sherk était un formidable opposant et Georges l'a terrassé, gagnant par KO technique à deux minutes 53 secondes du deuxième round. Les statistiques montrent bien l'allure du combat. Georges a atteint la cible 78 fois sur 132 coups (58 des 111 coups importants ont porté), alors que 32 des 67 coups de Sherk ont atteint GSP (20 coups sur 55 coups importants). GSP a réussi trois de ses quatre tentatives de projection au sol et Sherk a raté les trois siennes.

Ce combat consolidait la position de Georges comme prétendant légitime au titre. Encore une fois, il empoche un peu plus d'argent : 16 000 $ pour le combat et 19 000 $ pour la victoire. Matt Hughes, la vedette du combat principal, reçoit quant à lui 110 000 $ (55 000 $ pour combattre et 55 000 $ pour sa victoire).

De toute évidence, le champion des poids mi-moyens gagne bien sa vie, et GSP veut ce titre plus que toute autre chose. Il veut se battre contre Hughes, non seulement pour être champion, mais aussi pour venger sa seule défaite jusqu'à maintenant.

* * * * *

L'UFC en décide autrement. Puisque BJ Penn est revenu à l'UFC, il sera beaucoup plus excitant, et lucratif, bien sûr, d'opposer GSP à Penn pour voir lequel des deux affrontera Matt Hughes.

Penn sera un adversaire encore plus coriace que Trigg ou même Sherk. Jay Dee Penn est né et a grandi à Hawaii, il est le plus jeune de quatre garçons. Trois d'entre eux portent le nom de Jay Dee Penn, le même nom que leur père, — l'autre étant prénommé Reagan — et ont donc un surnom pour permettre de les distinguer. Puisqu'il est le plus jeune, on lui donne le surnom de *Baby Jay*, qui deviendra simplement BJ.

Penn commence à pratiquer le jiu-jitsu brésilien à la suggestion d'un voisin, à l'âge de 17 ans. C'est le coup de foudre à tel point que deux ans plus tard, il déménage en Californie pour étudier avec Ralph Gracie.

L'UFC recrute Penn en 2001 et celui-ci enregistre sept victoires contre une seule défaite et un combat nul chez les professionnels, dont la victoire contre Matt Hughes et un combat dans le cadre de la tournée promotionnelle *Rumble on the Rock* à Hawaii, avant que survienne le différend avec Dana White. Pendant deux ans, Penn se bat pour l'organisation K-1 au Japon et à Hawaii, remportant trois victoires dont une décision en trois rounds contre Rodrigo Gracie, le neveu de Ralph.

De retour pour l'UFC, il est aussi impatient de reprendre son titre de champion des mi-moyens que GSP ne l'est de le ravir à Hughes. Les fans attendent fébrilement cet affrontement GSP-Penn, même s'il n'est pas le combat principal de cet UFC 58: USA vs Canada, qui est présenté au Mandalay Bay à Las Vegas le 4 mars 2006. Le titre dit bien ce qu'il en est: les huit combats au programme doivent opposer un combattant américain à un combattant canadien. Le combat principal doit opposer l'ami et partenaire d'entraînement de GSP, David Loiseau, à Rich Franklin, de Cincinnati qui, avant d'être un combattant professionnel, était professeur et détenteur d'une maîtrise en mathématiques.

Avant le combat, GSP fait tout ce qu'il peut pour convaincre les journalistes qu'il n'est pas intimidé par Penn. « S'il n'était pas mon prochain adversaire, Penn serait probablement l'un de mes combattants préférés », dit-il. « Mais cette fois, je ne répèterai pas l'erreur que j'ai commise contre Hughes. Je vais me battre contre lui de la même manière que contre n'importe qui d'autre ». Et afin de pouvoir rivaliser avec Penn, dont la technique au sol est d'une redoutable efficacité, il prend la sage décision de s'entraîner à l'académie de Renzo Gracie, à New York.

De toute évidence, GSP n'est plus le garçon qui mâchait nerveusement sa gomme en 2003. Il a presque 25 ans, se montre calme et confiant devant les caméras et répond dans un anglais presque parfait — avec un accent maintenant charmant plutôt que dérangeant — s'exprimant posément avec des propos bien formulés.

Si GSP affirme ne pas être intimidé par la popularité de BJ Penn, ce dernier, lui, joue habilement la carte psychologique. Faisant son entrée au son d'une chanson hip-hop de Sudden Rush, son groupe hawaïen préféré, Penn arbore sa ceinture de champion de l'UFC — il avait refusé de la rendre lorsque White l'avait dépouillé de son titre — et il porte un t-shirt avec l'inscription *World Champ* (Champion du monde). Avant le combat, il avait clairement mis cartes sur table, en affirmant : « Je suis le champion des mi-moyens. Matt Hughes le sait, Dana le sait. » Dans la cage, il semble presque grassouillet devant des athlètes parfaitement découpés comme GSP et Hughes, mais cela s'explique par le fait que sa catégorie naturelle est celle des 155 livres (70 kg) et qu'il n'a dès lors pas eu à perdre de poids pour se battre chez les 170 livres (77 kg).

Contrairement à la plupart des combats précédents de GSP, les deux adversaires ne perdent pas de temps à s'étudier. Penn frappe et GSP lui donne la réplique avec un coup de pied haut qui rate la cible. Il poursuit avec un coup de pied bas qui porte, mais il crée ainsi une ouverture et Penn décoche deux solides coups à la tête. GSP encaisse, puis lance un autre coup de pied bas. Il n'y a que 15 secondes d'écoulées et le combat est déjà féroce.

Si GSP a ses fans, la foule est bruyamment derrière Penn. GSP encaisse quelques autres coups à la tête. Il ferme l'œil droit et on voit le sang qui coule. Penn lance un foudroyant coup de poing, mais GSP envoie une rapide gauche qui fait vaciller Penn. Il récupère toutefois rapidement.

Georges saigne du nez. Voilà une situation difficile pour un combattant. Puisqu'il ne peut plus respirer par le nez, il doit se battre la bouche ouverte. Sa mâchoire est ainsi moins bien protégée que s'il avait la bouche fermée et il est alors plus vulnérable au KO. Il lance quelques jabs et un bon coup de pied à l'intérieur de la jambe de son adversaire qui fait presque trébucher Penn. Les échanges se poursuivent ainsi et St-Pierre lance un coup de pied retourné de la gauche, puis un coup de pied haut en diagonale.

GSP décoche ensuite une puissante droite croisée. Penn l'esquive et entoure la poitrine de GSP. Les deux adversaires se retiennent et échangent plusieurs coups de genou pendant que

GSP repousse Penn qui n'oppose aucune résistance, contre la clôture. Pendant que la foule crie « BJ ! BJ ! », St-Pierre tente de diverses façons de saisir Penn, mais ne trouve pas prise. Il se penche, saisit à deux mains la jambe gauche de Penn et la soulève. À cloche-pied, Penn recule jusqu'à la clôture pour prendre appui, et se défait de l'étreinte de GSP.

De nouveau au corps à corps, les adversaires échangent quelques coups de poing et de genou, puis Penn recule et lance un solide jab qui atterrit directement au visage de GSP. Georges répond par un coup de pied, qui touche à peine son opposant. Le round se termine en corps à corps.

À l'exception du combat contre Hughes, ce premier round est le pire que GSP a livré depuis ses débuts comme professionnel. Certes, il a lancé quelques bons coups, mais il en sort ensanglanté, semble fatigué et fut dominé par son adversaire.

Lorsque le combat reprend, le sang coule toujours de son nez malgré les efforts de son soigneur. Mais cette fois, c'est lui qui engage le combat et qui est agressif. Il lance plusieurs droites, puis un spectaculaire coup de pied haut de la gauche que contre difficilement Penn. Il a martelé le mollet de Penn tout au long du premier round et continue de le faire au deuxième. Pour Penn, la douleur peut éventuellement être vive et le limiter dans ses déplacements. Un premier coup de GSP porte, mais Penn évite le deuxième. De nouveau au corps à corps, GSP pousse son adversaire vers la clôture pendant que tous les deux échangent des coups de genou et, exactement comme au premier round, Georges saisit la cuisse de Penn dans une tentative pour le renverser.

Penn n'est pas facile à renverser. Il sautille longuement à cloche-pied, mais GSP parvient finalement à le projeter au sol. Penn prend tout de suite une excellente garde, puis les deux combattants s'échangent de légers coups. Penn ramène ses jambes autour des hanches de GSP et se met en garde fermée. Incapable de se défaire de l'étreinte ou de passer en position montée de côté, Georges se relève.

Ils sont revenus au corps à corps lorsque GSP se penche, saisit le derrière des cuisses de son adversaire puis le projette au tapis. Mais il ne reste que 14 secondes au round qui se termine ainsi, Penn sur le dos en position de garde, GSP par-dessus en position montée, la figure couverte de sang. Après le combat, il raconte à un journaliste que sa vue était si embrouillée qu'il avait l'impression de combattre trois BJ Penn. « Mais cela », ajoute-t-il, « m'a simplement rendu plus agressif ».

Chaque combattant a gagné un round. GSP amorce le round final avec agressivité. Pour la troisième fois du combat, il engage le corps à corps et repousse Penn à la clôture. Il agrippe la cuisse droite de Penn, mais ce dernier se penche en s'appuyant contre la clôture et GSP doit poser un genou par terre. Il se relève toutefois rapidement, parvient à saisir Penn par les cuisses et la foule incrédule voit alors GSP soulever complètement Penn, faire quelques pas vers le centre de la cage et le rabattre violemment sur le dos.

Le sang qui s'écoule du visage de Georges se répand sur la poitrine de Penn et, au sol, les deux adversaires échangent quelques coups. Au bout d'un moment, Penn se dégage et se relève. Lorsqu'ils engagent de nouveau le combat, tous les deux semblent fatigués.

Ils sont maintenant au centre de l'octogone et Penn se rue à son tour sur GSP pour saisir ses cuisses. Il soulève son adversaire, l'amène à la clôture, mais ne parvient pas à le coucher. Maintenant que GSP est contre la clôture, Penn fait un crochet de la jambe et tous deux tombent, mais GSP s'appuie sur le grillage et atterrit sur les genoux. Penn se concentre sur la jambe droite de GSP, mais celui-ci, en prenant appui sur ses mains et la jambe gauche, se relève complètement.

Toujours au corps à corps, GSP repousse Penn contre la clôture et Penn réussit à lever son genou suffisamment haut pour repousser GSP. Ils s'échangent quelques coups, puis Georges revient rapidement sur son adversaire.

Il reste une minute. Penn repousse GSP encore. Il s'avance pour lancer un coup de poing, mais GSP saisit de nouveau sa cuisse droite. En une seconde, Penn se retrouve sur le dos, GSP par-dessus lui. Sans l'aide de ses mains, Penn parvient à passer le bras droit de GSP avec sa jambe gauche, puis saisit son propre pied pour bloquer la prise. Il se met à frapper GSP, qui lui renvoie une puissante gauche. Avec quelques secondes à faire, il tente le même coup avec sa jambe droite, mais GSP contre la manœuvre et se libère de l'autre jambe de son adversaire.

Lorsque le combat se termine, GSP est encore par-dessus Penn. Matt Hughes et Dana White se lèvent pour applaudir et, phénomène rare, la foule fait de même, réservant une ovation aux deux combattants. Goldberg mentionne qu'il n'aimerait pas être juge de ce combat, alors que Joe Rogan dit que GSP a peut-être réussi à arracher la victoire. Les deux combattants, eux, semblent savoir lequel des deux a gagné. Tout sourire, GSP étreint ses hommes de coin (mais ne semble pas avoir l'énergie pour faire son désormais célèbre saut périlleux arrière), alors que Penn semble renfrogné et visiblement préoccupé.

Le juge Nelson Hamilton donne la victoire à GSP par le score de 29 à 28. Cecil Peoples choisit plutôt Penn par le score de 29 à 28. Et Marco Rosales penche en faveur de GSP par le score de 29 à 28. Georges St-Pierre gagne par décision partagée. Tout de suite, GSP saute dans les airs, puis rejoint Penn, lève son bras et lui fait l'accolade.

Après le combat, BJ Penn est évidemment déçu, mais il accepte le verdict. « Il s'est bien battu », dit-il. « Il m'a constamment poussé. J'aurais dû tenter des projections au sol plus souvent. Je pense que j'ai fait plus de dommages, mais il a été plus actif. »

« J'ai été coupé au premier round », souligne GSP. « Je me préoccupais trop des tentatives de projection et pas assez de ses coups de poing. J'ai fait une erreur, mais je vais apprendre de cette erreur. Je savais que j'étais plus fort que lui, alors, j'ai tenté de mener un combat plus physique. » Étendu au sol, un coton hydrophile dans chaque narine et un sac de glace sur la tête, GSP blague : « J'espère que tous mes combats ne seront pas comme celui-ci… ou alors, ma carrière sera très courte. »

Plus tard ce soir-là, Georges se rend à l'hôpital. « Une simple précaution », dira-t-il.

La soirée s'est moins bien déroulée pour David Loiseau. Il subit alors la première d'une série de trois défaites consécutives. Il continuera de combattre pour l'UFC, mais ne sera jamais un prétendant sérieux au titre. La soirée sera à l'avantage des Américains, qui remporteront cinq combats et subiront trois défaites.

Pour la première fois de sa carrière, GSP est le combattant le mieux payé de la soirée. Il empoche 48 000 $. C'est encore loin des 250 000 $ qu'a reçus Chuck Liddell pour son combat contre Randy Couture lors de l'UFC 57, mais Liddell est non seulement une vedette de la télévision, il est aussi champion. Il est l'un des quelques combattants dont on met la photo sur l'affiche pour attirer les fans. Si GSP n'en est pas encore là, il fait tout ce qu'il faut pour y parvenir.

Mais ça ne sera pas facile.

CHAPITRE

Georges St-Pierre a maintenant l'occasion de briller de tous ses feux. L'euphorie de la victoire contre Penn est toutefois de courte durée. Si les affiches et les publicités télévisées font bientôt la promotion du combat Hughes-GSP lors de l'UFC 63, Georges se blesse sérieusement à l'aine lors d'un entraînement le 2 août 2006, forçant ainsi l'annulation du combat. Même en consultant les meilleurs spécialistes, il ne peut se remettre à temps pour le combat.

On demande bien sûr à BJ Penn de remplacer GSP. L'événement, qui a lieu le 23 septembre au Arrowhead Pond, à Anaheim, en Californie, est rebaptisé UFC 63 : Hughes vs Penn. Mais une certaine confusion s'installe, puisqu'à la télévision, on diffuse toujours, jusqu'à quelques jours du combat, la publicité d'un combat Hughes-GSP.

Autre chose vient aussi perturber Georges. Matt Hughes, un de ses héros, tient des propos que plusieurs, dont Georges lui-même, trouvent irrespectueux. Après que GSP eut été forcé de déclarer forfait, Hughes affirme : « Maintenant, j'ai un réel défi à relever. J'ai déjà vaincu Georges et maintenant, j'ai l'occasion de me battre contre BJ Penn qui m'avait battu. À un mois de ce combat, je peux me concentrer sur ce défi et j'ai hâte de le relever ».

On peut comprendre que Hughes tient à prendre sa revanche contre celui qui l'a vaincu plutôt que d'affronter un combattant contre qui il a déjà gagné. Hughes, toutefois, ne s'arrête pas là. Il aurait, semble-t-il, dit que les francophones sont lâches, que les Canadiens sont naturellement pacifistes et dès lors que ce serait une honte de perdre contre un combattant qui est à la fois francophone et canadien. GSP en prend ombrage. Lorsqu'un journaliste québécois lui demande s'il a toujours du respect pour Matt Hughes, GSP répond :

> « Jusqu'à aujourd'hui, oui, mais au cours de la dernière année, il a dit des choses sur moi et pour cette raison, je n'ai plus aucun respect pour lui. Il a fait une grande erreur et cela va lui faire perdre le combat. Il m'a insulté parce que je suis francophone, il a dit que les francophones sont lâches, que nous refusons la bagarre et que nous sommes des peureux; il a mentionné que les Américains détestent les Canadiens et qu'ils ne peuvent pas perdre contre un Canadien... Tout cela mis ensemble... il n'est qu'un tas de viande comme tous les autres et cette fois, je ferai mon travail comme dans tous mes autres combats. Je ne le vois plus comme je le voyais auparavant. »

Ces propos démontrent clairement que Hughes a eu tort de laisser s'étioler l'avantage psychologique qu'il avait sur la jeune étoile de Saint-Isidore.

* * * * *

Avant cet UFC 63, Matt Hughes avait encore ajouté à sa réputation en gagnant contre le légendaire Royce Gracie lors de l'UFC 60 : Hughes vs Gracie. Avec les 14 765 amateurs qui emplissaient le Staples Center, à Los Angeles, et 620 000 ventes à la télévision à la carte, le combat contre Gracie devient l'événement le plus populaire de toute l'histoire de l'UFC, et Hughes gagne par KO technique à la fin du premier round après avoir presque fracturé le bras de son adversaire par un kimura un peu plus tôt dans le round. Si Gracie a presque 40 ans et qu'il n'a pas combattu pour l'UFC depuis plus de 11 ans, il attire toujours les foules et permet à Hughes, qui jouit déjà d'une solide réputation, d'être encore un peu plus exigeant sur le plan financier.

Il obtient 55 000 $ pour ce combat, alors que Gracie, en raison de son statut de véritable légende depuis le tout premier événement organisé par l'UFC, empoche 400 000 $, soit presque 100 000 $ pour chaque minute de son combat.

Avant de s'affronter lors de l'UFC 63, Hughes et Penn racontent exactement ce que l'on attend d'eux. Hughes dit qu'il s'est senti humilié lors de sa défaite contre Penn et se dit prêt à donner une véritable leçon à son jeune adversaire, qu'il décrit comme immature et trop confiant. Penn, quant à lui, affirme que Hughes est un cheval vieillissant qui ne maîtrise qu'un seul coup et qui ne pourra suivre le rythme que lui, un jeune combattant, imposera ni contrer l'arsenal de coups qu'il maîtrise parfaitement.

Le combat est à la hauteur du battage médiatique qu'il suscite. Au milieu du premier round, Hughes reçoit un coup accidentel à la tête qui force le médecin à intervenir. Hughes est autorisé à poursuivre et, à force de détermination, semble même avoir gagné ce premier round. Au deuxième round, Penn applique successivement un étranglement sanguin arrière, un étranglement en triangle et une clé de bras sans parvenir à soumettre son adversaire, mais il remporte facilement ce round qui se déroule principalement au sol. Hughes revient en force au troisième round. Après avoir décoché quelques puissants coups, il amène Penn au tapis et lance une rafale de coups au visage, auxquels l'adversaire ne peut répliquer. L'arbitre *Big John* McCarthy en a assez vu : il arrête le combat. Hughes est vainqueur par KO technique à trois minutes 53 secondes du troisième round.

Le champion vient une fois de plus de défendre son titre avec succès. Penn est relégué au troisième rang des meilleurs mi-moyens. Tous les yeux se tournent alors vers le no 2, le seul homme sur terre qui peut espérer détrôner Matt Hughes : Georges *Rush* St-Pierre.

Bien sûr, GSP assiste au combat Hughes-Penn. De son propre chef, il se lève et s'approche de l'octogone. En tenue de ville, vêtu d'un t-shirt à manches longues portant le logo de Tristar, le gymnase où il s'entraîne à Montréal, il entre dans la cage et donne l'accolade à Hughes. La foule salue bruyamment sa présence.

Alors que Joe Rogan s'apprête à poursuivre son entrevue avec Hughes, GSP lui demande le micro. Jusqu'à maintenant, Georges n'a jamais tenu en public des propos désobligeants ou négatifs sur ses adversaires. Il s'est fait des légions de partisans en évitant les fanfaronnades et les coups de gueule qui déplaisent à tant de gens, et même ses plus farouches détracteurs admettent qu'il se comporte comme un citoyen modèle. Il a toujours été admirable, charmeur même, dans ses commentaires. Pas cette fois. Hughes le regarde. GSP sourit à celui qu'il considérait jusqu'alors comme un ami puis dit : « Je suis heureux que tu aies gagné, mais ta performance de ce soir ne m'a pas impressionné et j'ai hâte de t'affronter très bientôt ». Puis il serre la main de Hughes, qui est visiblement irrité.

Cette fois, la foule hue GSP plus bruyamment encore qu'elle ne l'avait acclamé à son entrée dans l'octogone. Joe Rogan tend le micro à Hughes et lui demande de répondre : « C'est son opinion », dit Hughes. « Ses propos sont ridicules, mais c'est son opinion. »

Sur le coup, Georges n'a peut-être pas regretté ses propos, puisqu'il a continué à sourire même après que la foule ait cessé de le huer. Mais il les a regrettés tout de suite après. Plus tard ce soir-là, il s'est en effet rendu au vestiaire de Hughes.

Hughes a accepté de l'écouter. Plaçant sa main sur l'épaule du champion, GSP lui dit : « Écoute, je m'excuse. J'ai mal compris tes propos juste avant. J'ai cru que tu déblatérais contre moi parce que tout monde autour [GSP fait alors le signe approprié] m'a dit : « vas-y, vas-y, vas-y ». Alors, j'ai cru que tu parlais contre moi. J'ai mal agi et, comme un homme, je m'en excuse. Mais je veux toujours ta ceinture. »

Tous les deux se serrent la main en souriant. Dans la pièce, tout le monde se met à rire. GSP n'attend pas une réponse de Hughes, mais un des adjoints du champion lui crie : « Mets-toi en ligne, Georges ! »

Hughes semble convaincu de la sincérité de GSP. Il dira plus tard à un journaliste : « J'étais dans mon vestiaire après ma victoire et Georges est entré. Il venait s'excuser de ses propos. Il croyait que j'avais parlé contre lui, mais il avait mal compris. J'aime bien Georges, il est vraiment un bon gars. Il est… Il serait un grand champion. Si je dois perdre mon titre, je préférerais que ce soit contre Georges que contre BJ. »

Excuses ou non, les médias populaires s'accrochent aux mots « pas impressionné ».

En 2008, un amateur d'arts martiaux mixtes et musicien à temps partiel, Derek Greser, lancera une chanson intitulée *Not Impressed* (Pas impressionné) dans laquelle il reprend les paroles de GSP : « I'm not impressed by your performance » (« Ta performance ne m'a pas impressionné ») et « My ape technique puts people down » (« Avec ma « technique du singe », je renverse mes adversaires ») sur un rythme techno simple. Même si la chanson se moque un peu de l'accent et du rire nerveux de GSP, elle le présente tout de même comme un grand combattant. Diffusée sur YouTube, la vidéo est vue par près d'un demi-million de personnes et quelques gymnases et boîtes de nuit la reprennent. De nombreux combattants s'entraînent au son de cette chanson et on raconte que GSP lui-même l'a beaucoup aimée.

En 2010, le magazine en ligne pour hommes Asylum.com embauche GSP pour être la vedette d'une vidéo promotionnelle dans laquelle il se promène dans les bureaux du magazine en disant aux employés qu'il n'est pas impressionné par leur rendement. La vidéo est vue par des centaines de milliers de personnes sur YouTube.

Bien que Georges ait affirmé que cette phrase malencontreuse constitue son principal regret depuis le début de sa carrière professionnelle, — plus même que le fait de s'être soumis avec moins d'une seconde à faire au premier round lors du premier combat contre Hughes —, ce commentaire un peu impertinent voulant qu'il n'était pas impressionné par la performance de Hughes contre BJ Penn demeure peut-être encore aujourd'hui le commentaire le plus percutant de GSP.

* * * * *

Hughes est toujours champion, mais l'image du gentil garçon de la campagne qu'il traînait jusque-là commence à s'effriter lorsqu'il devient l'un des entraîneurs (l'autre est Rich Franklin) de la deuxième saison de *The Ultimate Fighter*. Son équipe est supérieure à celle de Franklin, mais Hughes, laissé à lui-même pour la première fois de sa carrière, apparaît devant les caméras comme un être égocentrique, immature et même un peu grossier. Par son attitude, il déçoit plusieurs de ses fans.

Lorsqu'il devient évident que GSP se battra contre Matt Hughes pour le titre de champion, on l'invite à participer à la quatrième saison de *The Ultimate Fighter*. Toujours enregistrée dans une vaste résidence de Las Vegas, l'émission a une nouvelle formule. Plutôt que d'opposer deux équipes menées par un entraîneur, l'émission fait appel à plusieurs entraîneurs, mais qui ont une autorité limitée. Cette formule donne l'occasion à un plus grand nombre de combattants de participer à l'émission. Et plutôt que de signer un contrat non garanti d'une durée de trois ans, les gagnants obtiennent un combat pour le titre ainsi qu'une bourse de 100 000 $ et une entente de commandite de 100 000 $ avec Xyience, une compagnie qui fabrique, sous licence de l'UFC, des boissons énergisantes et des suppléments pour développer les muscles. Cette fois, les participants à l'émission ne sont pas des inconnus venant des petites organisations régionales comme TKO. Ils ont tous combattu au moins une fois pour l'UFC et espèrent y revenir. L'un d'eux est Pete Spratt.

Les combattants sont toujours regroupés en deux équipes, équipe *No Love* et équipe *Mojo*. GSP travaille avec les combattants des deux équipes, mais il semble avoir une préférence pour l'équipe Mojo, qui compte notamment dans ses rangs son bon ami et partenaire d'entraînement originaire de Rimouski, Patrick *The Predator* Côté. Côté fut d'abord membre des forces armées canadiennes avant d'entreprendre une carrière de combattant et a une fiche de huit victoires contre trois défaites chez les professionnels. Se battant chez les poids moyens, il a toutefois perdu les trois combats qu'il a livrés pour l'UFC, soit contre Tito Ortiz, le Canadien Joe Doerkson et Chris *The Crippler* Leben.

Dès le début, l'équipe Mojo démontre une plus grande cohésion et une meilleure attitude. Le mi-moyen Matt *The Terror* Serra s'impose rapidement comme le leader et le porte-parole de l'équipe et se gagne une légion d'admirateurs lorsqu'il est dans le coin de son coéquipier Shonie Carter, pourtant son grand rival depuis que ce dernier lui avait passé le KO lors de son tout premier combat pour l'organisation, l'UFC 31 : Locked & Loaded, en 2001. Plusieurs amateurs aiment la droiture de Serra et découvrent ses qualités de leader.

GSP fait rapidement sentir sa présence et accuse les combattants de l'équipe No Love d'être paresseux pour avoir pris une journée de congé alors qu'il dirige un entraînement fort rigoureux auquel assistent les membres de l'équipe Mojo. La tension monte lorsque les combattants se retrouvent pour voir le combat Hughes–Royce Gracie et que GSP se joint au groupe. Quelques huées se font entendre lorsque l'annonceur présente Matt Hughes, et lorsqu'ils constatent que Hughes domine complètement Gracie, plusieurs des combattants présents semblent sous le choc, notamment GSP et Matt Serra, qui ont été les élèves des Gracie pendant des années. Serra jure d'enlever le titre à Hughes un jour (c'est dire qu'il tient pour acquis que Hughes battra GSP), puis il quitte les lieux.

Plus tard, dans le but de briser la routine, GSP amène l'équipe Mojo au YMCA local. Cette sortie sera fatale pour un des combattants, le poids moyen Jeremy *Scorpion* Jackson. C'est ce même combattant qui avait dit qu'avant d'être sélectionné pour participer à l'émission, il en était réduit à dormir dans son auto. Lors de cette sortie donc, il rencontre une jeune femme et est expulsé de l'émission après avoir, le soir même, déserté le plateau de tournage de l'émission afin d'aller la rejoindre. Les caméras de surveillance le surprennent en effet à sauter la clôture de l'enceinte. Quelques années plus tard, il sera accusé de viol, de voie de fait armée et d'enlèvement pour des incidents survenus en 2009. Il plaidera coupable à l'accusation de viol et sera condamné le 14 février 2011.

Pour la première partie de la série, GSP est tout à fait conforme au jeune homme que l'on connaît : poli, empathique et compétent, il s'exprime comme un véritable expert. Certes, il a un parti pris pour Côté, ce qui ne surprend personne puisque tous deux sont bons amis et s'entraînent ensemble.

Les choses changent toutefois un jour lorsqu'arrive un nouvel entraîneur invité : Matt Hughes. Sa venue n'avait pas été annoncée. Lorsque la porte s'ouvre et que Hughes s'avance, tous les combattants sont visiblement ravis, mais la surprise est totale pour GSP. Hughes s'approche, lui serre la main et murmure : « Comment ça va, Georgie ? ». Puis Hughes est accueilli par les autres combattants pendant que GSP observe la scène de loin, avec un sourire forcé.

Par la suite, Georges expliquera sa réaction. Lorsqu'il avait vu GSP, Hughes s'était moqué de son chapeau. Côté avait noté que GSP avait eu une réaction étrange lorsqu'il avait vu Hughes et, plus tard, lorsque GSP quitte les lieux en plein milieu d'une séance d'entraînement, Côté lui demande si c'est en raison de la présence de Matt Hughes. GSP assure que ce n'est pas le cas. Mais à la caméra, il dira : « Je suis le prétendant no 1 au titre des mi-moyens et je ne veux pas me trouver dans la même pièce que Matt Hughes. Je ne veux pas fraterniser avec lui, et surtout pas échanger des techniques, alors, je quitte le centre d'entraînement. »

Lorsqu'il quitte, Hughes lui lance : « Je vais faire le travail à ta place », puis dit à la ronde aux combattants qu'ils n'ont pas besoin de GSP. Par la suite, pendant les quelques moments où on les voit ensemble à l'écran, Hughes semble calme alors que Georges est visiblement mal à l'aise. Et chaque fois que Hughes arrive à l'improviste, GSP se retire calmement, mais rapidement.

La tension atteint son paroxysme tout de suite après les demi-finales, lorsque Hughes décide d'inviter les combattants et les entraîneurs à dîner chez Hamada of Japan, un restaurant situé tout près du lieu où est tournée l'émission. GSP, qui jusque-là riat et blaguait avec les autres participants, se renfrogne lorsque Hughes arrive et s'assoit de l'autre côté de la table.

De toute évidence, Hughes a un plan. S'adressant à Georges, il lance bruyamment : « Puisque tu m'évites, avec quelle équipe veux-tu travailler aujourd'hui, les bleus ou les gris ? Et veux-tu que je vienne ou que je disparaisse ? »

GSP est interloqué, mais il retrouve rapidement le sourire : « Tu viens si tu veux. On pourra s'amuser un peu. »

« Tu pourrais me montrer un truc, blague Hughes.

— À une condition, rétorque GSP. Tu m'en montres un aussi.

— Comment contrer la clé de bras ?, dit Hughes avec sarcasme.

Tous les deux éclatent de rire, mais la frustration se lit sur le visage de Georges. Le combattant placé juste en face de lui, le mi-moyen Din *The Dinyero* Thomas, qui a gagné le respect tant des autres combattants que des amateurs par ses propos parfois cinglants, mais toujours pertinents, s'adresse alors directement à Georges et lance : « Botte-lui le derrière ! »

« Je t'ai entendu, Din ! crie alors Hughes.

— Je n'ai rien dit ! réplique Thomas, tout sourire.

— Pourtant, on ne peut pas rater tes lèvres, lui rétorque Hughes, affichant cette fois un sourire forcé. Si depuis le début de cet échange les propos de Hughes sont pour le moins douteux, ce dernier commentaire sur les lèvres de Thomas, qui est afro-américain, sont à la limite de l'insulte. Il ajoute : « Je peux voir tes lèvres bouger. » Dans son autobiographie, publiée en 2008, Hughes commente l'incident :

> « *Lorsque j'arrivais au centre d'entraînement, Georges quittait les lieux tout de suite. Un jour, au restaurant japonais, je l'ai pris à part et je lui ai dit : "Georges,*

dis-moi quels sont les entraînements auxquels tu veux participer et je vais m'arranger pour participer à d'autres entraînements." Mais je ne pouvais m'empêcher de songer à cette vieille blague sur les armes de l'armée canadienne : N'a jamais servi, fut échappée une seule fois. Je me disais : "Je ne voudrais pas de ce gars-là à mes côtés dans un combat de rue contre des truands plus nombreux que nous. Il est facile d'être un dur dans une cage avec un arbitre, mais c'est autre chose lorsque le combat a lieu dans une ruelle sombre." »

Dans la fourgonnette qui ramène tout le monde à la maison, Serra n'est pas tendre à l'endroit de Hughes, et les autres combattants approuvent rapidement ses propos. « Quel idiot[4] », dit-il. « Lorsqu'il a dit cela, j'ai tout de suite pensé à "quel pénis". Hé… J'ai une idée : pourquoi ne vas-tu pas te faire foutre ? Mais bon, c'est une idée comme ça. Lorsque tu deviens champion, est-ce que cela te donne aussi le droit d'être un pénis ? Va te faire foutre, petit paysan ». Ce petit monologue de Serra, qui a pris un accent volontairement paysan, fut l'un des faits saillants de la saison. Les autres combattants, et particulièrement Patrick Côté, rient de bon cœur.

Plus tard, lorsqu'on demande à Serra de commenter l'incident une fois de plus, il tient, comme à son habitude, des propos assez crus : « Au restaurant de sushis, il cherchait à mettre Georges en colère. Mais Georges est vraiment un gentil garçon. Je ne sais pas s'il avait entrepris une guerre psychologique, mais quoi qu'il en soit, il agissait comme un idiot. »

Quelles qu'aient été les intentions de Hughes, son comportement se retourne bientôt contre lui. Si Serra est celui qui tient les propos les plus durs sur Hughes, il n'est pas seul à réprouver son comportement. Complètement dégoûtés par le comportement de Hughes — on dirait un petit dur de cour d'école —, les combattants, et probablement bon nombre de téléspectateurs,

---

4   L'expression utilisée par Serra est "What a dick". Le mot *dick* désigne également le « pénis » (NDT).

se rangent fermement derrière GSP. Si Hughes tente ainsi de se donner un avantage psychologique en prévision de leur prochain affrontement, il rate complètement son coup. Il aurait dû miser sur la principale arme — et peut-être la seule — qui lui avait permis de vaincre GSP lors de leur premier combat. En effet, lors de ce combat, GSP vouait un véritable culte à Hughes et l'avait même porté sur ses épaules juste après avoir perdu. Maintenant, il est évident que Georges n'a plus aucun respect pour Hughes, qu'il ne craint plus de soutenir son regard et qu'il n'hésitera pas à utiliser tous les moyens possibles pour le vaincre. L'avantage psychologique dont bénéficiait Matt Hughes n'existe plus.

Quelques autres incidents, mineurs ceux-là, marquent le reste de la série, notamment lorsque Hughes insiste auprès de Matt Serra pour qu'il défie en combat l'entraîneur Marc Laimon, qui a critiqué Royce Gracie. GSP, lui, a un comportement sans reproche. Lors de la finale des poids moyens, le copain de Georges, Patrick Côté, perd par soumission contre le favori Travis *The Serial Killer* Lutter. La série donne lieu à des moments excitants dans la catégorie des mi-moyens. Bien que Hughes affirme à Matt Serra qu'il ne peut vaincre Shonie Carter en demi-finale, Serra y parvient et affronte alors Chris *Lights Out* Lytle qu'il vainc aussi par décision partagée controversée des juges. Matt Serra remporte la compétition et la bourse, mais aussi un combat pour le titre de champion des mi-moyens lors de l'UFC 69. Il affrontera alors Matt Hughes, qu'il trouve idiot, ou GSP, pour qui il a beaucoup d'admiration.

*   *   *   *   *

Après cette quatrième saison de *The Ultimate Fighter*, l'UFC n'est plus la même. GSP non plus. Le succès de l'émission et les données compilées grâce aux méthodes de recherche complexes dont disposent les réseaux de télévision permettent à l'UFC d'avoir une meilleure idée de ce que veulent les amateurs. Une chose est certaine : ils veulent voir GSP se battre contre Matt Hughes.

Voilà pourquoi le combat principal de l'UFC 65: Bad Intentions sera le combat pour le titre des mi-moyens, et non pas celui pour le titre des poids lourds opposant les combattants étoiles Tim Sylvia et Jeff *The Snowman* Monson. Le combat doit avoir lieu le 18 novembre 2006, dans le vaste ARCO Arena à Sacramento, en Californie, le domicile des Kings de la NBA.

Curieusement, c'est à Toronto qu'on annonce officiellement la tenue de ce combat. L'Ontario représente alors un marché lucratif, même si les combats d'arts martiaux mixtes y sont toujours interdits. Proportionnellement à sa population, le Canada compte plus d'adeptes des combats de l'UFC que les États-Unis, le Brésil, le Japon et tout autre pays. Dana White y voit l'occasion d'inciter les fans à faire des pressions sur le gouvernement provincial pour autoriser les combats. Finalement, les campagnes de lobbying porteront fruit.

Avant le combat, l'UFC diffuse un montage d'entrevues pour bien mettre en évidence la guerre de mots que se livrent Hughes et GSP.

Hughes: Après mes combats contre BJ et Georges, j'ai dit que ni l'un ni l'autre ne m'avait impressionné. Puis, GSP saute dans l'octogone et dit la même chose de moi.

GSP: Je maintiens ce que j'ai dit de Matt Hughes; je n'ai pas été impressionné par sa victoire.

Hughes: Il n'a rien d'autre à dire que ce que j'ai déjà dit de lui.

GSP: La seule erreur que j'ai faite fut de faire cette déclaration devant cinq millions de téléspectateurs et la foule qui emplissait l'amphithéâtre.

Hughes: Voilà plusieurs semaines que je n'y pense même plus, et lui continue de se défendre. De toute évidence, j'ai réussi à «entrer dans sa tête».

GSP: Je le respecte, je respecte ses qualités athlétiques, je respecte l'homme, mais il ne me fait pas peur.

Hughes: Il y a tant de choses qui ne sont plus pareilles. Nous sommes tous les deux des combattants très différents de la dernière fois.

GSP: La première fois que j'ai affronté Matt Hughes, je me souviens qu'au face à face avant le début du combat (la rencontre au cours de laquelle l'arbitre donne ses directives), j'étais incapable de le regarder dans les yeux tellement il m'impressionnait. Je me battais contre mon idole, un gars qui, pour moi, était invincible.

Hughes: Il a fait une erreur. Mais cela ne change rien.

GSP tient des propos plus pertinents que ceux de son adversaire, et il semble heureux et confiant. C'est plutôt Hughes qui semble perturbé.

* * * * *

Le combat débute lentement. Ce n'est qu'après une dizaine de secondes que le premier coup est porté, un balayage du pied gauche de GSP qui rate la cible. Les deux combattants s'échangent des coups de poing pendant un moment, mais sans conséquences. Georges rate un coup de pied haut. Hughes réplique avec un coup de pied de la gauche qui le place en déséquilibre. GSP y va à son tour d'un coup de pied de la gauche qui atteint la cible, mais le déséquilibre également.

Les deux combattants continuent d'échanger des coups qui ratent généralement la cible. Une minute après le début du combat, GSP lance quelques solides coups de poing. Profitant d'une meilleure allonge et de sa force de frappe, il décoche un coup de pied haut qui ricoche sur le visage de Hughes, et poursuit avec un coup de pied de la gauche. Bien que le rythme du combat soit plutôt lent et qu'aucun des deux combattants n'ait encore tenté une projection au sol, c'est GSP qui semble avoir le contrôle.

Hughes lance un jab auquel GSP répond par un coup de pied au corps et un coup de poing au visage. Hughes lance un autre jab rapide. GSP rate ensuite un coup de pied circulaire, mais atteint son adversaire avec un puissant coup de pied retourné. Hughes récupère, puis invite GSP à faire un *high five*. Georges l'accepte, mais ne retourne pas le sourire de Hughes.

Hughes se rue sur GSP, mais celui-ci attrape ses bras et recule, brisant ainsi l'élan de son adversaire. Comprenant rapidement qu'il est vulnérable, Hughes se retire. Pour trois coups de poing et un coup de pied de GSP qui portent, un seul jab de Hughes atteint la cible. À deux minutes et demie du début du combat, GSP décoche un coup à l'aine. Le coup porte, mais atteint l'entre-jambe de Hughes qui tombe sur les mains et les genoux.

GSP se retire. L'arbitre *Big John* McCarthy interrompt le combat et permet à Hughes de se relever. Il l'entraîne dans son coin et s'assure qu'il n'est pas blessé. Hughes peut poursuivre. L'arbitre détermine que le coup fut accidentel et dès lors, GSP ne perd pas de points.

Dès la reprise, GSP lance de nouveau un coup de pied à l'aine et, encore une fois, Hughes tombe sur les mains et les genoux. Cette fois, GSP réagit différemment. Plutôt que de se confondre en excuses, il semble en colère. Et plutôt que de regarder Hughes pour s'assurer qu'il peut poursuivre, il interpelle l'arbitre, qui doit demander à GSP de se retirer.

McCarthy escorte Hughes dans son coin, qui tombe à genoux et se tord de douleur. McCarthy va voir GSP et lui dit « Écoute-moi… écoute-moi… ton pied le frappe ici puis glisse vers le haut… Je sais que ce n'est pas intentionnel, je comprends bien ça. Mais il faut que ce combat soit propre, alors, ne laisse pas remonter ton pied… Tu comprends ? »

GSP répond par l'affirmative. Il y a eu depuis de nombreux débats sur cet incident. Certains ont affirmé que les coups illégaux de GSP étaient intentionnels et qu'il risquait la disqualification. D'autres ont prétendu plutôt que Hughes jouait la comédie. Plusieurs se disaient convaincus que Hughes voulait ainsi se donner un avantage psychologique en démontrant à GSP qu'il pourrait le faire disqualifier s'il le désirait, et qu'il tentait ainsi d'empêcher GSP d'utiliser l'une de ses armes les plus efficaces. D'autres encore ont dit que Hughes cherchait à salir la réputation de GSP en le faisant passer pour un combattant salaud. Officiellement toutefois, les deux coups de pied de GSP ont frappé la cuisse, mais chaque fois, sa cheville a ricoché dans les parties génitales de son adversaire.

Hughes prend donc le temps nécessaire pour récupérer, puis le combat reprend et les deux combattants s'échangent les coups. Si la tactique de Hughes avait pour but d'amener St-Pierre à cesser de lancer des coups de pied, elle échoue. GSP en décoche tout de suite un, qui rate, mais qui montre à Hughes qu'il n'a pas peur d'y avoir recours.

Le combat se poursuit et, jusqu'à maintenant, aucun des adversaires n'a réellement l'avantage, GSP lance alors un coup de pied au milieu du corps, suivi d'un coup de poing sauté à la tête. Hughes semble étourdi et tombe sur les mains et les genoux. GSP se lance sur son adversaire, qui se retourne sur le dos. Par-dessus son adversaire, GSP le roue de coups à la tête. La cloche annonce la fin du premier round, mais la clameur de la foule fait en sorte qu'à peu près personne ne l'entend. Mike Goldberg, qui ne surveillait pas le chronomètre, dit qu'il croyait alors que l'arbitre McCarthy mettait fin au combat et que GSP venait de gagner par KO technique. Ce n'est pas le cas. Mais Georges a certainement pris l'avantage et domine celui qui était son héros. Il n'est plus intimidé par qui que ce soit.

Hughes amorce le deuxième round en frappant. GSP réplique par un faible coup à l'intérieur de la jambe de son adversaire, puis un coup de pied circulaire qui rate de peu. GSP s'approche, lance un coup de poing au visage de Hughes, mais manque la cible. Hughes se penche et place ses deux bras autour de la taille de GSP. Ce dernier devine ce qui s'en vient et place alors son bras entre le bras de son adversaire et son propre corps, puis se défait de l'étreinte de Hughes. Au corps à corps, Hughes décoche quelques coups de genou avant que GSP se retire.

GSP lance une rapide combinaison de coups de poing au visage de Hughes, puis un autre coup de pied de la gauche à l'intérieur, visant cette fois beaucoup plus bas que lors des coups de pied précédents qui avaient fait trébucher Hughes. Ils échangent quelques coups, puis GSP décoche un coup de pied bas, puis un autre au moment même où Hughes s'apprête à lancer à son tour un coup de pied. Le coup de GSP fauche alors Hughes qui se retrouve au tapis, mais se relève en un instant. Tous deux reprennent alors la position du boxeur, s'échangeant des jabs, puis Hughes utilisant ses genoux pour bloquer les coups de pied bas de Georges.

Hughes n'attend pas un coup de pied haut. Juste au moment où il se penche pour tenter de renverser son adversaire, ce dernier décoche un foudroyant coup de pied circulaire qui atteint Hughes directement à l'oreille droite. Il chancèle, puis tombe sur la hanche gauche. Il pivote sur le dos au moment même où GSP se rue sur lui, le martelant de coups de poing au visage, puis de coups de coude. Incapable de se défendre, Hughes ne parvient même plus à ramener ses bras pour bloquer les coups. *Big John* McCarthy met fin au combat.

Plutôt que de faire son habituel saut périlleux arrière, Georges St-Pierre tombe à genoux. Il a gagné. Il est champion du monde. Il vient de réaliser le seul rêve qu'il a depuis qu'il est tout jeune. Il a battu à plates coutures le seul homme qui avait réussi à le vaincre. Il pleure de joie. Ses adjoints viennent le rejoindre et se jettent sur lui.

Après avoir célébré ainsi pendant quelques instants, GSP va rejoindre Matt Hughes, le félicite et lui promet un match revanche.

* * * * *

Après le combat, GSP ne peut s'empêcher de sourire. « C'est le plus beau moment de ma carrière », dit-il. « Et j'ai déjà hâte de défendre mon titre de champion. » Lorsqu'on lui demande ce que cette victoire va changer dans sa vie, il répond : « La sécurité. La sécurité financière… Je viens d'une famille qui n'est pas très riche. C'est merveilleux. J'ai le meilleur emploi du monde, et je veux le garder très, très longtemps. »

Cette victoire contre Hughes lui assure effectivement la sécurité financière. Et ce n'est pas en raison du cachet qu'il reçoit de l'UFC pour ce combat. Ce soir-là, il touche 58 000 $ alors que Hughes, même s'il est le perdant, empoche 95 000 $. Quelques mois après le combat, Stéphane Patry, qui est le gérant de Georges à l'époque, annonce que Georges a signé un contrat pour livrer six combats pour l'UFC. L'organisation est une entreprise privée qui n'est pas tenue de dévoiler les détails des contrats qu'elle signe. Les chiffres qu'elle doit donner aux commissions athlétiques des États et des provinces où elle tient ses événements ne comprennent que les cachets versés pour les combats et les bourses qu'elle donne en cas de victoire et ne reflètent pas la totalité des sommes encaissées par les combattants sous forme de bonus. Mais les médias de l'époque estiment que la valeur du contrat est légèrement supérieure au million de dollars.

CHAPITRE

Le rêve le plus fou de GSP s'est réalisé : il est champion du monde. Il lui faut maintenant défendre son titre, et le conserver. Outre les ex-champions Matt Hughes et BJ Penn, de nombreux jeunes combattants sont prêts à tout faire pour tenter de lui ravir sa ceinture de champion.

La première défense du titre aura lieu le 7 avril 2007 à l'immense Toyota Center de Houston, qui est non seulement le domicile des Rockets de la NBA, mais également un endroit où la WWE organise de nombreux événements. Le nom de l'événement, UFC 69 : Shootout, montre bien qu'on est au Texas.

GSP connaît bien celui qu'il doit alors affronter. Grand vainqueur de *The Ultimate Fighter 4* chez les poids mi-moyens, Matt Serra a ainsi mérité le droit de se battre pour le titre. Il avait affirmé publiquement qu'il souhaitait se battre contre Matt Hughes, qu'il détestait, plutôt que contre GSP qu'il considérait comme un ami.

Qu'il se batte contre l'un ou l'autre, Serra ne semble pas de taille. La fiche de Hughes et les nombreuses défenses victorieuses de son titre parlent d'elles-mêmes. Quant à St-Pierre, il est encore jeune avec une fiche de 13 victoires contre une défaite, mais il a battu le seul homme qui lui avait fait subir la défaite et cet homme est nul autre que le coriace Matt Hughes. Et puis les deux hommes, GSP et Hughes, ont été recrutés par les producteurs de *The Ultimate Fighter 4* justement pour enseigner à des combattants comme Serra.

De plus, la fiche de Serra chez les professionnels n'est pas terrible. Il a remporté neuf victoires et subi quatre défaites et a notamment perdu contre Karo Parisyan (que GSP avait battu), Din Thomas (qui avait perdu en demi-finale de *The Ultimate Fighter 4*), BJ Penn (qui venait de perdre contre GSP et Matt Hughes) et Shonie Carter (qui avait aussi perdu en demi-finale de *The Ultimate Fighter 4*). D'ailleurs, lors de *The Ultimate Fighter 4* — la série portait le sous-titre The Comeback (le retour) parce qu'elle opposait des vétérans de l'UFC qui ne l'avaient pas eu facile —, Serra avait tout juste arraché une décision partagée en finale contre Chris Lytle.

Avant le combat, Serra fait preuve de son habituel sens de l'humour et affiche même un certain fatalisme : « J'espère simplement qu'il va prendre ce combat à la légère », dit-il. « Si c'est le cas, il va trouver la soirée longue. »

GSP répond avec la même sobriété : « Les gens me disent que ce sera une victoire facile, mais je ne prends jamais mes adversaires à la légère. Matt Serra ne sera pas une proie facile. Il est meilleur que moi pour soumettre ses adversaires. Si je le prends à la légère, je vais connaître une dure soirée. »

Serra affirme qu'il a mérité de se battre pour le titre et que, dans l'octogone, tout peut survenir. « Des gens disent que je dois absolument amener GSP au sol et que, si je n'y parviens pas, il va littéralement me détruire », répond Serra. « Je les laisse parler, mais cela n'arrivera pas. On ne peut pas me détruire. Tous mes adversaires doivent se battre avec acharnement. » Puis, il tempère ses propos : « De nombreux combattants font carrière sans jamais remporter un seul titre. Moi, j'en ai un de titre ».

Le commentateur Joe Rogan fait remarquer que la seule chose que doit craindre GSP est de ne pas prendre Matt Serra au sérieux. « Plus ou moins consciemment », dit Rogan, « il doit se dire que ce combat sera facile ».

Tous favorisent GSP. Bodog, l'une des plus importantes entreprises de paris sportifs, donne une cote de - 950 à GSP et de + 800 à Serra. Dès lors, si vous misez 1 000 $ sur GSP, vous ne récolterez que 52,63 $ de profit en cas de victoire de celui-ci, mais votre profit atteindra 7 000 $ si vous misez sur Serra et que ce dernier gagne. Performify, un site spécialisé dans les pronostics des combats, renchérit : « Franchement, Serra ne mérite pas d'être dans l'octogone demain contre St-Pierre. Je comprends que ce combat est la récompense qui vient avec la victoire à *The Ultimate Fighter 4*. Toutefois, Serra n'a pratiquement aucune chance de gagner, ni même d'offrir une opposition valable. »

* * * * *

Tout juste avant le combat principal, un autre combat oppose deux jeunes athlètes prometteurs. Diego *The Nightmare* Sanchez, originaire d'Albuquerque, que plusieurs voient comme un futur champion, a une fiche incroyable de 17 victoires contre aucune défaite chez les professionnels et a notamment gagné contre de solides combattants comme Joe Riggs et Karo Parisyan. Il est opposé à un lutteur plutôt arrogant de l'ouest de la Pennsylvanie, Josh *Kos* Koscheck, qui a une fiche de huit victoires contre une défaite, et qui a pour seul véritable fait d'armes d'avoir vaincu Pete Spratt.

À la surprise générale, Koscheck domine totalement Sanchez. À tel point qu'on se demande ce que Sanchez fait dans la même cage que Koscheck qui, lorsqu'il ne roue pas son adversaire de coups, le poursuit sans relâche. Il remporte une décision unanime par le score de 30 à 27.

Comme le veut la coutume, le challenger Serra fait d'abord son entrée, sous les applaudissements polis de la foule. Il démontre encore une fois son sens de l'humour en entrant au son de *Gonna Fly Now*, la chanson-thème du film *Rocky*. Comme il en a maintenant l'habitude GSP, lui, fait son entrée au son de la chanson *Samurai* du chanteur hip-hop parisien Shurik'n. La foule est massivement derrière GSP.

Les deux adversaires ne peuvent être plus différents l'un de l'autre. GSP est beaucoup plus grand que Serra, a les bras plus longs et les épaules plus larges. Il est plus élancé et athlétique. Serra, lui, est trapu et massif, tout en muscles. Même celui qui ne connaît rien aux arts martiaux mixtes comprend que la force de frappe de GSP est supérieure et que Serra a avantage à se battre au corps à corps de façon que son adversaire ne puisse profiter de son allonge, qui est de six pouces (15 cm) plus grande. C'est aussi l'avis de tous les analystes — professionnels ou non — avant le début du combat. Pour avoir la moindre chance de gagner, Serra doit amener son adversaire au sol.

À la surprise de tous, Serra amorce le combat en frappant, lançant quelques puissantes droites, puis reculant. GSP décoche un coup de pied haut qui rate la tête de Serra, mais revient avec un coup de pied qui l'atteint à la poitrine. GSP lance d'autres coups de pied que Serra bloque. Serra atteint GSP avec un coup de pied bas, mais crée ainsi une ouverture qui permet à St-Pierre de lancer une solide gauche qui touche Serra au visage.

Ils s'échangent quelques coups, puis Serra esquive un coup de pied haut. Serra danse sur place, puis décoche quelques puissants coups au corps. Lorsque GSP rate un autre coup de pied, Serra s'avance et lance un coup au corps suivi d'un coup au tibia. Il recule, puis revient avec une combinaison de coups bas. Il s'avance et décoche quelques coups de poing. Dès qu'il engage le corps à corps, GSP le repousse.

Serra se bat bien : non seulement évite-t-il la plupart des coups de son adversaire, mais c'est également lui qui établit le rythme du combat. Il s'avance de nouveau et lance une combinaison croisé-crochet qui surprend GSP et l'envoie presque au tapis. GSP recule de quelques pas pour récupérer puis, voyant Serra s'avancer de nouveau, recule encore vers la clôture et glisse. GSP est debout, mais vulnérable et Serra lance une dure combinaison gauche-droite, la droite croisée envoyant GSP sur le côté, puis à genoux. GSP saisit Serra à la taille, prenant ainsi appui pour se relever, et Serra en profite pour lancer une rafale de rapides coups de poing au visage. Plus tard, GSP racontera que le coup qui l'a envoyé au tapis a atteint la carotide et qu'il n'a dès lors pas été en mesure de reprendre ses esprits pour le reste du combat.

Ils sont de nouveau face à face. Serra décoche une autre rapide combinaison et cette fois, c'est une gauche qui envoie GSP au tapis. Sonné, il se relève, mais Serra se lance sur lui et décoche une série de coups à la poitrine et à l'abdomen. Sous la poussée, GSP recule, tombe à genoux puis s'accroche au mollet droit de son adversaire. Serra le repousse puis le frappe au visage de nouveau.

Tout près du ring, Matt Hughes n'en croit pas ses yeux : « Georges est sonné », se dit-il. Puis : « Mais c'est impossible. Il se bat contre Matt Serra. »

Pendant que GSP se relève lentement, Serra lance une autre combinaison de coups. GSP tombe de nouveau. Il est maintenant sur le dos et Serra s'avance au-dessus de lui, le martelant de coups terrifiants. GSP tente de se protéger en plaçant son bras droit devant sa figure. L'arbitre *Big John* McCarthy met fin au supplice. Serra gagne par KO technique.

GSP n'est plus le champion. Il a défendu son titre pendant trois minutes 25 secondes. Moins de cinq mois après avoir ravi la ceinture à Matt Hughes, il doit la remettre à Matt Serra.

Plutôt que d'avoir droit au célèbre saut périlleux arrière de GSP, la foule incrédule voit Matt Serra faire la roue d'une seule main.

*　*　*　*　*

Encore aujourd'hui, on considère ce combat comme l'un des plus spectaculaires renversements de situation de l'histoire des arts martiaux mixtes. Après le combat, Serra explique s'être entraîné à la boxe précisément parce qu'il savait qu'il est très difficile d'amener GSP au sol et que personne — surtout pas GSP — ne s'attendait à ce qu'il mise sur les coups de poing.

GSP sort de son vestiaire vêtu d'un élégant costume noir et arborant une cravate de couleur argent. Il est d'humeur maussade et a le visage couvert d'ecchymoses. Lorsqu'on lui demande ce qui s'est passé, il répond : « J'ai été trop tendu. J'ai voulu aller trop vite. J'étais… je ne sais pas, je ne sais pas. Parfois, ce n'est pas votre journée et aujourd'hui, ce n'était pas une bonne journée pour moi. Je n'ai aucune excuse. J'étais en grande forme. J'étais prêt à tenir 10 rounds. Il m'a atteint avec un crochet de la droite, et je n'ai jamais été capable de m'en remettre. Je ne sais pas quoi dire. Je dois revenir… je suis prêt à relever le défi. »

Il explique ensuite qu'après une défaite, la première réaction en est une de colère puis, lentement, qu'on en vient à accepter la défaite, et qu'ensuite seulement, on peut penser à revenir. Puis, il s'excuse auprès de tous ses admirateurs.

* * * * *

Si la défaite contre Hughes avait été difficile à accepter, celle contre Matt Serra l'est mille fois plus. Contre Hughes, il avait fait une erreur et savait tout de suite comment ne plus la répéter. Cette fois, Serra a été le plus malin et l'a complètement dominé.

Après le combat, Georges suivra le conseil du psychologue sportif vermontais Brian Cain. Celui-ci lui suggère en effet de traîner partout avec lui une brique, qui devient ainsi le symbole de tout le poids émotif que peut représenter une défaite. « Tu ne peux pas transporter une brique pendant toute la journée, puis te pointer au gymnase à 21 h et espérer avoir une bonne séance d'entraînement », explique Cain. « Tu serais physiquement épuisé en arrivant au gymnase. Psychologiquement, c'est la même chose. Lorsque nous ruminons une défaite, que nous sommes incapables d'oublier nos problèmes ou un commentaire désobligeant qu'une personne a fait sur nous, nous traînons constamment avec nous ce que j'appelle une "brique mentale". Si nous gardons cela en nous, nous en accusons le poids dans notre tête, dans notre cœur et nous nous épuisons, exactement comme si nous devions traîner une véritable brique. » Georges a même décidé de donner un nom à sa brique : Matt Serra.

Au bout de quelques jours, Cain a demandé à GSP de lancer sa brique à l'eau de façon à la faire disparaître pour toujours. Elle est maintenant quelque part au fond du Saint-Laurent. « Cela m'a fait du bien, vraiment beaucoup de bien », dira GSP plus tard. « Cela peut sembler ridicule, mais cela m'a fait un bien fou. »

Georges doit accepter sa défaite. Mais il vit d'autres situations plus difficiles encore. En entrevue, il révèle en effet qu'il n'avait pas la tête à combattre lorsqu'il a affronté Serra puisqu'un de ses jeunes cousins — qu'il considérait presque comme un frère — était alors dans le coma après avoir été victime d'un accident de la route. À la même période, son père était aux prises avec une grave maladie. Il raconte alors qu'en raison de ces événements, il n'avait eu que deux semaines d'entraînement et qu'il n'était pas suffisamment préparé pour le combat. De plus, il affirme qu'il était blessé à un genou.

Serra est piqué au vif par ces commentaires, estimant que GSP croit donc que, sans ces événements tragiques, il aurait facilement remporté la victoire. Il réplique par une longue et fort divertissante tirade lors d'une entrevue avec un journaliste :

> « *Georges St-Pierre est un fieffé menteur. Après le combat, il a admis comme un homme qu'il avait été vaincu. Et maintenant, il lance cette merde ? Comment faire un virage à 180 degrés ! C'en est décourageant. J'ai mérité cette ceinture. Je me suis bougé le cul pour mériter ce combat. J'ai démontré du respect envers lui et voilà qu'il chie sur moi ? Avant le combat, il n'arrêtait pas de dire qu'il s'entraînait comme jamais auparavant et qu'il fallait qu'il soit au sommet de sa forme, et maintenant il raconte qu'il ne s'est pas entraîné ! Où est la vérité ? Ce gars-là ne fait que lancer des séries de phrases toutes faites. Cesse de réciter tes scénarios appris par cœur, Georges, et laisse ton cœur parler. Qu'on me comprenne bien : il est un bon combattant, un athlète talentueux, mais il a perdu. Je sais qu'il est difficile pour lui et les siens de reconnaître que Superman a perdu, mais il a perdu... Nous voyons maintenant le vrai GSP. Avant le*

combat, il racontait partout que j'étais son ami et main-
tenant je ne suis plus pour lui qu'une vague connais-
sance. Va te faire foutre. Je ne veux pas être ton ami.
Prends ton trou, Frenchy. »

Serra n'a pas tort. Avant le combat, GSP avait affirmé au même journaliste — Jesse Holland, de *MMAMania* — qu'il s'entraînait comme jamais auparavant et qu'il n'était pas blessé. De plus, selon des rumeurs persistantes, GSP faisait la fête en France quelques semaines à peine avant le combat. Même son entourage doutait de la sincérité de GSP. « Disons qu'il a un peu trop fêté… », avoue son gérant Stéphane Patry.

Désirant rapidement passer à autre chose, GSP répond aux propos de Serra : « Il peut dire ce qu'il veut, je ne veux plus y penser. Et je vais le frapper aussi fort que j'en suis capable. » Une demande de revanche à peine voilée.

* * * * *

Après cette défaite, GSP n'est plus le même. Si, depuis sa victoire contre Pete Spratt lorsqu'il n'était encore qu'un fringant jeune homme âgé de 21 ans rêvant de combattre pour l'UFC, il avait acquis de la maturité et était maintenant un combattant expérimenté âgé de 25 ans ayant ravi le titre à Matt Hughes, le combat contre Serra l'amène à un autre niveau. Un athlète qui à l'époque s'entraîne avec lui au gymnase Tristar raconte : « Georges était un homme différent. Plus sérieux, ni triste ni en colère, mais toujours sérieux. Il arrivait au gymnase, il travaillait, ne parlait pas, puis repartait. Il était totalement concentré sur ce qu'il faisait. »

GSP change parce qu'il doit changer. Il sort de ce confortable cocon dans lequel il s'était enfermé, avec ses partisans et les inévitables parasites qui lui collent après et l'empêchent de se concentrer sur ce qu'il doit faire. « La défaite m'a enseigné à devenir champion », dira-t-il plus tard. « Et la défaite contre Matt Serra m'a appris comment demeurer le champion. Lorsque vous devenez champion à l'âge de 25 ans, tout le monde autour de vous — au gym, partout — vous dit à quel point vous êtes génial et tout ça, et cela vous amène à croire que vous êtes sur un piédestal, au-dessus des autres combattants. Mais c'est une illusion et je me suis laissé prendre. Je ne suis pas quelqu'un d'arrogant, mais je me suis laissé prendre au jeu. J'ai fait de nombreuses erreurs. »

Jusqu'alors, il avait établi lui-même son programme d'entraînement, embauchant des entraîneurs locaux et se rendant régulièrement à New York pour s'entraîner avec Renzo Gracie. Mais comme Matt Serra est un des réguliers du camp Gracie, GSP n'y remet plus les pieds. Comme plusieurs athlètes, il décide de s'entraîner à Denver où l'air raréfié permet un entraînement plus intense. Puis il se rend à Albuquerque s'entraîner sous la direction du légendaire Greg Jackson.

La famille Jackson a une longue histoire sportive. Le père de Greg, son oncle et son frère furent tous des champions lutteurs. Comme GSP, Greg Jackson se met aux arts martiaux très jeune afin de pouvoir se défendre. À mesure qu'il grandit et s'améliore, il combine la lutte et le judo, puis développe son propre style, qu'il appelle *gaidojutsu* (qui signifie « la voie de l'étranger »). Comme GSP également, il découvre les arts martiaux mixtes en regardant sur vidéo l'UFC 1, et s'intéresse alors aux autres disciplines des arts martiaux. Il apprend le muay thaï sous la direction du grand champion Michael Winkeljohn et tous deux amorcent alors une collaboration professionnelle qui dure encore aujourd'hui.

Le gymnase de Jackson, tout comme ses techniques d'entraînement, jouissent alors d'une grande réputation dans le milieu des arts martiaux mixtes. L'un des principaux magazines consacrés aux arts martiaux mixtes, Sherdog.com, relate que les athlètes entraînés par Jackson et qui combattent pour l'UFC ont gagné 81 % de leurs combats. La décision de s'entraîner avec Jackson est certainement une sage décision et probablement celle qui s'imposait. Mais ce n'est pas une décision facile à prendre. Jusque-là, les entraîneurs et gérants de GSP étaient des spécialistes montréalais qui répondaient à ses demandes. S'entraîner avec Jackson signifie qu'il n'a plus le total contrôle, qu'il devient tout simplement un combattant parmi de nombreux autres avec qui travaille Jackson. Il est un peu comme le jeune élève qui est pensionnaire dans un collège, car il doit rompre les liens qu'il avait tissés dans sa vie professionnelle depuis des années.

C'est un choix stratégique lourd de conséquences, et qui peut froisser plusieurs de ses amis montréalais. Firas Zahabi, un de ses amis et entraîneurs de longue date avec qui Georges continuera d'ailleurs de travailler, comprend toutefois sa démarche. « Georges est un garçon très gentil, très terre-à-terre », dit-il. « Mais être gentil n'est pas très utile pour aller à la guerre. Vous devez vous procurer toutes les armes possibles et ne pas tenter d'être gentil. Georges peut y parvenir. »

C'est effectivement une bonne décision. Sous la direction de Jackson, GSP acquiert encore plus de force de même qu'une meilleure discipline, et il améliore sa technique. Il prend une autre sage décision : ne s'entraîner qu'avec des combattants plus imposants que lui. De cette façon, il trouvera plus facile de se battre contre des adversaires de sa catégorie de poids. Il s'entraîne donc en combat simulé contre des poids mi-lourds de 205 livres (93 kg) comme le challenger (et futur champion) Rashad *Suga* Evans et Keith *The Dean of Mean* Jardine.

Puis, dans ce qui est alors l'une des plus importantes décisions de sa carrière, il change de gérant. Il doit en effet pouvoir compter sur quelqu'un qui est aussi dur et compétent en affaires que lui-même l'est dans l'octogone. En juillet 2007, il prend une décision qui est sans précédent dans l'industrie. Il embauche Shari Spencer après avoir été impressionné par une présentation qu'elle lui fait. Alors que les autres combattants sont représentés par d'autres combattants à la retraite, des entraîneurs ou des promoteurs d'événements — Dana White lui-même a représenté des combattants avant de devenir président de l'UFC —, non seulement GSP embauche-t-il une femme, mais aussi quelqu'un qui n'a aucune relation dans le milieu des arts martiaux mixtes. Shari Spencer est plutôt une spécialiste des services financiers.

Vingt ans plus tôt, en effet, Spencer et quelques amis avaient fondé, dans sa Géorgie natale, Accounts Recovery International, une firme de services financiers. Sur un site Web destiné aux professionnels des services médicaux, l'entreprise se présente ainsi :

Accounts Recovery International, Inc. (ARI) offre des services de recouvrement de dettes, de même que des services administratifs additionnels aux établissements hospitaliers et aux médecins en vue d'accroître leurs revenus. Nos professionnels offrent des services comme la facturation d'assurances de première et deuxième ligne et le suivi, la gestion des refus d'indemniser, le recouvrement à domicile et l'impartition de services administratifs. Notre objectif est d'offrir à nos clients et à leurs patients un service exceptionnel tout en favorisant la résolution des problèmes de comptes. Nous acceptons tous les types de projet, quelle que soit leur taille. N'hésitez pas à nous appeler.

Si le recouvrement des comptes d'hôpitaux impayés est une activité qui n'est pas propice à se faire de nouveaux amis, il peut faire de vous un bon négociateur. Tout en dirigeant l'entreprise, Spencer étudie également à la prestigieuse Goizueta Business School de Emory University, à Atlanta, une institution reconnue pour avoir formé de nombreux dirigeants d'entreprise de haut niveau, et elle y obtient son diplôme. Elle négocie donc les contrats de GSP, soigne son image publique et, autre précédent, se met à la recherche de commanditaires qui ne sont pas habituellement associés aux arts martiaux mixtes, car, estime-t-elle, GSP a tout ce qu'il faut pour « plaire aux femmes ». Et l'un de ses premiers gestes est de préparer une solide présentation PowerPoint, d'aligner des chiffres, et de démontrer à Dana White, pourtant reconnu comme un négociateur coriace, que GSP mérite d'être mieux payé.

GSP reçoit d'autres bonnes nouvelles. Il trouve en effet un neurologue qui est en mesure de traiter son père. Et il travaille fort pour oublier la défaite et la prise de bec qui a suivi avec Serra. En entrevue, il explique alors ce qui l'a poussé à émettre les commentaires controversés après sa défaite : « Après le combat, il y avait tous ces gens qui ne cessaient de me demander ce qui s'était passé, qui me disaient que je n'avais pas mon aplomb habituel, et qu'ils ne me reconnaissaient plus. Ils disaient que, pendant que je faisais mon entrée pour me diriger vers l'octogone, je n'étais pas comme d'habitude et tout ça. Alors, j'ai senti le besoin de m'expliquer et cela a été une erreur. Je m'en excuse et maintenant, c'est derrière moi… J'ai une nature de combattant, je suis un homme fier, mais j'aurais dû me taire. Si j'accepte un combat, je dois aussi en accepter les conséquences. Alors, si je perds, je dois l'accepter, comme un homme. »

* * * * *

Sa reconquête du titre débuterait à Las Vegas. C'est là, plus précisément au Mandalay Bay Events Center, que doit avoir lieu l'UFC 74 : Respect, le 25 août 2007. Le combat principal doit opposer Randy Couture, depuis longtemps champion des poids lourds, au brésilien Gabriel *Napão* Gonzaga.

L'adversaire de GSP est alors Josh Koscheck. On le considère comme un combattant prometteur depuis son combat contre Diego Sanchez, mais aussi en raison de son impressionnant parcours comme lutteur, car il fut sélectionné quatre fois au sein de la première division des *All American*[5] et fut sacré champion national en 2001. Jeune homme intelligent, il a obtenu son diplôme de l'école secondaire à Erie, en Pennsylvanie, puis à l'Université de Buffalo tout en pratiquant la lutte et en étant entraîneur de lutte. Il fut l'un des combattants de la première saison de *The Ultimate Fighter* dans la catégorie des poids moyens, démontrant son manque flagrant d'expérience lors de son premier combat en « oubliant » de frapper son adversaire Chris *The Crippler* Leben, qui était pourtant vulnérable. Les autres combattants de l'émission l'avaient surnommé *Carpet* (le tapis) parce que sa seule stratégie en combat consistait à couvrir ses adversaires. Il a finalement perdu en demi-finale par décision partagée contre Sanchez.

---

5 Aux États-Unis, les *All American* sont les athlètes qui sont désignés les meilleurs de leur sport. (NDT)

The Ultimate Fighter a également montré que Koscheck est un être particulier. Il avait teint en blond ses cheveux noirs bouclés et, s'il était toujours prêt à aider les autres combattants, il aimait boire et pouvait devenir très cinglant dans ses propos.

Cela dit, il a acquis de la maturité. Avec sa fiche de neuf victoires et une défaite, dont une victoire convaincante contre Sanchez, Koscheck est maintenant un combattant qu'il faut prendre au sérieux.

Avant le combat, lors de sa première entrevue officielle, Koscheck se montre sérieux et respectueux de son adversaire, du moins au début. Il explique qu'il s'est beaucoup entraîné, qu'il est un bien meilleur combattant qu'auparavant, qu'il n'est plus seulement un lutteur mais qu'il est devenu un athlète plus complet. Il dit de belles choses sur GSP, même lorsque le journaliste lui demande de commenter les propos de Matt Serra qui a dit qu'il plaint le combattant qui devra affronter GSP lors de son prochain combat. Koscheck ne mord pas à l'hameçon et dit espérer que GSP et lui sauront « offrir aux fans un bon spectacle ». À la fin de l'entrevue toutefois, il tient un tout autre propos, et dit que GSP manque de courage, qu'il n'a pas une mâchoire très solide et que s'il a l'occasion de le frapper comme il a frappé Sanchez, GSP « tomberait endormi ».

Qui est donc le vrai Josh Koscheck? Est-ce le jeune homme poli et respectueux qui, emporté par l'enthousiasme, se met à fanfaronner, ou le combattant qui comprend tout à coup que la controverse peut lui valoir l'attention des médias et, dès lors, la possibilité d'obtenir des combats plus importants et plus payants?

GSP, lui, est fidèle à lui-même: confiant, mais respectueux. « Il est un très bon cogneur, mais je pense lui être supérieur dans pratiquement tous les aspects du sport. Je devrai imposer mon rythme et décider du déroulement du combat… Il a une droite et une guillotine redoutables et il est un remarquable lutteur… Il a tout, il est au sommet de son art et je suis heureux de l'affronter. Après ma défaite, je veux le meilleur adversaire qui soit. Je veux revenir en force et c'est pourquoi je suis content de l'affronter. »

L'entrée en scène de Koscheck confirme sa réputation d'être singulier. Il arrive en effet au son d'une chanson hip-hop dont il est la vedette, qu'il chante lui-même et qui fait référence à de nombreux autres combattants de l'UFC. La chanson parle de la popularité de GSP, et la foule de Las Vegas se met à huer Koscheck avant même qu'il apparaisse en haut de la passerelle.

Comme on peut s'y attendre, la foule acclame GSP dès les premières mesures de la chanson *Dirty Hous*, de Rohff, avant même que GSP fasse son entrée. Contrairement à ses combats précédents, Georges ne descend pas l'allée en bondissant et en donnant des *high five* à tous ceux qui réussissent à le toucher. Il s'avance visiblement confiant, ne saluant que les quelques personnes qu'il connaît. Joe Rogan fait remarquer que GSP semble plus concentré que lors de son combat contre Serra. Et bien qu'à 26 ans, Koscheck soit de trois ans l'aîné de GSP, c'est lui qui semble être le jeune qui s'apprête à affronter un vétéran expérimenté.

Dès le début, Koscheck lance une combinaison, mais rate la cible. Il décoche ensuite une puissante droite que GSP évite. GSP à son tour rate un coup de pied. Koscheck suit avec un coup de pied bas, ce qui le place en déséquilibre, et GSP en profite pour tenter et réussir une projection.

Koscheck est sur le dos, GSP par-dessus lui. Georges soulève son adversaire et l'éloigne de la clôture en appliquant quelques rapides coups à la tête. Lorsque Koscheck s'appuie sur son côté droit, GSP place une main derrière les genoux de son adversaire et l'autre derrière son cou, laissant Koscheck en demi-garde. GSP lance ensuite quelques solides coups à la tête, puis d'autres coups au corps moins puissants.

Après un long moment, Koscheck réussit à se remettre sur pied en s'accrochant à la jambe gauche de GSP. Celui-ci écarte les jambes pour éviter d'être projeté au sol, mais Koscheck, tenace, lève la jambe de GSP, qui doit sauter à cloche-pied. Koscheck tente d'agripper l'autre jambe de GSP avec sa main gauche, et juste au moment où GSP semble se libérer, Koscheck le pousse de toutes ses forces, lui saisit la jambe et le renverse.

Koscheck est par-dessus GSP qui prend la garde papillon. Les deux hommes tentent de saisir un bras de l'adversaire. Ni l'un ni l'autre n'y parvient, puis Koscheck réussit à contrer une tentative de triangle de GSP. Georges tente de se relever et d'entraîner son adversaire, mais donne ainsi une ouverture à Koscheck qui décoche une puissante droite au visage. La cloche met fin au premier round.

Si GSP a contrôlé la plus grande partie de l'affrontement, Koscheck a terminé en force. Le round peut aller à l'un ou à l'autre.

GSP ouvre ce deuxième round en feintant un puissant coup de pied, puis lance un autre coup de pied oblique qui atteint Koscheck à la cuisse. Il suit avec une combinaison jab-coup de pied et, pendant que Koscheck récupère, il tente une projection. Mais Koscheck est appuyé contre la clôture et GSP ne parvient pas à le renverser. Il le saisit par la cuisse, la soulève, pivote, puis renverse finalement son adversaire sur le dos.

Koscheck est en demi-garde et encore une fois, GSP tente un kimura. Il étend le bras droit de son opposant, mais Koscheck réussit à ramener son bras sous son menton. GSP fait une nouvelle tentative pour étendre le bras de Koscheck. Ce dernier parvient de nouveau à défaire l'étreinte, mais Georges se retrouve maintenant en position de côté, une position plus favorable pour réussir un kimura.

En se retournant sur lui-même, Koscheck réussit à se relever partiellement, mais GSP le plaque au sol. Koscheck passe toutefois en garde fermée et GSP ne peut que lancer quelques coups au visage. La foule crie : « GSP ! GSP ! » pendant qu'il tente de passer en position de côté, mais Koscheck contre la manœuvre en bloquant les jambes de son adversaire avec ses propres jambes.

Koscheck se tourne alors sur le côté. Alors que les bras des deux hommes sont entrecroisés, GSP parvient à placer un genou juste devant le visage de Koscheck et un pied derrière son cou. Par cette manœuvre, qui empêche Koscheck de se libérer, on dirait que GSP est littéralement assis sur la tête de son adversaire. Alors, GSP tente encore une fois d'étendre le bras de Koscheck pour un kimura, mais Koscheck tient bon jusqu'à la fin du round.

Si le premier round peut aller à l'un ou l'autre des combattants, GSP a de toute évidence remporté le deuxième.

Dès le début du troisième round, GSP se porte à l'offensive avec quelques coups de pied bas. Koscheck réplique avec une combinaison haute, puis décoche un coup de poing au moment même où GSP rate un coup de pied. Tous deux s'échangent quelques coups puis Koscheck lance une combinaison au corps, mais GSP y répond par un solide uppercut. GSP lance un coup de pied bas de nouveau, puis un coup de pied haut qui frôle le visage de Koscheck. Il atteint toutefois la cible avec plusieurs coups de poing et de pied qui demeurent sans réplique. Koscheck décoche une droite, puis glisse, mais il réussit à saisir la cuisse de GSP. Encore une fois GSP, à cloche-pied, est repoussé presque à la clôture.

Le combat se poursuit sans véritable action pendant un bon moment, puis Koscheck amène GSP au tapis taché de sang. La manœuvre semble être sur le point de réussir, mais il glisse et se retrouve sur le dos, GSP par-dessus lui. Avec Koscheck en garde fermée, GSP commence à le frapper. Essuyant une volée de coups de coude, Koscheck semble en mauvaise posture. Avec moins d'une minute au combat, Koscheck, en désespoir de cause, tente une clé de bras.

Avec 10 secondes à faire, la foule commence à crier bruyamment. Koscheck lance une volée de coups au hasard, mais GSP le rabat au sol. À quelques secondes de la fin, GSP se relève, s'assoit rapidement et tente une clé de jambe.

La cloche sonne. GSP se relève et fait mine de mettre la ceinture du champion. Il veut une nouvelle chance. Il fait l'accolade à Koscheck, lui adresse quelques mots, puis se jette dans les bras de son nouvel homme de coin, Greg Jackson, en le remerciant. La foule crie encore « GSP! GSP! ». La décision est unanime.

Deux des juges donnaient le premier round à Koscheck, l'autre donnait les trois rounds à GSP.

Après l'annonce du résultat, GSP enlace Koscheck et lui dit : « Tu dois revenir », puis Joe Rogan s'approche et lui demande de commenter sa victoire. « C'est une énorme victoire », dit GSP. « Je reviens de loin, j'ai l'impression de renaître. Je veux m'excuser auprès de mes partisans pour ma défaite lors du précédent combat, mais je pense que c'est la meilleure chose qui me soit arrivée depuis le début de ma carrière et maintenant, vous voyez un tout nouveau GSP. Je suis meilleur que jamais auparavant. » Lorsque Rogan s'apprête à mettre fin à l'entrevue. GSP lui dit qu'il n'a pas terminé et il lui demande le micro. Il lance alors un appel à l'UFC. « J'ai un message pour Dana White et monsieur Fertitta. Ils veulent avoir un bon spectacle. Ce soir, j'ai donné un bon spectacle et je veux faire quelque chose. Jusqu'à maintenant l'UFC a été bonne pour moi. La foule est extraordinaire, partout, que ce soit à Las Vegas, en Californie ou en Angleterre. Mais si jamais l'UFC venait à Montréal, les gens là-bas seraient fous de joie. Et nous donnerions un spectacle comme ils n'en ont jamais vu. »

White lui sourit amicalement et tape des mains pendant que la foule approuve bruyamment cette proposition d'amener l'UFC dans une nouvelle ville qui semble le mériter pleinement.

Les cachets de GSP commencent maintenant à être intéressants. Pour l'UFC 69, il reçoit 140 000 $. C'est moins que les 250 000 $ qu'empoche Randy Couture, mais cela représente une énorme augmentation pour lui-même et pour les autres poids mi-moyens, qui sont généralement beaucoup moins bien payés que les poids lourds. Ce soir-là, Koscheck, lui, ne reçoit que 10 000 $.

* * * * * * *

En réalité, la catégorie des poids mi-moyens est la plus intéressante pour les amateurs, parce qu'elle est celle où il y a le plus d'action. Il y a eu des accrochages entre Hughes et Serra, entre Hughes et GSP et entre GSP et Serra et, en moins de cinq mois, tous les trois se sont partagé le titre de champion de la catégorie. De plus, un autre ex-champion, BJ Penn, est toujours dans le paysage. Chris Lytle constitue aussi un adversaire coriace et même Josh Koscheck peut être lui aussi redoutable s'il parvient à parfaire sa technique. Sans compter que des jeunes pointent aussi à l'horizon, comme Jon Fitch, une étoile montante de la lutte universitaire. Fitch vainc Sanchez lors de l'UFC 76, portant sa fiche à 17 victoires contre deux défaites et un combat nul, dont 15 victoires consécutives. Enfin, plusieurs pensent que le Brésilien Thiago *Pitbull* Alves a le potentiel d'un futur champion en raison des excellentes performances contre des combattants de grande qualité.

Tout cela incite l'UFC à revoir le concept de *The Ultimate Fighter* pour sa sixième saison. On donne à la série un sous-titre accrocheur : *The Ultimate Fighter : Team Hughes vs Team Serra*. Seize athlètes, tous de la catégorie des mi-moyens, doivent s'affronter dans une série de combats. Les athlètes sont regroupés en deux équipes, l'une entraînée par Matt Hughes, l'autre par Serra. Cette série, bien sûr, sera une sorte de prélude au combat pour le titre entre Hughes et Serra lors de l'UFC 79 : Nemesis.

Même si, contrairement à ce que tout le monde prévoyait, il n'y a pas de véritables étincelles entre les deux entraîneurs, la série est fort divertissante. Un des combattants, Roman Mitichyan, se fracture le coude dès le premier épisode et est remplacé par Jon *War Machine* Koppenhaver. Et bien que six des huit premiers combats soient remportés par des combattants de l'équipe de Matt Serra, la finale oppose deux combattants de l'équipe de Matt Hughes, Mac Danzig et Tommy Speer.

Danzig bat Speer grâce à un étranglement sanguin arrière à deux minutes et une seconde du premier round. Cette fois, le vainqueur n'obtient pas un contrat ou une promesse de combattre d'une valeur de 100 000 $ comme ce qu'avait obtenu Matt Serra. Danzig empoche 16 000 $ pour le combat et on lui garantit un autre combat. Tout de suite après sa victoire, Danzig déclare qu'il a combattu chez les mi-moyens uniquement parce qu'il tenait à participer à la série et qu'il retournait maintenant à sa catégorie naturelle, celle des poids légers.

* * * * *

La table est mise. Place au combat que tout le monde attend : celui opposant Serra et Hughes. Même si, ce soir-là, on présente également le combat entre deux des plus grandes vedettes des arts martiaux mixtes, les poids mi-lourds Chuck Liddell et Wanderlei *The Axe Murderer* Silva, c'est bien le combat entre les deux mi-moyens qui sera le combat principal de la soirée.

Tout juste avant le jour de Thanksgiving, aux États-Unis — le combat doit avoir lieu le 29 décembre 2009 — Matt Serra s'entraîne devant la caméra pour les besoins d'une vidéo promotionnelle. Alors qu'il fait la démonstration d'un mouvement à son partenaire d'entraînement, il entend un bruit sec, puis ressent une vive douleur. Il racontera plus tard : « Je n'ai jamais reçu une décharge d'un revolver paralysant, mais j'imagine que c'est le genre de douleur que cela provoque. » On l'aide à se rendre au vestiaire, puis il prend sa douche. Son frère arrive et doit lui enfiler ses bas et ses chaussures.

Le lendemain, à l'hôpital de Long Island, Serra reçoit un diagnostic d'hernie discale au bas du dos. Têtu, il attend quelques jours avant d'informer l'UFC qu'il ne pourra pas combattre. « C'est la chose la plus difficile que j'aie eu à faire de toute ma vie », dira plus tard le champion à un journaliste de *MMANews*. « Je n'avais jamais subi de blessure au dos auparavant; j'avais de la difficulté à me lever de la table de résonance magnétique. Je ne pouvais pas m'entraîner et j'étais dévasté, parce que ce combat était tellement important pour moi. J'avais hâte de me battre contre Matt Hughes. L'entraînement se déroulait merveilleusement bien jusqu'à lundi. Tout ce que je peux faire maintenant, c'est guérir et recommencer à combattre le plus tôt possible. »

Serra est sur la touche. L'UFC doit lui trouver un remplaçant. White choisit GSP pour affronter Hughes dans un combat pour le titre de champion intérimaire des mi-moyens jusqu'à ce que

Serra puisse reprendre la compétition. Le champion intérimaire devra alors affronter Serra pour le titre. C'est d'ailleurs à Serra que Dana White annonce en tout premier lieu sa décision et Serra est d'accord avec celle-ci. Lorsqu'on lui demande ses commentaires sur le combat à venir pour le titre intérimaire, Serra répond, avec son habituelle franchise : « Je ne veux pas trop commenter, mais je pense que GSP va lui botter le derrière encore une fois, et plus fort que la première fois. Et je vais donc me battre contre GSP. Mais je préférerais affronter Matt et ce, pour plusieurs raisons. »

GSP était convaincu qu'il n'aurait pas la chance de se battre avant un bon moment, et il accepta bien sûr tout de suite la proposition de Dana White, d'autant plus qu'il est en grande forme. « Je suis heureux d'obtenir ce combat », dit GSP. « Je ne souhaite de malheur à personne, mais Serra s'est blessé et j'arrive en relève. Je suis déjà dans une forme exceptionnelle et j'ai décidé qu'il fallait que je profite de cette occasion. »

La décision s'imposait en effet. On avait affaire à un nouveau GSP, qui avait la confiance du champion, qui avait grandi dans la défaite, qui était mieux entraîné et qui était dans la meilleure forme de toute sa carrière. Il savait qu'il était le meilleur mi-moyen au monde. Et lorsqu'on est le meilleur au monde, on ne refuse pas un combat pour le titre, fût-il par intérim.

CHAPITRE

Entre sa défaite contre Serra et sa victoire contre Koscheck, GSP a changé. Sa décision de s'entraîner à l'école de Greg Jackson a constitué le premier pas en vue d'atteindre son véritable objectif.

Pour le meilleur ou pour le pire, Matt Hughes fait des choix différents. Depuis des années, il s'entraîne en suivant le *Miletich Fighting System*. En 1997, Pat Miletich, le tout premier champion des poids légers de l'UFC à l'époque où cette catégorie regroupait tous les combattants pesant moins de 200 livres (91 kg), fonde à Bettendorf, en Iowa, l'une des toutes premières écoles d'arts martiaux mixtes à l'extérieur du Brésil. Au fil des ans, l'école accueille des champions comme Tim Sylvia, Jens *Little Evil* Pulver, Robbie Lawler, Jeremy *Gumby* Horn et Matt Hughes lui-même. Hughes s'y entraîne depuis la fin de l'année 2000.

Mais à l'automne 2007, Hughes, Lawler, l'entraîneur de boxe Matt Pena et l'entraîneur de lutte Marc Fiore (homme de coin de Hughes depuis plusieurs années) quittent l'école de Miletich pour fonder leur propre gymnase qu'ils nomment Team Hughes. Bien que les autres fondateurs aient leur mot à dire, le fait qu'on choisit le nom de Team Hughes démontre bien que c'est Matt Hughes qui prend les véritables décisions. On installe le gymnase dans un immeuble qu'on nomme H.I.T. Squad (pour Hughes Intensive Training) à Granite City, une ville historique comptant

31 000 habitants située en Illinois, tout près de la frontière de l'Iowa sur l'autre rive du Mississippi.

À l'époque, Hughes et son équipe affirment que la séparation avec le clan Miletich s'est fait amicalement et s'explique principalement par le désir de Matt d'être prêt de sa famille (elle habite Hillboro, à une heure de route de Granite City) et par le fait que son expérience d'entraîneur à l'émission *The Ultimate Fighter* lui a confirmé qu'il adore enseigner. Certains initiés affirment plutôt que même si Miletich et son groupe n'ont émis aucun commentaire, ils sont en colère, d'une part, parce que ce départ entraîne une perte de revenus et, d'autre part, parce qu'ils se sentent trahis. Plusieurs observateurs émettent aussi l'hypothèse que Matt Hughes prépare son après-carrière et envisage de vendre des franchises de son gymnase.

* * * * *

Sur le plan commercial, ce combat pour le titre par intérim est une bénédiction. Hughes est le meilleur poids mi-moyen, et sans doute le meilleur combattant de toute l'histoire de l'UFC. Il a défendu son titre avec succès sept fois (huit fois si Joe Riggs avait respecté la limite de poids lors de leur combat), et il avait littéralement démoli le légendaire Royce Gracie. GSP, lui, est considéré comme le combattant mi-moyen le plus talentueux de toute l'histoire du sport, et il représente l'avenir des arts martiaux mixtes, toutes catégories confondues. Hughes a battu GSP qui a battu Hughes. Ils ont des personnalités très différentes, tous les deux ont de nombreux partisans qui se détestent. Eux-mêmes ne s'aiment pas tellement, bien que GSP demeure toujours poli dans ses commentaires sur Hughes.

Le président de l'UFC, Dana White, met le paquet. « La blessure de Matt Serra fut un choc terrible. Mais ce qu'il y a de génial avec l'UFC, c'est que nous sommes en mesure de réagir rapidement et de présenter au pied levé un combat excitant opposant Hughes à St-Pierre », affirme-t-il en conférence de presse. « J'ai le plus grand respect tant pour Hughes que pour St-Pierre qui acceptent de relever ce défi. Les fans vont voir deux des meilleurs mi-moyens de tous les temps s'affronter dans ce match décisif de cinq rounds pour le titre par intérim, et le vainqueur se battra l'an prochain contre Matt Serra pour le titre incontesté. »

Malgré ce battage médiatique, Hughes, habituellement volubile, est plutôt réservé, mentionnant que ce combat revêt une grande importance pour les deux combattants et que se battre contre GSP, c'est aller à la guerre. Il encense son adversaire, mais ne peut résister à l'envie de lancer quelques flèches à l'endroit du champion blessé. « Si je dois affronter un seul adversaire, je veux que ce soit St-Pierre », dit-il. « Parce qu'il est au sommet de son art… Il est de toute évidence plus coriace que Matt Serra. Dans l'octogone, Georges St-Pierre a beaucoup plus de ressources que Matt Serra. » En réponse à ce Matt Hughes étonnamment conciliant, les fans affirment sur les forums en ligne qu'à 34 ans, Hughes est un athlète sur le déclin qui n'a plus l'agressivité nécessaire pour redevenir l'extraordinaire combattant qu'il avait été.

La réponse de Matt Serra est quant à elle prévisible : « Je n'en reviens pas. Il me met dans une drôle de situation. Maintenant, je veux qu'il gagne pour pouvoir ensuite lui botter le derrière. »

GSP, lui, répond sans détour à la question que tous se posent : « Je n'ai aucun doute : je vais gagner ce combat. Je suis dans une forme mentale exceptionnelle. Je me suis bien préparé. J'ai un bon plan de match. »

Même s'il est le remplaçant de Serra, GSP est établi favori par les preneurs aux livres. On donne une cote de - 240 à GSP et de + 190 à Hughes, ce qui signifie que celui qui mise 1 000 $ sur GSP ne recevra que 417 $, alors que le même montant placé sur Hughes rapportera 1 900 $.

Les efforts promotionnels de White portent fruit. Bien que de nombreux amateurs soient attirés par le combat préliminaire opposant les mi-lourds Chuck Liddell et Wanderlei Silva, le combat GSP-Hughes suscite un énorme intérêt. La capacité du Mandalay Bay est de 11 075 personnes, et le prix moyen des billets est de 451 $, ce qui représente des recettes-guichet de 4 994 000 $. Six semaines plus tôt, à Newark, l'UFC 78 avait attiré 14 701 spectateurs, mais n'avait recueilli que 2 100 000 $ en recettes-guichet, soit une moyenne de 143 $ par billet. La télévision à la carte attire 700 000 personnes, contre 400 000 pour l'UFC 78.

GSP apparaît calme et concentré en s'approchant de l'octogone au son de la musique du groupe hip-hop montréalais Sans Pression. Intitulée *Territoire Hostile*, la chanson est une fable sur la violence dans les rues de Montréal. Si ce choix ne fait pas l'unanimité, il fait contraste avec la chanson fétiche de Matt Hughes, *A Country Boy Can Survive*.

Le combat débute lentement. Les deux hommes s'étudient, même si, à leur troisième combat, ils se connaissent bien. Au bout de 15 secondes, Hughes tente une projection d'une manière plutôt inhabituelle, mais celle-ci rate. GSP engage le combat à son tour en lançant un coup de pied à la poitrine de Hughes, suivi de coups de poing. Hughes évite les coups, puis saisit les hanches de GSP pour l'amener au sol. Mais GSP écarte ses puissantes jambes, brise l'étreinte de Hughes et les deux hommes sont de nouveau debout.

Au corps à corps, ils échangent des coups de genou et Hughes tente de saisir une cuisse de son adversaire. Mais c'est plutôt GSP qui prend le contrôle de la situation. Il place sa main derrière le genou gauche de Hughes et le renverse au sol. Hughes prend tout de suite la garde et commence à frapper GSP à la tête avec ses coudes. GSP réplique avec quelques rapides coups de poing et repousse son adversaire jusqu'à la clôture pour le marteler de coups.

Hughes bloque ses bras autour du torse de GSP, qui soulève son opposant et le rabat au sol à plusieurs reprises. Le round se termine alors que GSP, par-dessus Hughes, le martèle de coups.

Durant la pause, Jackson donne ses directives à GSP pendant que Horn répète à Hughes de surveiller la gauche de St-Pierre.

La foule est déchaînée et crie «GSP! GSP! GSP!». Hughes n'affiche plus la confiance des beaux jours. Il semble nerveux. On voit un gros amas de gelée de pétrole au-dessus du sourcil droit de GSP. Ses hommes de coin auraient dû l'enlever, mais ne le font pas.

GSP est visiblement confiant au début du deuxième round, décochant un coup de pied haut que Hughes doit bloquer avec ses mains. Après quelques feintes de part et d'autre, ils engagent le combat. GSP projette Hughes sur le dos. La foule de Las Vegas reprend de plus belle «GSP! GSP!». Il réussit enfin à prendre la position de côté, puis à passer la garde et il se retrouve assis sur l'abdomen de Hughes qui parvient à se retourner. Mais GSP le chevauche et le ramène au sol de nouveau. Il tente un étranglement sanguin arrière qui ne réussit pas et il doit alors se contenter d'envoyer quelques coups de poing au visage de son adversaire.

Hughes tente toujours de se défaire de l'étreinte de GSP et le saisit aux cuisses, mais ce dernier pousse vers l'avant, saisit la cuisse gauche de Hughes de ses mains et le repousse contre la clôture. Hughes pivote, se défait de l'emprise de GSP et retourne la situation en sa faveur en saisissant les jambes de GSP. Mais il ne peut le projeter au sol. GSP écarte ses jambes. Quels que soient les efforts de Hughes, il ne pourra pas renverser GSP. Il attrape une cuisse, tente de soulever son adversaire, mais n'y parvient pas. Les deux hommes reculent légèrement et échangent quelques coups de genou, puis GSP renverse encore Hughes au tapis.

Hughes est sur le dos en position de garde, GSP par-dessus lui. GSP tente un étranglement en triangle, mais n'insiste pas. Il tente ensuite de prendre une position nord-sud, puis se concentre sur le bras droit de Hughes. Des deux bras, il tire sur le bras de Hughes pour le tendre. Il se projette vers l'arrière, tire le bras de Hughes vers lui et le replie vers l'arrière. Hughes se débat, puis panique. Il souffre atrocement, et se soumet.

GSP vient de battre Hughes de la même manière que Hughes l'avait battu. Hughes ne pourra jamais plus lancer à GSP qu'il va lui montrer à contrer la clé de bras. GSP a gagné deux des trois combats.

GSP est donc le champion par intérim des mi-moyens. Après quelques rapides mouvements de break dancing, il fait le geste de celui qui met la ceinture du champion autour de sa taille. Mais lorsqu'on lui remet la ceinture, il la tend plutôt à un homme de coin. Puis il dit que le champion est Matt Serra et que, tant qu'il n'aura pas battu celui-ci, il ne se considérera pas comme le champion.

Il a obtenu une ceinture ce soir-là, mais ce n'est pas celle qu'il convoite réellement.

* * * * *

Si GSP n'a pas encore la ceinture qu'il convoite le plus, il peut se consoler. Ses revenus augmentent considérablement. Cet UFC 79 lui rapporte en effet 210 000 $, soit 80 000 $ pour avoir combattu, 80 000 $ supplémentaires pour sa victoire et 50 000 $ pour avoir obtenu la « Soumission de la soirée ». Et il obtient enfin sa chance de se battre contre Matt Serra lors de ce qui sera la plus belle soirée de sa vie.

* * * * *

Depuis des décennies, les Montréalais sont des partisans incon-ditionnels de leur équipe de hockey. Tout au long du vingtième siècle, les Canadiens de Montréal, que l'on surnomme avec à-propos les « Glorieux », ont été, avec l'équipe de baseball des Yankees de New York, l'équipe de sports professionnels la plus dominante. Chaque match des Canadiens à Montréal était un événement et le Forum de Montréal, où les matchs étaient dis-putés à guichets fermés, était un endroit mythique.

Mais les temps changent. Avec l'expansion, le hockey connaît une certaine popularité aux États-Unis et les joueurs européens franchissent l'Atlantique pour jouer en Amérique du Nord. Aujourd'hui, à peine la moitié des joueurs de la Ligue nationale de hockey (LNH) sont des Canadiens et les francophones ne sont plus qu'une minorité d'entre eux. De plus, la ligue avait institué le repêchage universel. Peu à peu, les Glorieux cessent de dominer le sport.

En mars 1996, les Canadiens emménagent dans un tout nouvel amphithéâtre, le Centre Molson, du nom de la brasserie qui est alors propriétaire de l'équipe. Même si la direction de l'équipe fait de réels efforts pour acquérir des joueurs francophones, seuls 14 des 40 joueurs qui portent les couleurs des Canadiens cette saison-là sont québécois. Cette saison-là, l'équipe échange aussi son joueur le plus populaire, le gardien de but Patrick Roy, à l'équipe du Colorado après qu'il en soit venu aux poings avec un entraîneur qui s'était moqué de ses pauvres habiletés en anglais.

En 2008, le Centre Bell (ainsi renommé, après que l'équipe ait été vendue, du nom du géant des télécommunications dont le siège est à Montréal) était toujours rempli à pleine capacité, mais la belle époque des Guy Lafleur, Jean Béliveau, Henri Richard et Maurice Richard est loin derrière. Les mythiques Canadiens ne sont plus ce qu'ils étaient et n'ont plus ce lien symbiotique avec les francophones. Le capitaine de l'équipe est un courageux petit Finlandais, leur meilleur compteur est un Russe extraverti, leur meilleur défenseur et assistant-capitaine est un colosse de Long Island et leur gardien de but est un jeune homme originaire d'une petite ville de Colombie-Britannique et incapable de dire un seul mot de français. Surtout, l'équipe n'a pas gagné la coupe Stanley depuis qu'elle joue dans le nouvel amphithéâtre.

La nouvelle idole de nombreux amateurs de sports montréalais gagne sa vie dans des cages octogonales dont le tapis est taché de sang plutôt que sur une patinoire. Si GSP est une vedette mondiale des arts martiaux mixtes, il est littéralement adulé à Montréal. Lorsqu'il se bat, où que ce soit dans le monde, les bars sportifs de la métropole ne sont pas suffisamment vastes pour accueillir les fans en délire désireux de voir leur idole combattre. Bell, qui diffuse à la télévision à la carte les combats de l'UFC, enregistre ses meilleures cotes d'écoute lorsque GSP se bat. « Il y a quelques années », raconte son principal entraîneur et ami Firas Zahabi, qui fait partie de l'équipe depuis 2001, « nous marchions dans la rue et personne ne le connaissait. Aujourd'hui, dans la rue ou au restaurant, tout le monde vient le voir et lui demande un autographe. »

« Tout est arrivé très vite », se souvient son ami d'enfance Gerardo Lanctôt. « Il y a quatre ans, il était un pur inconnu, aujourd'hui, il est une énorme vedette. »

Son nouvel entraîneur de boxe, Howard Grant (ex-boxeur poids léger originaire de Montréal qui a conservé une fiche de 16 victoires contre deux défaites chez les professionnels), n'est pas surpris. « Georges a un potentiel illimité. Il est populaire, il est beau et il a un charisme fou. »

Cela n'échappe pas à Dana White. Il décide donc de présenter un combat de l'UFC pour la première fois au Canada. Le combat pour le titre de champion des mi-moyens entre GSP et Matt Serra aurait lieu dans la ville natale du challenger lors de l'UFC 83 : Serra vs St-Pierre 2, au Centre Bell le 19 avril 2008.

Comme St-Pierre l'avait fait, White prédit que l'UFC connaîtra un grand succès au Canada. « Le sport est incroyablement populaire au Canada », dit-il. « Il y a énormément de Canadiens qui viennent aux États-Unis assister aux combats, que Georges soit au programme ou non. C'est tellement gros au Canada, cela me laisse sans voix. »

Il voit juste. Si, encore à l'époque, l'UFC parvient à remplir les amphithéâtres en distribuant des centaines et même parfois des milliers de billets de faveur, ce n'est pas le cas à Montréal. Lorsqu'ils sont mis en vente, les billets s'envolent en quelques minutes.

White jubile. « Je suis heureux d'annoncer que l'événement sera présenté à guichets fermés, et que jamais dans l'histoire de l'UFC les billets ne se sont vendus si rapidement. Je peux déjà confirmer que l'UFC présentera d'autres combats au Canada. »

Ce soir-là, six autres Canadiens doivent combattre, soit les poids légers Sam *Hands of Stone* Stout et Mark Bocek, de même que les poids moyens Jason *The Athlete* MacDonald, Joe *El Dirte* Doerksen, Jason *Dooms* Day et Kalib Starnes. Le bon copain de GSP, le poids moyen Patrick Côté, devait se battre contre l'Américain Alan *The Talent* Belcher, mais doit déclarer forfait lorsqu'il subit une entorse au genou en glissant sur une plaque de glace alors qu'il sort de chez lui. Jason Day le remplace.

* * * * *

De toute évidence, GSP n'est plus le même que lors du premier combat contre Serra un an plus tôt. Son nouveau programme d'entraînement donne des résultats spectaculaires. « Lorsque nous lui avons fait subir des tests, tout de suite après le combat contre Serra », raconte son nouvel entraîneur de musculation et de conditionnement physique, Jonathan Chaimber, propriétaire du Adrenaline Performance Center, à Montréal, « il parvenait difficilement à faire 10 tractions à la barre fixe. Aujourd'hui, il en fait trois séries de 10 avec un poids de 100 livres (45 kg) autour de la taille. »

Il est aussi plus fort sur les plans mental et émotif. Son père se remet bien de sa maladie au cerveau grâce au spécialiste que Georges a trouvé et cela lui enlève un énorme poids des épaules. Et, tout comme ce fut le cas après sa défaite contre Matt Hughes, il a tiré des leçons de celle contre Serra. « Lors de ce premier combat, Serra a profité de l'élément de surprise. Il m'a atteint juste au bon endroit et au bon moment. Tout s'est bien déroulé pour lui. J'ai tenté de revenir dans le match, mais j'avais perdu mon équilibre. Et j'ai perdu. »

Serra, lui, fait preuve de sa franchise habituelle. Lorsqu'on lui demande de décrire GSP, il répond : « Il est dur ». Lorsqu'on lui demande de décrire Matt Hughes, il répond cette fois : « Il est mort », même si plusieurs amateurs affirment que lorsqu'on écoute attentivement ses propos, il a plutôt dit : « Il est idiot »[6].

---

6 Matt Serra a utilisé le mot "Dead" (mort), qui peut être confondu avec le mot "Dick" (idiot). (NDT)

Serra démontre un bon sens de l'humour, mais il doit tout de même s'inquiéter. Bien qu'il soit le champion, il n'est pas le favori. Les preneurs aux livres ne vont pas jusqu'à le donner perdant à 10 contre un comme lors du premier combat à l'UFC 69, mais avec une cote de - 450 à GSP et de + 350 à Serra, son orgueil en prend un coup. Serra ne semble pas trop s'en faire : « Lors du premier combat, j'étais un peu comme le personnage de *Rocky* — le gars qui ne devait même pas être dans le ring et qui n'avait aucune chance de gagner — et j'ai remporté la victoire. J'aime être dans la situation de celui que personne ne favorise, mais tout cela n'a aucune importance. Tout se règle dans la cage, face à face. Peu importe ce que les gens racontent, — les prétendus experts, les amateurs, les analystes —, cela ne signifie rien, parce que c'est moi qui suis au cœur de l'action. Ce ne sont pas eux qui combattent. Est-ce que je vais me faire botter le cul ? Je ne sais pas, on verra. » Voilà un champion qui ne semble pas déborder de confiance.

Bien sûr, Serra est bien conscient qu'il sera en territoire hostile. « Je m'attends à recevoir mon lot de huées », rigole-t-il. « Mais ça me va, mon vieux, j'ai la peau plutôt épaisse, je suis un combattant. Je me dis que la pression n'est pas sur moi. Les gens disent : "Mais si tu perds la ceinture ?", mais écoute, je ne devais même pas être un prétendant au titre. »

GSP sait que le fait de se battre chez lui constitue un avantage. « Je ne pouvais pas imaginer un meilleur scénario », dit-il. « J'affronte Matt Serra, qui m'a battu lors de notre premier combat, et maintenant, j'ai l'occasion de prendre ma revanche. Plus : je me bats chez moi, à Montréal, devant les miens. Et je me bats pour le titre de champion du monde. Je ne pouvais espérer mieux. »

Hughes aussi a son mot à dire. Il dit espérer une victoire de GSP et aurait aimé se rendre à Montréal pour assister au combat, mais ses obligations familiales le retiennent à la maison et il verra le combat de son salon. « J'ai déjà demandé à l'UFC d'organiser un combat entre moi et Serra en cas de victoire de GSP », dit-il à un journaliste. « Lui et moi avons des comptes à régler suite à ce qui s'est passé lors de la téléréalité (*The Ultimate Fighter*). Et si Serra me bat, alors, je me battrai contre quelqu'un d'autre. Je ne sais pas qui, mais on verra. »

* * * * *

À la pesée officielle, la salle est bondée et la tension est à son paroxysme. Avant l'arrivée des combattants, on présente des vidéos de GSP et de Serra en pleine action, puis on entend les adversaires tous deux affirmer que l'autre lui a manqué de respect après le premier affrontement. La foule crie « GSP ! GSP ! », et le bruit devient assourdissant lorsqu'il s'approche de la tribune. Il enlève son jean et son t-shirt, monte sur la balance puis fait un double signe pour souligner qu'il fait le poids. Dès qu'il descend de la balance, il prend une bonne gorgée d'eau, puis remet son jean. L'attitude de la foule change. Les huées fusent. Serra arrive, sourit, puis, en signe de moquerie, fait le signe de la paix. Quelqu'un crie : « Retourne au New Jersey, vaurien ! ». Serra monte sur la balance pendant que la foule scande toujours « GSP ! GSP ! ». Le champion fait le poids, puis pose pour les caméras en compagnie de GSP. Les deux adversaires disent quelques mots, mais le bruit est tel qu'on arrive difficilement à saisir leurs propos. GSP dit que se battre au Centre Bell constitue « le plus beau moment de ma carrière ». Blagueur, Serra dit qu'il a laissé tourner le moteur de son auto afin de pouvoir filer le plus rapidement possible, qu'il gagne ou qu'il perde.

Le soir du combat, la ville est en effervescence. Onze combats sont au programme, mais bien sûr, tous attendent fébrilement l'affrontement principal. Chez les combattants canadiens, Goulet, MacDonald et, étonnamment, Day, qui a remplacé in extremis Patrick Côté, remportent la victoire. Stout, Doerksen, Bocek et Starnes perdent. Starnes, notamment, est totalement dominé par Nate *Rock* Quarry, à tel point que la foule le hue bruyamment et acclame plutôt l'Américain Quarry lorsqu'il fait une amusante parodie de la « danse de l'homme qui court ». Starnes se rend jusqu'à la limite, mais ce fut probablement le combat le plus inégal de toute l'histoire de l'UFC. Deux jours plus tard, l'UFC met fin au contrat qu'elle avait signé avec Starnes.

Tout cela n'est qu'un long préambule au combat que tous attendent, et la foule se déchaîne dès que les haut-parleurs crachent les premiers mots de la chanson *Numéro 1*, du groupe hip-hop québécois Sans Pression : « I'm back ! I'm back ! ». Les flashs sont aveuglants, tous sont debout, prenant des photos ou enregistrant ce moment sur vidéo avec leur cellulaire. Et tout le monde crie son amour pour la nouvelle idole.

Un fan parvient à se rendre au niveau des combattants, mais les gardes de sécurité le rabattent au sol et l'éloignent des lieux.

Tout redevient noir, puis la foule se calme. Subitement, les huées montent en un énorme crescendo lorsque les premières mesures de *Gonna Fly Now* se mêlent à la chanson *Like That* de Memphis Bleek pour annoncer l'entrée en scène du champion.

Généralement, au début d'un combat, les adversaires s'étudient pendant 10 à 15 secondes avant d'engager les hostilités. Pas cette fois. Tout de suite, Serra fonce et tente de renverser GSP qui écarte les jambes et place ses bras autour du torse de son adversaire. Il pousse fortement avec ses jambes et renverse Serra qui se retrouve sur le dos. Il n'y a que quatre secondes d'écoulées au combat d'une durée prévue de 25 minutes.

Après de nombreuses années d'entraînement avec les Gracie, Serra maîtrise parfaitement la technique du jiu-jitsu brésilien et tire la garde, puis prend la demi-garde, et les deux opposants, au sol, s'échangent les coups. Si, à la surprise de tous, Serra avait eu l'avantage sur GSP lors des échanges debout lors de leur premier affrontement, celui-ci semble voir respecter la logique, GSP projetant son adversaire au tapis dès le début. L'analyste Joe Rogan avoue sa surprise. Serra enserre la jambe gauche de GSP avec ses jambes, mais ce dernier réussit à se libérer. La foule crie encore plus fort : « GSP ! GSP ! »

GSP multiplie les coups et plusieurs d'entre eux portent. Mais Serra atteint aussi la cible. Ils s'échangent des coups de coude. GSP se relève puis lance une foudroyante combinaison au visage de Serra, puis une autre encore. Serra se débat, puis tente de se relever. GSP semble beaucoup plus fort, surtout dans le haut du corps, que lors de ses combats précédents. Un autre violent coup de coude atteint Serra au visage. Serra tente de repousser GSP, n'y parvient pas et St-Pierre en profite pour passer la garde de son adversaire et prendre une position montée de côté. Serra se retourne sur le ventre. Il peut ainsi mieux se défendre, mais cela lui interdit toute possibilité d'attaque. GSP lui martèle la tête avec ses poings. À deux reprises, Serra parvient à se relever sur les genoux, mais GSP le rabat chaque fois au sol.

En s'appuyant sur la clôture, Serra peut se relever, mais il en paye le prix lorsque Georges lui lance un coup de genou à l'abdomen. Serra se libère, mais il ne semble pas très solide sur ses pieds. Il décoche quelques coups au corps auquel GSP réplique par un coup de poing sauté. Serra lance quelques jabs, mais GSP se penche, saisit Serra à la taille et le renverse encore une fois. Lorsque la cloche sonne, Serra est au sol, en boule, et reçoit une volée de coups.

GSP a totalement dominé ce round. Le champion a été impuissant et c'est le challenger qui a dicté l'allure du combat et qui a projeté son adversaire au sol. La foule est debout.

Serra amorce le deuxième round avec une série de jabs. Il lance un coup de pied extérieur à la cuisse de GSP, qui attrape la jambe de son adversaire, le repousse jusqu'à la clôture et le couche sur le dos de nouveau. Le champion prend appui sur la clôture pour se relever, mais il est encore rabattu au tapis. Il parvient à se mettre sur les mains et les genoux et tente de se protéger la tête. Il se relève, mais Georges lui applique un coup de genou au milieu du corps, puis attrape sa jambe gauche. Serra parvient cette fois à se maintenir debout à cloche-pied.

De nouveau sur ses pieds, Serra décoche son meilleur coup, un coup de poing descendant qui ne fait toutefois qu'effleurer GSP. Après avoir porté quelques jabs, Serra lance un coup de pied à la tête que GSP esquive et auquel il réplique par un coup de pied retourné qui frôle le menton de Serra. Serra se penche, GSP se penche encore plus et tente une projection que Serra contre par un coup de poing. Profitant d'une meilleure allonge, GSP décoche deux rapides jabs qui font reculer Serra. Visiblement, le champion a maintenant les pieds lourds, il est penché par en avant et ses mains sont basses. GSP décoche alors quelques autres jabs, puis fonce sur son adversaire et le renverse de nouveau.

Tout en maintenant son avant-bras à la gorge de Serra pour limiter les mouvements de sa tête, GSP continue de frapper. Il utilise ses jambes, lançant des coups de pied et de genou alors que Serra est sur les mains et les genoux. Il continue de frapper. Serra se retourne sur le dos, et alors qu'il se défend du mieux qu'il peut, GSP décoche un foudroyant crochet de la gauche, puis une combinaison. Serra est de nouveau sur les mains et les genoux et GSP, en le retenant, lui lance quelques coups de genou au corps. Subitement, Serra se retourne sur le dos. GSP garde le contrôle et recommence à frapper. Passant la garde, il prend la position montée de côté. De nouveau, Serra se retrouve sur les genoux et les mains et GSP décoche de nouveau des coups de genou. Lorsqu'il devient évident que Matt Serra ne peut plus rien faire d'autre que d'accuser les coups de GSP, l'arbitre s'interpose et sépare les deux hommes.

GSP gagne par KO technique. Il est de nouveau champion du monde et il a remporté le titre devant les siens. Ceux-ci le remercient en criant leur admiration de toutes leurs forces. Et GSP célèbre en faisant son saut périlleux arrière.

La foule célèbre elle aussi pendant de longs moments, puis se disperse dans les rues de Montréal pour continuer la fête. Lorsqu'on lui demande ce qu'il pense de Montréal, Dana White est tout sourire : « C'est le meilleur endroit pour les arts martiaux mixtes actuellement, non seulement parce qu'on y trouve des combattants de grand talent, mais aussi des milliers de fans. Ce soir, il y avait une énergie dans l'amphithéâtre comme je n'en avais jamais vue auparavant. Nous avons accueilli 21 390 amateurs, la plus importante foule de toute l'histoire de l'UFC. Si je le pouvais, je viendrais ici tous les week-ends. »

Les arts martiaux mixtes sont maintenant un des sports les plus populaires à Montréal, mais aussi au Canada. On le doit à un jeune homme de Saint-Isidore. Dans le ring, il est pratiquement invincible. Devant la caméra, il est beau garçon, c'est un jeune homme articulé, confiant et même charmant. Il est une véritable vedette. Et il est champion du monde.

CHAPITRE

10

Georges St-Pierre est de nouveau champion, mais il est un champion différent. Il n'est plus ce jeune homme qui, un jour, avait admis aller fréquemment chez McDonald pour engloutir deux cheeseburgers avec des frites. Aujourd'hui, ses restaurants préférés sont 40 Westt Steakhouse à Montréal ou Panevino à Las Vegas; et s'il s'y rend à l'occasion pour se faire un petit plaisir, il a banni de son alimentation la malbouffe remplie de sel et de gras.

Et lorsqu'il va dans ses restaurants préférés, il doit maintenant s'y rendre dans une auto ayant les vitres teintées, car Georges St-Pierre ne peut plus marcher dans les rues de Montréal ou de Las Vegas sans se faire assaillir par les fans en délire. « Après que j'aie remporté le titre [à Montréal], tout a changé », dit-il. « J'avais l'impression d'être comme dans le film *L'Armée des morts*, avec tous ces zombies. Je ne pouvais plus aller nulle part. »

Ses amis s'inquiètent de le voir accepter toutes les invitations qu'on lui fait. « Il est un gars très généreux et il a de la difficulté à dire non aux autres », s'inquiète son ami et ex-partenaire d'entraînement Rodolphe Beaulieu. « Et maintenant, GSP, c'est devenu une grosse machine. Bref, on lui demande plus que ce qu'on lui offre en retour. »

GSP a acquis de la maturité et a établi ses priorités. Au Québec, les organisateurs d'événements ne sont pas tenus de dévoiler les cachets qu'ils versent aux athlètes et dès lors, on ne sait pas combien GSP a reçu pour se battre lors de l'UFC 83. On estime qu'il a empoché entre 200 000 $ et 250 000 $, sans compter les bonis. Plus tard, il a remboursé le solde hypothécaire de la maison de ses parents à Saint-Isidore. Lui-même s'est acheté une maison, jolie, mais sans luxe excessif, à Candiac, une tranquille banlieue de la Rive-Sud à quelques kilomètres à l'est de Saint-Isidore. Il loue un luxueux VUS qui lui permet de ne pas s'inquiéter de la rigueur des hivers québécois. Et bien sûr, il mène un bon train de vie.

Il est également un homme différent devant les caméras. Il y a encore peu de temps, il était considéré comme l'avenir de l'UFC. Aujourd'hui, il en est l'une des vedettes. Les grands médias, que ce soit *ESPN* ou le *New York Times* qui, pendant des années, ont boudé l'UFC et les arts martiaux mixtes, se battent maintenant pour arracher à GSP une entrevue. Et GSP livre la marchandise. Il est beau et toujours bien mis. Il est un jeune homme intelligent et parle maintenant un anglais que plusieurs peuvent lui envier. Il dit des arts martiaux mixtes qu'il s'agit d'un sport noble très semblable aux sports de combat que pratiquaient les premiers Olympiens. En entrevue, il aborde parfois des thèmes aussi divers que les débuts de la biologie ou encore les philosophes du 19e siècle, des sujets qui montrent bien ses divers intérêts. Il ne manque pas d'humour et n'hésite pas à l'occasion à se moquer de lui-même. Comme le mentionne Dana White : « Comment peut-on ne pas aimer Georges St-Pierre ? »

Pour l'UFC, il est le porte-parole parfait, mais sa nouvelle gérante, Shari Spencer, a compris qu'il pouvait être encore bien plus que cela. Plusieurs combattants de l'UFC ont des ententes de commandite et parmi eux, GSP est l'un des plus sollicités. Si l'organisation a des commanditaires importants de toute sorte, comme Harley-Davidson, les combattants, eux, ont principalement des commandites d'entreprises liées directement au milieu des arts martiaux mixtes, que ce soit des fabricants de suppléments alimentaires, d'équipements ou des gymnases. Avant d'être représenté par Shari Spencer, GSP était l'un des nombreux combattants dont on voyait le visage sur les canettes de 24 onces (720 ml) de liqueur de malt Mickey's Fine, une petite marque régionale de la Miller Brewing Company. Bref, rien de bien rémunérateur et rien pour rehausser la notoriété des athlètes.

Shari Spencer a signé une entente pour GSP avec Creative Artists Agency, qui représente des grandes vedettes du sport comme David Beckham, Derek Jeter, LeBron James, Tony Hawk et Sidney Crosby. « J'ai volontairement voulu éviter les marques trop associées aux sports de combat, afin de préserver l'image de Georges », explique Shari Spencer. « C'est pour une question d'image également que je me suis tournée vers CAA et que j'ai développé une bonne relation avec cette entreprise : je savais que les arts martiaux mixtes tentaient de s'imposer comme sport majeur, et avoir le soutien d'une firme d'envergure comme CAA pouvait certainement accélérer le processus et amener de grandes entreprises à s'intéresser à Georges. »

À l'époque, ni GSP ni même Shari Spencer n'étaient conscients de la véritable popularité de Georges. Ils en ont toutefois un aperçu lors d'une tournée de promotion que Georges fait aux Philippines en compagnie de Chuck Liddell. Dans ce pays, les arts martiaux mixtes ont une longue histoire et jouissent d'une grande popularité, le sport étant inscrit dans l'imaginaire populaire, et les événements de l'UFC sont télédiffusés dans tout le pays. À Manille, le visage de GSP est aussi connu que peut l'être celui de Wayne Gretzky à Edmonton ou celui de Derek Jeter à New York. À son arrivée là-bas, GSP ne peut se déplacer sans attirer une foule d'admirateurs. « C'était une véritable Beatlemania », se rappelle Shari Spencer. « Georges est magnifiquement accueilli aux États-Unis et au Canada, mais aux Philippines, l'accueil atteignait un autre niveau… On m'avait dit que l'UFC était immensément populaire aux Philippines — et à quel point les habitants étaient les gens les plus gentils de la planète —, mais l'accueil fut au-delà de ce que Georges et moi pouvions même imaginer ». De retour à la maison, Shari Spencer est allée voir ce qu'on disait de Georges sur Google et Yahoo! et a découvert qu'il était, et de loin, le combattant d'arts martiaux mixtes le plus populaire du monde.

Déjà, Shari sait que GSP est un produit commercialisable, qu'il est beau, intelligent, qu'il a de la prestance, qu'il est humble et qu'il n'a aucun squelette dans le placard. Pour vendre GSP, le principal problème n'est certainement pas GSP. C'est plutôt le sport lui-même, ou du moins l'image qu'en ont les publicitaires. Elle doit donc modifier leur perception.

Il y a aussi à l'époque un autre problème. En huit combats présentés de janvier 2004 à décembre 2007 par l'UFC dans la catégorie des poids mi-moyens, la ceinture du champion est passée entre les mains de Matt Hughes, puis de BJ Penn, de Hughes encore, puis de GSP, de Serra et encore de GSP. Et à deux reprises, le champion était un champion par intérim. Les grands annonceurs sont à la recherche d'athlètes qui sont en mesure de rester au sommet, et non pas de gens qui perdent leur titre de champion au bout de quelques mois.

Défendre son titre, surtout contre un opposant de qualité, contribuerait certainement à rehausser l'image de GSP auprès des dirigeants de grandes entreprises. Et c'est exactement le genre de match que veut organiser l'UFC en l'opposant à Jon Fitch. Fitch est un de ces nombreux jeunes lutteurs universitaires du Midwest (plus précisément de Fort Wayne, en Indiana) qui sont devenus des combattants professionnels des arts martiaux mixtes.

Fitch n'a pas un début de carrière facile. Il commence à combattre chez les poids mi-lourds (205 livres, soit 93 kg), où il est opposé à des combattants beaucoup plus costauds que lui. Il remporte tout de même deux victoires et subit deux défaites, mais surtout, il démontre un réel talent. Il se rend alors compte qu'il est plus à l'aise dans une catégorie de poids inférieure et passe chez les poids moyens (185 livres, soit 84 kg). Il livre son premier combat dans cette catégorie le 8 mars 2003 lors d'un événement intitulé *HOOK 'n' SHOOT: Boot Camp 1.1*, présenté à Evansville, Indiana, par une petite organisation régionale qui, aujourd'hui, se spécialise dans les combats entre femmes. Le combat se déroule bien jusqu'à ce que l'adversaire de Fitch, Solomon *The King* Hutcherson, soit disqualifié pour lui avoir donné un coup de pied à la figure.

C'est alors que sa carrière prend son envol. Il gagne ses deux combats chez les poids moyens puis, en novembre 2003, il fait ses débuts chez les mi-moyens dans un combat qu'il gagne par soumission de son adversaire, Shonie *Mr. International* Carter. C'est la première d'une incroyable série de 17 victoires consécutives, notamment contre des adversaires aussi réputés que Carter, Josh *The People's Warrior* Burkman, Thiago *Pitbull* Alves et Diego *The Nightmare* Sanchez. Lorsqu'on lui offre un combat contre GSP, dans le cadre de l'UFC 87 : Seek and Destroy, à Minneapolis le 9 août 2008, Fitch a une fiche de 18 victoires, deux défaites et un match nul, et il est de toute évidence un prétendant sérieux au titre.

Avant le combat, Fitch est invité à l'émission à caractère scientifique *MythBusters* où on lui demande d'être le cobaye d'une expérience destinée à vérifier s'il est possible de sortir d'un cercueil en frappant avec ses poings comme le fait le personnage incarné par Uma Thurman dans le film *Tuer Bill : Volume 2*. Même s'il est reconnu pour ses qualités de lutteur plutôt que de boxeur, et que l'espace dans un cercueil est pour le moins limité, Fitch réussit à fracasser le couvercle et sa force de frappe atteint plus de 1 400 livres. Ensuite, l'équipe de l'émission mesure la force de frappe du meilleur coup de Jon Fitch, le coup de poing circulaire de la droite. On enregistre alors une force de frappe de plus de 7 000 livres. Malgré la force herculéenne de Fitch, c'est pourtant GSP qui est le favori, à - 265, contre + 205 pour Fitch.

De nombreuses personnes estiment que c'est BJ Penn, ex-champion des poids mi-moyens, qui devrait affronter GSP, mais Penn est retourné combattre chez les poids légers (155 livres - 70 kg). Il remporte d'ailleurs le titre dans cette catégorie, lors de l'UFC 80 : Rapid Fire, contre Joe *Daddy* Stevenson, puis le défend avec succès, lors de l'UFC 84 : Ill Will, contre Sean Sherk. De nombreux fans estiment d'ailleurs que Penn est retourné chez les poids légers parce qu'il ne voulait plus affronter GSP.

Dana White et le commentateur Joe Rogan font tout ce qu'ils peuvent pour promouvoir le combat GSP-Fitch. Les deux combattants s'y mettent aussi. GSP affirme que Fitch mérite d'avoir sa chance pour le titre et répète à satiété qu'il est le combattant «le plus dangereux» qu'il ait affronté, mais il se dit convaincu de remporter la victoire.

Fitch ne joue pas la comédie lui non plus. Il souligne que de nombreux poids mi-moyens connus ont refusé de l'affronter et qu'il a pris ces refus comme des compliments. Et puis, il a eu la bonne idée de travailler étroitement avec Josh Koscheck qui, s'il n'a pas battu GSP, lui a offert une solide opposition pendant les trois rounds du combat.

Les billets pour l'UFC 87 se vendent rapidement. D'abord, c'est la première fois que l'UFC présente un événement à Minneapolis, puis le combat principal est un combat pour le titre mettant en vedette GSP, qui est maintenant extrêmement populaire. De plus, un ex-lutteur de la WWE originaire de l'État voisin du Dakota du Sud, Brock *The Next Big Thing* Lesnar, doit également combattre. Lorsque son adversaire, la grande vedette de l'UFC Mark *The Hammer* Coleman doit déclarer forfait en raison d'une blessure au talon d'Achille, il est remplacé par Heath *Texas Crazy Horse* Herring. Ex-champion des poids lourds de l'organisation Pride, Herring est très populaire, notamment au Japon, et est reconnu pour ses entrées en scène spectaculaires et sa personnalité engageante. Il poursuit aujourd'hui, parallèlement à sa carrière de combattant, une carrière d'acteur.

Plein à craquer, le Target Center de Minneapolis accueille donc ce soir-là plus de 15 000 amateurs pour 2,52 millions de dollars en recettes-guichet, et l'événement réalise 625 000 ventes à la télévision à la carte.

Avant le combat GSP-Fitch, le poids léger et membre du Panthéon de la gloire, Rob *The Saint* Emerson, soulève la foule en terrassant le jeune Manvel *Pitbull* Gamburyan avec son tout premier coup de poing du combat. Puis, Lesnar domine complètement Herring et remporte une décision unanime de 30 à 26 dans un combat de trois rounds.

Lorsqu'il fait son entrée, Jon Fitch semble sûr de lui. Portant un t-shirt extravagant de la marque Hostility et une casquette de baseball, il marche à grandes enjambées, souriant et visiblement confiant. Tout comme Matt Hughes, également originaire du Midwest, il aime la musique country, mais ses goûts semblent plus sophistiqués puisqu'il arrive au son d'un grand classique de Johnny Cash, *Rusty Cage*.

GSP choisit une nouvelle musique pour marquer son entrée en scène. *Boulbi*, du rappeur français Booba, est une chanson controversée sur les difficultés de grandir à Boulogne-Billancourt, une banlieue surpeuplée de Paris. Si la chanson, bien sûr, est totalement inconnue à Minneapolis, la basse omniprésente soutient l'enthousiasme de la foule. Comme d'habitude, GSP a son kimono et son bandeau de tête à la japonaise et, comme le souligne un des commentateurs : « Il est difficile de ne pas aimer GSP lorsqu'on le voit arriver dans son costume de *Karate Kid* ». Cette fois cependant, son kimono est noir plutôt que bleu et, au lieu d'être couvert de logos de petits commanditaires, il est orné d'une immense fleur de lys dans le dos. Lorsqu'on lui tend un drapeau canadien, puis un drapeau québécois alors qu'il s'avance vers la cage, il les prend et les lance dans les airs.

Fitch donne les premiers coups. GSP fonce dans les jambes de son adversaire et le couche en moins de quatre secondes. Fitch prend la garde fermée, bloque les deux bras de GSP et parvient à lui lancer un rapide coup de coude à la figure. La foule crie « GSP ! GSP ! ». Fitch, dont personne n'a encore réussi à passer la garde depuis ses débuts pour l'UFC, est sur le dos, confiant, attendant l'occasion d'appliquer une clé de bras.

Les deux opposants sont maintenant debout et s'échangent des coups de poing lorsque Fitch lance un coup de pied bas. GSP en profite pour décocher une puissante droite qui surprend Fitch et l'envoie au tapis. Le challenger récupère rapidement, se relève sur les genoux, mais GSP fonce vers lui et lance une foudroyante combinaison de gauches et de droites. Même s'il réussit à briser l'étreinte de GSP, Fitch accuse coup sur coup. Incapable de se relever, il se retourne sur le dos, mais GSP, appuyé sur un genou, continue de marteler de coups son adversaire. Les commentateurs Goldberg et Rogan semblent croire que le combat est terminé. GSP frappe avec ses poings, puis lance des coups de coude, une arme qui, au fil des années, s'est avérée plus redoutable encore que ses poings.

Fitch a un regain d'énergie et commence à répliquer aux coups de Georges. Mais lorsqu'il reçoit une puissante combinaison au visage, il se retrouve de nouveau au sol, puis tombe par en avant dans ce qui ressemble à une dérisoire tentative de projection.

À quatre pattes, Fitch accuse des coups à la tête. Il se couche sur le dos et se place en garde fermée, mais reçoit des coups de coude au visage. Il saigne. Il se retourne alors pour maintenir sa demi-garde, mais GSP réussit ce qu'aucun autre combattant de l'UFC n'a jusqu'à maintenant réussi : passer la garde de Fitch. Incapable toutefois de dégager un bras de son adversaire, il décide plutôt de continuer de le marteler de coups. Fitch tient bon jusqu'à la fin du round. Ce round fut l'un des plus inégaux de toute l'histoire de l'UFC. Les hommes de coin de Fitch tentent tant bien que mal d'arrêter le sang de couler.

Au début du deuxième round, les opposants sont en position de boxe. GSP tente de saisir la jambe de Fitch, qui réplique avec un coup de genou à l'abdomen. GSP lance un bon jab, mais Fitch répond par un solide crochet de la droite. GSP feint alors un coup de poing sauté et décoche un coup de pied de la droite. Les deux adversaires lancent quelques coups qui portent, puis GSP décoche un coup de pied qui atteint l'intérieur de la cuisse de Fitch, puis un double jab, mais il ne parvient pas à lancer une combinaison. Les deux adversaires s'échangent des jabs, puis GSP décoche quelques faibles coups de pied. Fitch atteint la cible avec une combinaison, puis lance une volée de coups vifs. GSP recule, puis réplique avec une puissante gauche. Quelques coups de pied hauts effleurent Fitch, puis la cloche sonne. GSP semble avoir remporté ce round, mais de façon moins décisive que le premier.

Fitch donne le premier coup du troisième round, une solide droite, mais il en paye le prix. GSP contre-attaque avec un crochet de la droite qui envoie Fitch au tapis. Sur le coup, Fitch perd son protège-dents, qui se retrouve dans la foule. GSP fonce sur son adversaire. Au bout d'un moment, Fitch se retrouve à quatre pattes, Georges sur son dos. GSP semble vouloir appliquer un étranglement sanguin arrière, mais Fitch se retourne. GSP, sur le dos, semble toujours vouloir tenter l'étranglement, mais Fitch se redresse et le voilà maintenant par-dessus GSP, qui prend la garde complète. Goldberg fait alors remarquer qu'en 132 minutes de combat pour l'UFC, GSP ne s'est pas retrouvé dans une telle position plus de cinq minutes. Fitch saisit sa chance et décoche une série de droites au corps de GSP qui semble impuissant. L'arbitre Yves Lavigne doit avertir Georges à deux reprises de ne pas s'agripper à la clôture pour y prendre appui. GSP est vulnérable et Fitch se relève sur les genoux pour se donner une plus grande force de frappe, mais Georges, en se contorsionnant, attrape le mollet gauche de Fitch, le soulève puis, d'un mouvement vif, le renverse sur le dos. La tête de Fitch frappe la clôture et c'est maintenant au tour de GSP d'envoyer les coups. Fitch saigne de nouveau. Il se relève sur les genoux, mais reçoit un dur coup de genou à la figure.

Fitch amorce bien le quatrième round. Il envoie une droite qui ouvre l'arcade sourcilière gauche de GSP. Alors que le sang coule sur le visage de Georges, Fitch lance un solide coup de pied au corps et s'avance pour tenter une projection, mais les jambes bien écartées et solidement plantées au sol, GSP contre la manœuvre. GSP décoche alors un coup de pied au corps qui semble atteindre Fitch sous la ceinture. L'arbitre Lavigne s'interpose, mais les deux adversaires se frappent le poing et poursuivent le combat. Fitch envoie des jabs, mais GSP y répond, profitant de son allonge légèrement supérieure. Fitch tombe à genoux et s'accroche à la jambe de GSP. GSP se retrouve par-dessus Fitch, isole une jambe de son adversaire pour tenter une clé, mais la cloche sonne.

Lors du round final, Fitch, de toute évidence dominé aux points, doit viser le KO ou réussir une soumission. Durant la pause, Lavigne demande au médecin d'examiner Fitch, qui est autorisé à poursuivre le combat.

Encore une fois, GSP domine ce round. Les rares fois où Fitch réussit à se relever, il est ramené au sol par GSP. Lorsque la cloche annonce la fin du combat, GSP tient son adversaire par un bras et une jambe. Fitch, impuissant, est probablement soulagé que tout soit terminé.

Trop épuisé pour faire son saut périlleux, Georges St-Pierre marche simplement autour de la cage. Lorsque son regard croise celui de Fitch, les deux se retrouvent au centre de l'octogone et GSP tombe à genoux et baisse la tête. Fitch prend ses mains en s'agenouillant aussi. Ils se font l'accolade, puis se donnent la main pendant que leurs hommes de coins respectifs épongent le sang qui coule de leur visage. GSP saigne. Fitch, lui, semble avoir été frappé par un camion.

Lorsque l'annonceur Bruce Buffer donne la décision unanime des juges — l'un d'eux donne GSP gagnant à 50 contre 43, les deux autres à 50 contre 44 —, GSP et Fitch échangent quelques mots. Fitch, même s'il semble épuisé, prend GSP sur ses épaules et le promène maladroitement autour de l'octogone. La foule réagit bruyamment. Joe Rogan entre dans la cage. GSP félicite Fitch, dit qu'il a été impressionnant et que la défaite qu'il venait de subir était probablement la meilleure chose qui pouvait lui arriver, que cela le rendrait plus fort. Il prend une gorgée d'eau et la crache, s'excuse de son geste, puis affirme à Joe Rogan: « Je suis prêt à me battre contre celui qui mérite sa chance… Je sais que BJ Penn le veut, alors, allons-y, il le mérite ». Penn entre alors dans la cage, serre la main de GSP, le félicite, puis dit simplement: « Alors, allons-y. »

CHAPITRE

Le contrat qui lie GSP à l'UFC se termine avec ce combat contre Jon Fitch, et Shari Spencer négocie alors un contrat beaucoup plus lucratif pour GSP. Après tout, l'UFC ne peut se permettre de perdre son champion. Parallèlement, elle négocie aussi avec des commanditaires de renom.

Les affaires sont les affaires, et GSP doit en faire plus pour susciter l'intérêt des grandes entreprises. Fitch fut un adversaire redoutable pour GSP, mais une nouvelle défense de son titre contre un opposant plus réputé lui permettrait de consolider son statut d'athlète commercialisable. Bien sûr, tous les amateurs d'arts martiaux mixtes ont un nom en tête : BJ *The Prodigy* Penn.

GSP avait remporté son premier combat contre Penn lors de l'UFC 58, mais ce fut par décision partagée, un des juges donnant la victoire à Penn. GSP avait gagné, mais Penn l'avait tout de même envoyé à l'hôpital.

Depuis, Penn avait remporté le titre des poids légers contre Joe *Daddy* Stevenson, puis en le défendant avec succès contre les ex-champions Jens Pulver et Sean Sherk (ce dernier avait perdu son titre après avoir échoué un test pour détecter la présence de stéroïdes anabolisants). Puisque Hughes et Serra n'étaient plus de sérieux prétendants, que Koscheck et Fitch avaient échoué, Penn était maintenant le seul qui pouvait espérer détrôner GSP.

Avec son impertinence habituelle, Dana White prend une décision risquée en présentant l'UFC 94 : St-Pierre vs Penn 2 le 31 janvier 2009, soit la veille du Super Bowl XLIII, au MGM Grand Arena de Las Vegas. Le nombre de ventes à la télévision à la carte donnerait une bonne indication de la progression des arts martiaux mixtes pour s'imposer comme sport majeur. En effet, si l'UFC peut réaliser de bonnes ventes à la télévision à la carte pour un événement qui se déroule la veille d'un événement qui attire environ 150 millions de téléspectateurs, ce sera alors le signe qu'il faudra désormais compter avec les arts martiaux mixtes. Et la preuve serait faite que GSP, la principale vedette de cet UFC 94, est un athlète hautement commercialisable.

Si Penn n'est pas reconnu pour être très diplomate dans ses propos, les deux opposants évitent les propos incendiaires avant le combat, l'un et l'autre soulignant les qualités de l'adversaire et affirmant que ce combat opposerait les deux meilleurs combattants de la catégorie et que celui qui lèverait les bras à la fin du combat serait le meilleur de tous. Comme il l'a fait souvent, GSP répète encore une fois à quel point la défaite contre Serra a changé sa vie, lui a permis de mettre de l'ordre dans ses relations et de changer sa façon de voir la vie. On dirait presque un évangéliste parlant de sa foi. Il affirme également que la supposée rivalité entre lui et Penn est essentiellement le produit du battage médiatique. Il dit qu'il ne déteste pas Penn, qu'il fait simplement son métier. Penn, lui, souligne qu'il n'a pas étudié dans le détail le combat de GSP contre Fitch, trop occupé à se préparer pour l'affronter. GSP clame qu'il ne combat pas pour la gloire ni pour l'argent, mais pour passer à la postérité. Quant à Penn, il réplique, avec un sourire : « Je ne vais pas mentir. Je me bats pour la gloire et pour l'argent… et pour le peuple d'Hawaii. »

Lorsque les adversaires ne sont pas sous les feux de la rampe, Dana White s'assure qu'on parle du combat. Il affirme qu'on parlera encore de ce deuxième combat GSP-Penn « dans 50 ans ». Le magazine en ligne spécialisé dans les arts martiaux mixtes *Sherdog* renchérit et dit de ce combat qu'il est le plus attendu de l'année. Les grands médias spécialisés dans le sport, qui ont jusque-là snobé l'UFC et les arts martiaux mixtes, se laissent emporter par la vague, des médias comme *NBC Sports* et *Sports Illustrated* discutant abondamment du combat à venir.

Pour la première fois, White évoque publiquement la possibilité que GSP, en cas de victoire, se batte contre le champion de la catégorie des poids moyens de l'UFC, Anderson *The Spider* Silva, dont il dit qu'il est un meilleur combattant que tout autre mi-moyen. Mais avant, le gagnant du combat du 31 janvier devra affronter le poids mi-moyen brésilien Thiago Alves, devenu un prétendant logique après avoir successivement remporté la victoire contre Chris Lytle, Karo Parisyan, Matt Hughes et Josh Koscheck.

Comme GSP, Penn a un surnom que la foule peut crier facilement. Il fait son entrée aux acclamations des spectateurs et au son de *'E Ala 'E*, un chant nationaliste hawaiien interprété par Israel *IZ Ka'ano'i*. La foule accueille encore plus bruyamment GSP, qui arrive au son de la chanson du rappeur français Sinik, *L'Homme à abattre*, une autre chanson qui parle de la vie dans les banlieues parisiennes et du fait que c'est en puisant dans notre force intérieure que nous pouvons réussir dans la vie. L'arbitre du combat est Herb Dean, un ex-combattant poids lourd fort respecté qui est devenu arbitre depuis l'UFC 48.

Cette fois-ci encore, Penn semble un peu plus enveloppé que GSP, ce qui s'explique par le fait qu'au cours de la dernière année et demie, il s'est battu à un poids de 13 livres (6 kg) inférieur à son poids actuel.

Dès le début du combat, Penn vise le bas du corps de son adversaire. Les deux combattants s'échangent des coups de genou à répétition au milieu du corps et aux cuisses. Au bout d'une minute, GSP saisit la cuisse de Penn pour tenter de le renverser, mais Penn résiste — l'arbitre avertit à plusieurs reprises GSP de ne pas saisir le maillot de son adversaire — et recule pour s'appuyer contre la clôture. GSP n'insiste pas, pousse Penn contre la clôture et commence à frapper. Penn tente de repousser la jambe de GSP, mais sans succès. GSP saisit la cuisse droite de Penn, le tirant pour l'éloigner de la clôture, mais Penn en profite pour décocher quelques coups de poing à la tête de GSP. Repoussé encore une fois à la clôture, Penn réussit à se libérer et envoie un puissant coup à la tête de son adversaire.

Contrôlant le centre de l'octogone, GSP semble plus agressif que Penn, multipliant les jabs et les coups de pied qui, s'ils ne font pas mouche, obligent Penn à se tenir sur la défensive.

Tous deux s'échangent quelques jabs, puis GSP décoche une dangereuse combinaison droite-gauche au visage de Penn. Après avoir porté quelques autres jabs, GSP engage le corps à corps, repoussant encore Penn à la clôture. Ce dernier parvient difficilement à se libérer et les deux adversaires reprennent la position du boxeur. GSP envoie un coup de pied qui atteint le haut de l'intérieur de la cuisse, puis lance un coup de pied extérieur qui atteint la même cuisse. Lorsque le round se termine, les deux combattants sont face à face, attendant une ouverture.

C'est Penn qui applique les premiers coups du deuxième round, deux crochets de la gauche. GSP se colle à son adversaire pour se protéger, ce qui provoque les huées de la foule. Il porte sa jambe autour de celle de Penn et parvient ainsi à le renverser. Penn prend une garde fermée haute qui empêche GSP de remonter pour se porter à l'offensive. GSP réussit toutefois à passer la garde puis à prendre la position montée de côté. Il tente d'isoler le bras gauche de son adversaire tout en lançant quelques coups de poing. Penn parvient à reprendre une garde fermée afin de contrer toute menace de clé de bras ou de kimura, mais cette manœuvre le rend vulnérable aux coups. GSP passe la garde, mais Penn la reprend aussitôt. Depuis que GSP a passé sa garde fermée haute, Penn est au sol, recevant une sévère correction et accusant les gauches et les coups de coude de GSP. Lorsque le round se termine, Penn saigne sous l'œil gauche.

Tentant de profiter de la blessure sous l'œil de son adversaire, GSP ouvre le troisième round en envoyant une série de durs jabs au nez et aux joues de Penn, qui se met à saigner du nez. Occupé à se protéger le visage, Penn donne une ouverture à son adversaire qui le saisit au corps et le projette au sol. Penn parvient tout juste à prendre une demi-garde. Pendant que GSP continue à le frapper au visage, Penn en profite pour passer en garde complète. Par en dessous, GSP lance des coups de poing marteau — un coup donné avec la partie charnue du poing de façon à protéger les os de la main de l'agresseur et qui fait en sorte que la force de frappe maximale se porte sur l'os facial de l'adversaire qui risque ainsi d'être fracturé.

Penn résiste et parvient finalement à se dégager. Une fois debout, il attrape la cuisse de GSP pour tenter de le renverser, mais GSP le retient et c'est plutôt lui qui, encore une fois, projette son adversaire au sol. Même si Penn prend la garde, GSP peut appliquer de solides gauches et des coups de coude jusqu'à la fin du round.

Dès l'ouverture du quatrième round, Penn bloque un coup de pied bas, mais crée ainsi une ouverture et reçoit un jab. Il lance un jab à son tour, mais GSP passe en dessous facilement et réussit un renversement des deux mains. Avec une extraordinaire rapidité, GSP passe la garde de Penn. En position de côté, il commence à marteler son adversaire de coups de genou au milieu du corps. Pendant qu'il tente de prendre une position montée, GSP envoie un foudroyant coup de coude au visage de Penn, l'empêchant ainsi de se porter à l'offensive. Penn réussit à reprendre sa garde, mais GSP la passe encore une fois.

De nouveau en position montée de côté, GSP continue de rouer Penn de coups à la tête. Penn est incapable de se défendre et l'arbitre s'approche pour voir s'il ne doit pas arrêter les hostilités et donner la victoire à GSP par KO technique. Constatant que Penn se défend convenablement, il recule, et le round se termine alors que GSP continue de lancer des rafales de coups de poing et de coude.

Penn se relève, ensanglanté et étourdi, se rend dans son coin et s'accroche à la clôture. Ses hommes de coin lui demandent s'il sait où il est, puis demandent au médecin de l'examiner. Penn est trop mal en point pour poursuivre. L'arbitre annonce que GSP a gagné à la fin du quatrième round par KO technique sur décision du médecin. Georges salue la foule, puis s'approche de Penn. Il lui parle pendant qu'on essuie le sang de son visage et que le médecin vérifie les signes de commotion cérébrale en plaçant un faisceau lumineux dans ses yeux. GSP marche au centre de la cage, salue la foule, puis ses hommes de coin l'entourent. Tous ensemble se tenant par les épaules, ils commencent à danser et à chanter : « Olé, Olé, Olé ! »

Après le combat, Joe Rogan lance au micro que ce combat fut « le plus extraordinaire de toute l'histoire des arts martiaux mixtes », et félicite GSP. Le champion à son tour prend le micro : « La dernière fois, j'ai gagné par décision et aujourd'hui, je voulais l'abattre. Et j'y suis parvenu. Il est extrêmement coriace ». Puis, Thiago Alves s'avance dans l'octogone. Il félicite GSP et lui dit qu'il est un de ses grands fans.

GSP a battu Penn encore. Il a défendu son titre pour la deuxième fois avec succès contre le dernier véritable prétendant au titre. Il a empoché cette fois au moins 400 000 $ et il est maintenant passé à un niveau supérieur.

* * * * *

Deux événements se produisent après le combat contre Penn. L'un positif, l'autre négatif.

Deux jours après le combat, le frère aîné de Penn, JD, annonce qu'il portera officiellement plainte à la Nevada State Athletic Commission (NSAC) contre GSP, l'accusant d'avoir recouvert son corps d'une substance illégale, la Vaseline. Cette gelée de pétrole, qui est d'abord et avant tout un lubrifiant, est très utilisée dans les arts martiaux mixtes (et dans d'autres sports) parce qu'elle permet de stopper rapidement les saignements. Mais un combattant dont le corps serait enduit de Vaseline serait fortement avantagé, car son opposant n'aurait aucune prise et ne pourrait dès lors tenir solidement son adversaire, ni réussir une clé, ni même une projection.

JD Penn appuie ses accusations sur la vidéo de l'événement. Entre le premier et le deuxième round, on voit l'homme de coin et entraîneur de muay thaï de GSP, Phil Nurse, appliquer de la Vaseline aux paupières et aux sourcils de GSP, ce qui est tout à fait autorisé, puis, sans s'essuyer les mains, il touche le dos de GSP. Le clan Penn affirme alors qu'il est impossible d'avoir une prise sur GSP s'il a le dos enduit de Vaseline.

« Nous ne cherchons pas d'excuses », affirme JD Penn, « mais la NSAC doit protéger les combattants. Le clan GSP ne nous a jamais prévenus de cela, et n'a pas non plus lavé ou essuyé complètement le dos de GSP. »

Il s'agit là d'une accusation extrêmement sérieuse. GSP pourrait être disqualifié, dépouillé de son titre, suspendu et même expulsé de l'organisation. Les fans, eux, sont divisés. Certains affirment que GSP a triché et que l'UFC tolère son comportement parce qu'il est très populaire, alors que d'autres accusent Penn d'être mauvais perdant et de chercher une excuse pour expliquer sa mauvaise performance.

Étonnamment, Dana White se range du côté de Penn, même s'il ne blâme pas GSP directement. « Est-ce que je crois qu'il avait de la graisse sur son corps ? Oui, absolument, à 100 %, je crois que ce gars lui appliquait un lubrifiant », dit-il. « Est-ce que je pense que Georges a triché ? Absolument pas, mais cet homme de coin lui a appliqué un lubrifiant et cela est interdit. » Il ajoute toutefois que même s'il avait de la Vaseline, cela n'a eu aucun effet sur le combat. « Il n'avait pas besoin d'appliquer de la graisse sur son corps », dit White. « Georges St-Pierre gagnait le combat. Il dominait son adversaire tant debout qu'au sol. Laisser entendre que GSP a triché est ridicule. Cela me révolte. »

L'histoire prend de l'ampleur. L'entraîneur principal de Penn, Rudy Valentino, affirme que GSP semblait « graissé » lors du premier combat lors de l'UFC 58, mais aussi contre Matt Serra lors de l'UFC 83. Même Jason Miller, que Georges avait battu lors de l'UFC 52, s'en mêle. Il affirme que lors de son combat contre GSP, il a remarqué que ce dernier était graisseux et qu'il l'avait mentionné à l'arbitre John McCarthy. Il dit que McCarthy lui a répondu de « se la fermer ». Il dit également avoir tenté sans succès de faire connaître cette situation et prédit que Penn connaîtra le même sort. « Nous sommes allés aux autorités », dit-il. « Moi, après avoir perdu au deuxième round, je leur ai dit : "Eh… ce gars-là se graisse", puis maintenant BJ va jusqu'à la Nevada State Athletic Commission et se fait dire "Non". Écoutez, ne faites pas de règle si vous ne voulez pas les appliquer. N'en faites pas, c'est tout. Mettons-nous tous sur le corps de l'huile de bébé et battons-nous. Allons-y. Je m'en fous. Je pourrais me battre contre Georges avec un cric à pneu, ou nous aurions tous les deux un couvercle de poubelle et nous combattrions avec ça. Mais ce n'est pas conforme aux règles. Les règles disent : Ne vous graissez pas, et alors, vous ne respectez pas les règles et personne ne s'en préoccupe. »

Penn dépose un document de 20 pages dans lequel il exige que Georges soit suspendu et que sa licence de combattant lui soit retirée, que le combat soit déclaré nul et que, entre autres, le camp de GSP, notamment Phil Nurse et l'entraîneur principal Greg Jackson, soient condamnés à des amendes importantes.

S'exprimant au nom du groupe, Jackson nie toute malversation et affirme que le geste de Phil Nurse fait partie d'une technique pour favoriser la respiration de GSP et que tout résidu de Vaseline sur son dos était minime et involontaire. Il affirme également que, dès qu'il fut informé qu'il était possible qu'il y ait une substance interdite sur le dos de Georges, il l'a tout de suite essuyé.

À l'époque, GSP n'émet aucun commentaire sur cet incident, sauf dans un communiqué officiel : « S'il restait des traces de Vaseline sur sa main après qu'il en ait appliqué sur ma figure, ce n'était pas intentionnel et je ne crois pas que cela ait eu la moindre influence sur le résultat du combat. » Plus tard, il dira à *Sports Illustrated* : « Je n'ai pas encore revu le combat, mais je me souviens que quelque chose est arrivé et qu'il y a eu cette plainte à la commission athlétique. Ils ont mis cette serviette dans mon dos et l'ont essuyé. Mais je ne m'en fais pas. Je n'ai pas mis de Vaseline dans mon dos. Je ne suis pas un tricheur. » Puis, bon prince, il offre un match-revanche à BJ Penn.

Le 29 mars 2009, la NSAC tient une audience. Penn y est, accompagné de sa mère, Lorraine Shin, et de son avocat, Raffi Nahabedian. GSP est absent, laissant le soin à son équipe juridique et à ses entraîneurs de le représenter. Nurse et Jackson présentent leurs excuses à Penn, en niant toute intention malveillante. À la fin de la séance, le directeur général de la NSAC, Keith Kizer décide de ne pas prendre de mesure disciplinaire contre GSP et son équipe, mais ne ferme pas définitivement le dossier. Penn, qui affirme avoir lancé cette campagne pour assainir le sport et prévenir les blessures, est amer. « Ma revanche ultime serait de me battre contre lui de nouveau et de lui botter le derrière; et s'il me bat honnêtement cette fois, je serai le premier à lui serrer la main. »

* * * * *

Ce que les médias ont appelé le *Greasegate* est maintenant derrière lui et GSP peut donc aller de l'avant. Et ce qui s'en vient est plutôt intéressant.

Sa réputation est intacte et GSP est maintenant une vedette comme l'UFC n'en avait jamais eue. On le veut partout. Il est même embauché pour enseigner quelques mouvements au Sheikh Tahnoon bin Zayed Al Nahyan, fils de l'ex-président des Émirats arabes unis, Sheikh Zayed bin Sultan Al Nahyan et fan inconditionnel de GSP.

Il ne suscite pas uniquement l'intérêt des amateurs d'arts martiaux mixtes. Les grandes entreprises commencent enfin à le reconnaître. À la fin de mars 2009, Gatorade annonce que GSP sera le porte-parole de l'entreprise dans ses publicités télévisées, en ligne et imprimées au Canada. Les conditions de l'entente ne sont pas dévoilées, mais on estime qu'il s'agit d'un accord qui établit de nouveaux standards pour une personnalité canadienne, puisque la CAA conclut rarement des ententes de commandite inférieures à un million de dollars. « Georges St-Pierre représente magnifiquement les qualités athlétiques des Canadiens, tant par son entraînement intense que par la conquête de son championnat devant le monde entier », explique

Dale Hooper, vice-président marketing chez PepsiCo Canada, distributeur de Gatorade. « Nous sommes très heureux d'être associés à un athlète comme GSP qui est une exceptionnelle source de motivation pour les Canadiens ».

Aussi importante que soit cette entente avec Gatorade, Shari Spencer poursuit d'autres démarches. Le 4 novembre 2009, la compagnie Under Armour annonce avec enthousiasme que GSP sera le porte-parole de ses marques de sous-vêtements BoxerJock et BoxerBrief, de même que de la tenue post-entraînement Recharge. « En plus d'être une des grandes vedettes d'un des sports dont la croissance est la plus rapide au niveau mondial, Georges St-Pierre est totalement dédié à son art et son désir de réaliser son plein potentiel est parfaitement conforme à notre mission d'aider tous les athlètes à se réaliser », dit Steve Battista, vice-président principal, stratégie de marque, chez Under Armour. « Lorsque nous avons su qu'il aimait nos produits, nous avons saisi cette occasion d'en faire un membre de notre famille. » Plus tard, il dit de GSP qu'il est le Michael Jordan des arts martiaux mixtes.

Comme toujours, GSP réagit avec sa modestie habituelle. « C'est un honneur pour moi de représenter la compagnie Under Armour », dit le communiqué officiel. « J'ai toujours aimé la qualité des produits de l'entreprise et m'associer à celle-ci est pour moi la réalisation d'un rêve. »

La carrière de GSP ne se limite pas à l'octogone. Georges se lie d'amitié avec Hector Echavarria, qui s'est initié au muay thaï sur les conseils d'un policier qui l'arrête alors qu'il se bat dans les rues dans son pays natal, l'Argentine. Echavarria a connu une longue et brillante carrière au sein de la United States Kickboxing Association, étant même intronisé au Temple de la renommée des arts martiaux des États-Unis. Une fois sa carrière terminée, il a commencé à enseigner, d'abord au grand public, puis à des personnalités comme la top modèle Kendra Wilkinson et le boxeur Hector *Macho* Camacho, avant de travailler avec des combattants comme Quinton *Rampage* Jackson et Cheick Kongo.

En 1987, Echavarria rencontre Carol Meyers, qui travaille sur la série *Miami Vice*, une des plus populaires émissions de télévision de l'époque. Elle est si impressionnée par Echavarria qu'elle l'invite à participer à un épisode de la série. Il retient l'attention du producteur argentin Carlos Mentasti, qui l'invite à jouer dans trois comédies d'action, *Los extermineitors, Extermineitors II : La venganza del dragon* et *Extermineitors III : La gran pelea final*. La série connaît un énorme succès en Amérique du Sud. Echavarria sera ensuite l'un des acteurs vedettes de *Brigada cola*, une comédie immensément populaire sur une équipe d'intervention spéciale de Buenos Aires que l'on présente comme « l'équipe d'élite de l'Amérique latine ».

De retour aux États-Unis, Echavarria joue dans des films à petit budget qu'il produit lui-même. Ces films, dont *Extreme Force, The Falkland Man, Confessions of a Pit Fighter* et le film d'horreur *Lake Dead*, comportent de nombreuses scènes de violence et de nudité. Ils ne sont pas très bien accueillis par la critique et sont rapidement mis en location dans les clubs vidéo.

En 2009, Echavarria s'associe à une entreprise de production de concerts de la région de Vancouver, Destiny Entertainment Inc., pour le film *Never Surrender*, un film qu'il a écrit, produit et dans lequel il joue l'un des rôles principaux. Sur son site Web, il donne un résumé du film : « Pour la toute première fois, les plus grands champions des arts martiaux mixtes passent de la cage au grand écran dans une grande production cinématographique. Lorsqu'un champion mondial des arts martiaux mixtes se laisse convaincre par un promoteur de participer à des combats illégaux, il comprend rapidement qu'il n'a plus le choix : il devra tuer ou il sera tué. Dans ce monde où l'on combat pour la gloire ou pour le simple plaisir de se battre, lui devra combattre pour sa survie. Et il ne peut plus reculer, ne jamais montrer ses faiblesses, ne jamais fuir et surtout… NE JAMAIS SE SOUMETTRE. » (les majuscules sont de lui.)

Plusieurs combattants de l'UFC font partie de la distribution dont Anderson Silva, BJ Penn, Quinton Jackson, Heath Herring et même GSP. Le tournage a lieu principalement dans un entrepôt au nord de Toronto et GSP y tient un petit rôle, celui de Georges, un des combattants que le personnage interprété par Echavarria doit vaincre.

Distribué par Lionsgate, *Never Surrender* connaît un succès mitigé et se retrouve rapidement dans les clubs vidéo. Le film est suivi d'un autre, *Hell's Chain*, dans lequel GSP joue un rôle un peu plus important, celui de Stone, et le film connaît un sort semblable au précédent.

Echavarria fait un troisième long métrage en 2009, *Death Warrior*. GSP et d'autres combattants d'arts martiaux mixtes y participent. Georges y tient le rôle de Shaman, un rôle beaucoup plus important que dans les films précédents et il semble très à l'aise devant la caméra. Lorsqu'un journaliste canadien lui demande s'il aimerait jouer plus souvent au cinéma, GSP répond : « Certainement, mais ma carrière de combattant m'oblige à n'accepter que de petits rôles. Peut-être que j'en ferai une deuxième carrière plus tard. » Shari Spencer est d'accord avec le fait que Georges participe à des films et dit que cela n'a aucune incidence sur sa carrière actuelle. « Ce n'est certes pas une priorité actuellement », dit-elle.

En 2009, sa carrière de combattant constitue toujours la priorité. Comme il l'avait d'ailleurs précédemment indiqué, Dana White entend opposer GSP à Thiago Alves lors de l'UFC 100, le 11 juillet au Mandalay Bay, à Las Vegas.

* * * * *

Si tout se passe bien pour GSP, les choses vont moins bien pour son vieil ami, partenaire d'entraînement et homme de coin, David Loiseau. Bien qu'en 2009, il ait une fiche respectable de 18 victoires contre neuf défaites chez les professionnels, il n'a que trois victoires contre quatre défaites pour l'UFC et l'organisation a décidé de ne pas renouveler son contrat.

Loiseau veut toutefois poursuivre sa carrière de combattant et, éventuellement retourner à l'UFC. Il s'engage auprès d'une nouvelle organisation montréalaise d'arts martiaux mixtes, XMMA (une organisation australienne nommée Xtreme MMA est parfois identifiée par l'acronyme XMMA, mais les deux organisations ne sont pas reliées). Il en devient le président et l'un des actionnaires. Mais il trouve ce travail extrêmement exigeant et décide de se remettre à l'entraînement et de reprendre sa carrière de combattant à temps plein. Il vend alors la compagnie, et signe une nouvelle entente avec l'UFC pour un combat lors de l'UFC 113 : Machida vs Shogun 2, le 8 mai 2010 à Montréal.

L'homme à qui Loiseau vend XMMA n'est pas n'importe qui. Il s'agit de Burton Rice qui, sur le territoire de la réserve Mohawk de Kahnawake, exploite une entreprise du nom de Brand-U Media. Le principal produit de l'entreprise est un épais magazine, *Naked Eye*, qui s'adresse aux 18 à 35 ans. Brand-U Media lance d'abord le magazine en 1999, mais n'en publie qu'un numéro, car les revenus publicitaires ne sont pas au rendez-vous. Rice fait une nouvelle tentative en 2007 et le magazine est maintenant un trimestriel. Selon *Masthead*, un magazine spécialisé sur l'industrie de l'édition au Canada, de nombreux collaborateurs se plaignent d'être traités cavalièrement par la direction et de ne pas être payés. Brand-U Media détient également la compagnie de vêtements Headrush, dont le slogan est *death B4 defeat* (la mort plutôt que la défaite).

Mais ces activités et celles de la défunte XMMA ne sont pas les seules de Burton Rice. Le 3 juin 2009, plus de 600 agents de la police de Montréal, de la Sûreté du Québec, de la GRC et des *peacekeepers* de Kahnawake effectuent une série de raids dans le cadre de l'opération SharQc, une vaste enquête sur le crime organisé dans la province qui vise principalement les Hells Angels et leurs associés. L'un de ces raids vise un entrepôt fortement protégé, avec portes magnétiques, gardes de sécurité et entouré d'une clôture haute de 10 pieds (3 m) situé sur Old Chateauguay Road, dans la réserve de Kahnawake.

À l'intérieur, on trouve la somme de 3,4 millions de dollars en argent comptant, trois armes et des exemplaires de *Naked Eye*. Pendant toute l'opération, les policiers saisissent environ 2170 kg de tabac, un kilo de cocaïne, 860 roches de crack, 900 grammes de marijuana, 4000 comprimés de méthamphétamine, de même qu'une quantité indéterminée d'ecstasy, 12 armes à feu, 11 coffres-forts, 19 ordinateurs, plusieurs vestes anti-balles et du matériel promotionnel des Hells Angels.

Rice, son frère cadet Francis, leur père Peter et le directeur de l'exploitation de *Naked Eye*, Michel LeBlanc, sont parmi les personnes arrêtées. Rice est accusé de gangstérisme, d'une fraude d'un montant supérieur à 5000 $ et de conspiration.

La police allègue que les personnes arrêtées exploitent un réseau de vente de cigarettes illégales — une activité fort lucrative pour le crime organisé au Canada, où les taxes sur les cigarettes font en sorte que le prix des cigarettes y est deux ou même trois fois plus élevé qu'aux États-Unis — et que les Hells Angels ont utilisé l'entrepôt non seulement pour y entreposer leurs cigarettes, mais également pour y tenir des réunions de leurs dirigeants.

Bien que Loiseau ne fasse l'objet d'aucune accusation ni même que son nom ne soit mentionné dans la preuve, la Régie des alcools, des courses et des jeux du Québec lui refuse le permis de combattant en raison de son « association avec le crime organisé ». Loiseau affirme pourtant qu'après avoir vendu XMMA, il n'avait aucun pouvoir décisionnel et n'avait même aucune idée des activités de l'entreprise. Il accepte mal cette décision et l'exprime clairement sur sa page Facebook, expliquant qu'après avoir consacré 10 ans de sa vie aux arts martiaux mixtes, avoir ouvert les portes à de nombreux combattants québécois et contribué à développer le sport au Québec, il est inacceptable qu'on lui refuse maintenant le droit de combattre. C'est Jason MacDonald, un autre combattant canadien, qui le remplace lors de l'UFC 113. Il sera mis KO par un Américain originaire de l'Alabama, John Salter.

Il est intéressant de souligner que sans GSP, l'UFC 113 n'attire que 17 647 spectateurs au Centre Bell pour des recettes-guichet de 3,27 millions de dollars, soit beaucoup moins que les 23 190 personnes et les 5,1 millions de dollars de recettes-guichet du combat GSP-Serra lors de l'UFC 83.

Loiseau combattra toutefois lors de l'UFC 115 : Liddell vs Franklin à Vancouver, et sera mis KO par le Brésilien Mario *Super Mario* Miranda. À la suite de cette défaite, sa carrière pour l'UFC est mise en veilleuse.

* * * * *

Le battage médiatique entourant le combat GSP-Alves est énorme. Le combat est l'événement-phare de l'UFC 100 avec le combat de championnat des poids lourds qui marque le retour du champion Brock Lesnar, qui se remet d'une chirurgie à l'abdomen, contre le champion par intérim Frank Mir. Le prix moyen des billets est de 524 $ et les recettes-guichet atteignent 5 128 490 $, le deuxième plus fort total de l'histoire de l'UFC. La télévision à la carte génère des revenus de 1,6 million de dollars, un nouveau record pour l'UFC.

Alves a pleinement mérité sa chance de combattre pour le titre. Il a une fiche de 18 victoires contre quatre défaites, mais il est plus fort que ce qu'indique sa fiche. Au tout début de sa carrière, Alves était essentiellement un cogneur pas très habile dans les projections et à la lutte. Mais il s'y met rapidement et devient un des meilleurs mi-moyens de l'organisation grâce à sept victoires consécutives. Il vient de battre Matt Hughes par KO lors de l'UFC 85 et l'ex-champion n'a pas réussi une seule de ses tentatives de projection. Âgé de 25 ans, Alves est encore tout jeune.

Aucun des deux combattants ne fait de déclaration controversée. Ils restent polis, positifs et charmants. Alves semble même en admiration devant le champion, tout comme GSP devant Matt Hughes cinq ans plus tôt.

GSP dit d'Alves qu'il sera le plus coriace de ses adversaires depuis le début de sa carrière, répétant ainsi les propos qu'il avait tenus sur Fitch et ses autres opposants plus tôt. Lorsqu'un journaliste d'ESPN demande à GSP s'il fera ses exercices de respiration (une allusion à peine voilée au *Greasegate*), Georges fait une pause, puis affirme que oui, mais qu'on fera attention aux substances interdites. « Je n'ai jamais triché de ma vie », ajoute-t-il calmement. « Je ne suis pas un tricheur. Je suis un champion fier et je veux gagner en toute légalité. Je n'ai pas peur des contrôles… C'est même mieux pour moi. J'en serais heureux. » D'autres commentateurs parlent de ses nombreuses distractions à l'extérieur de l'octogone qui prennent beaucoup de son temps et de son énergie, que ce soit les publicités, les séances de photos ou les tournages pour le cinéma. GSP répond qu'il a acquis de la maturité et que rien ne peut l'empêcher de rester le champion.

Parce que les huit premiers combats sont plus longs que prévu, le combat entre Jon Fitch et Paulo Thiago est reporté après les deux combats de championnat. Alves arrive au son de *Big Things Poppin'*, une version épurée de la chanson B*ig Shit Poppin'* du rappeur d'Atlanta T.I. Alves semble particulièrement imposant pour un combattant de 170 livres (77 kg). Comme tous les professionnels des arts martiaux mixtes, il perd du poids en prévision du combat, mais alors que le poids habituel de GSP lorsqu'il ne se bat pas est d'environ 185 livres (84 kg), celui d'Alves est plutôt d'environ 200 livres (91 kg), parfois plus.

Comme il en a pris l'habitude, GSP fait son entrée au son d'une chanson en français. Plutôt que de choisir un artiste parisien, GSP se tourne cette fois vers S. Rimsky Salgado, un populaire rappeur montréalais d'origine haïtienne connu sous le nom d'Imposs, qui donne à Montréal le surnom de « Real City » et qui a collaboré avec Wyclef Jean sur l'énorme succès *24 heures à vivre*. GSP a choisi une de ses chansons, *Mornier 4 Life*, pour faire son entrée.

Sous son kimono, GSP porte un maillot rouge sur lequel on voit le nouveau logo choisi par les fans sur son site Web, soit ses initiales dessinées en forme de fleur de lys. Alves, lui, porte une culotte ornée du drapeau brésilien.

Les deux premiers rounds débutent de la même façon, les deux adversaires s'échangeant des coups de pied bas. Au deuxième round, GSP poursuit avec un coup de poing sauté, puis il renverse

Alves. Ce dernier n'est qu'en demi-garde, mais parvient presque à se libérer, puis GSP revient par-dessus son adversaire. Alves se met alors en garde complète, mais GSP profite de cette manœuvre pour lancer de puissants coups de poing. L'un d'eux coupe Alves au visage.

GSP passe alors la garde et se met en position montée de côté. Alves reprend sa garde, avec GSP par-dessus lui. Lorsque GSP tente de nouveau de passer la garde, Alves parvient habilement à se relever. GSP le repousse à la clôture et le retient jusqu'à la fin du round. Le sang coule du nez d'Alves.

Alves entreprend le troisième round avec agressivité et se rue sur GSP, mais celui-ci est prêt et le repousse en lançant une volée de coups, puis en écartant les jambes. De retour en position du boxeur, les combattants s'étudient, puis s'échangent des coups de pied au corps. Lorsque Alves prend quelques instants pour essuyer le sang qui coule de son nez, GSP l'atteint d'une gauche qui l'envoie au sol. Immédiatement, le champion se rue par-dessus lui et prend la position classique pour pouvoir le frapper. Alves parvient à protéger sa tête, mais semble incapable de tenter quelque attaque que ce soit.

La foule s'anime au début du quatrième round. Dès le début, GSP décoche un rapide coup de pied de l'intérieur. Alves accuse le coup et s'avance pour tenter une projection, mais GSP lui lance une série de rapides jabs et se rue sur lui, saisit ses deux jambes et le renverse. Mais Alves s'échappe de nouveau lorsque GSP tente de prendre position, et il réussit à retourner la situation en sa faveur, lançant des coups descendants. GSP ramène Alves vers lui pour limiter l'élan et la puissance de ses coups, puis réussit à se libérer.

Les deux combattants sont maintenant debout et Alves décoche un uppercut qui est trop bas. GSP esquive le coup et réussit facilement une projection. En demi-garde, le puissant challenger parvient à se mettre à genou. GSP se retrouve bientôt dans le dos de son adversaire, tentant un étranglement sanguin arrière, et Alves termine ce round en tentant de se défendre.

GSP amorce le dernier round avec un puissant coup de pied bas, puis évite habilement une droite descendante semblable à celles que lui lançait Josh Koscheck. GSP décoche un coup sauté qui rate la cible, et doit alors récupérer rapidement afin de contrer un coup de pied à la tête d'Alves, puis il évite une solide gauche. GSP se rue ensuite sur Alves au moment où celui-ci termine son élan, puis il réussit facilement une autre projection.

Au bout d'un moment, Alves parvient à se relever et les deux opposants sont de nouveau debout. Rapidement, GSP réussit encore à renverser son adversaire. Une fois de plus, le puissant Alves se relève, mais Georges le ramène au tapis. La foule s'anime, regarde le chronomètre. Le combat s'achève. Alves tente vaillamment de se libérer. Quelques secondes avant la fin du combat, il réussit à se relever.

Le combat est terminé. Alves s'approche de GSP et lève le bras de son adversaire pour signifier qu'il sait qui a gagné ce combat.

De toute évidence, GSP a choisi la bonne stratégie. Avec ses jambes et ses bras puissants, Alves peut décocher des coups foudroyants, c'est sa principale arme. Mais il a rarement atteint la cible et, lorsqu'il était en déséquilibre après avoir lancé ses coups de poing et de pied, GSP tentait aussitôt une projection. Cette victoire est d'autant plus remarquable qu'au troisième round, il a aggravé une vieille blessure à l'aine. Après le combat d'ailleurs, GSP boîte en arpentant la cage. « Je souffrais terriblement », raconte Georges. « La blessure est survenue au troisième round alors que j'étais sur le dos et qu'il a poussé sur ma jambe. La soirée aurait pu mal se terminer pour moi. »

Après le combat, GSP exprime ce que bien des gens pensent. Il encense Alves et dit qu'en le voyant, il a l'impression de se revoir lui-même face à Matt Hughes. Puis, tout comme lors de la récente victoire contre Penn, les médias spécialisés en arts martiaux mixtes, de même que les internautes sur les forums de discussion, commencent à critiquer GSP, l'accusant de ne pas tenter de soumettre ses adversaires ou de les mettre KO, mais simplement de protéger sa victoire et son titre.

Dans l'autre combat principal, Lesnar bat Mir par KO technique grâce à une rafale de coups de poing au début du second round. Fitch, lui, bat Thiago et redevient ainsi un des prétendants sérieux au titre des mi-moyens.

* * * * *

L'UFC organise rapidement une quatrième défense du titre pour GSP, cette fois au Prudential Center de Newark, au New Jersey, le 27 mars 2010 lors de l'UFC 111 : St-Pierre vs Hardy. Son adversaire sera cette fois un Britannique dégingandé, Dan Hardy. Toujours poli, GSP affirme que ce prochain combat constituera le plus important défi de sa carrière. Les preneurs aux livres ne sont pas du même avis : ils favorisent largement GSP, avec une cote de - 800, contre + 500 pour Hardy. Celui qui pariera sur GSP pourra tout juste se payer une bière. GSP domine facilement son opposant et conserve alors son titre.

CHAPITRE

12

Après quelques tentatives infructueuses d'obtenir un billet de faveur pour assister à ce combat historique de l'UFC 124 : St-Pierre vs Koscheck 2 au Centre Bell à Montréal le 11 décembre 2010, l'auteur de ce livre se résout finalement à acheter son billet. Et comme ils se sont envolés dès leur mise en vente, l'auteur en fut quitte pour le payer très, très cher.

GSP est au sommet de son art. Quelque huit mois auparavant, il avait facilement vaincu Dan Hardy, remportant ainsi sa vingtième victoire professionnelle.

J'ai déjà eu l'occasion de me retrouver au milieu de foules partisanes, mais jamais comme cette fois-là. Montréal est tapissée de photos de GSP. Dès qu'on ouvre la radio ou la télévision, qu'elles soient francophones ou anglophones, il y est question de GSP et, bien sûr, on vilipende son adversaire. À mon hôtel, à peu près tous les clients arborent le nom de GSP ou son logo, tout comme la plupart des gens que je croise dans la rue. Plusieurs personnes portent un bandeau de tête arborant un soleil levant ainsi qu'une fleur de lys noire et les lettres GSP. Koscheck, lui, fait tout ce qu'il peut pour que l'on parle du combat, faisant de nombreux commentaires désobligeants dans les médias envers GSP, les Canadiens et les francophones.

L'atmosphère est tendue. Dana White admet même qu'il a établi un plan avec le Service de police de Montréal au cas où une défaite de GSP déclencherait une émeute. Il dit aux journalistes « espérer que Koscheck ait un hélicoptère tout prêt pour quitter la ville rapidement si jamais il gagne… et que lui-même devrait avoir un hélicoptère tout juste à côté de celui de Koscheck ».

Dans le Centre Bell, de nombreux spectateurs ont eux-mêmes l'air de combattants, avec leurs muscles saillants, leur tête rasée, leurs tatouages et leurs vêtements de marque Affliction, Hostility ou autre du même genre. J'avais presque l'impression que la moitié de la foule était prête à venir dans l'octogone pour combattre. Et dans l'amphithéâtre ce soir-là, je n'ai pas vu un seul garçon ni un seul homme dont les cheveux touchaient le col de leur chemise.

Lors du tout premier combat de la soirée, la foule acclame John *The Bull* Makdessi, un combattant originaire de Halifax, mais ayant grandi à Laval. Spécialiste du kickboxing, il s'entraîne au gymnase Tristar, à Montréal, là même où s'entraîne Georges et il est bien sûr un favori de la foule. Son adversaire est Pat *Awesomely Awesome* Audinwood, un ex-mannequin pour Abercrombie & Fitch devenu expert de la lutte et combattant pour l'UFC. Mais son joli minois de collégien ne lui est d'aucun secours dans l'octogone : Makdessi domine largement le combat et remporte une victoire par décision unanime.

Les cinq combats suivants mettent en vedette des Canadiens. Conformément à ce qui est certainement une habile stratégie commerciale, l'UFC fait souvent appel à des combattants qui ont des racines locales et auxquels les amateurs peuvent s'identifier. Ainsi, TJ Grant, un mi-moyen spécialiste du jiu-jitsu brésilien originaire de la ville natale de Sidney Crosby, Cole Harbour, en Nouvelle-Écosse, est opposé au Brésilien Ricardo *Big Dog* Almeida. Le Brésilien, toutefois, gagne haut la main.

Le Torontois Scott Pierson bat ensuite Matt Riddle, un Américain de Pennsylvanie, au grand plaisir de la foule. Puis Jesse *Water* Bongfeld, un Ontarien de Kenora (à qui on a demandé à la dernière minute de remplacer le Néo-Écossais Jason MacDonald blessé), livre un match nul au Brésilien Rafael *Sapo* Natal, au grand déplaisir de la foule. Une petite controverse éclate après le combat lorsqu'on découvre qu'un des juges avait attribué la victoire à Natal, mais c'est le match nul qui apparaît dans les statistiques officielles.

La foule, évidemment partisane, retrouve le sourire lorsque le poids léger torontois Mark Bocek obtient la soumission de Dustin *McLovin* Hazelett, du Kentucky, dès le premier round avec un étranglement en triangle. La joie est de courte durée toutefois lorsque Dan Miller, du New Jersey, l'emporte sur le vétéran Joe Doerksen, un combattant originaire d'une petite ville du sud du Manitoba.

Le premier combat qui suscite un vif intérêt de la foule oppose le mi-moyen Thiago Alves, que GSP avait battu lors de l'UFC 100, au Bostonien John *Doomsday* Howard. Alves est de toute évidence supérieur, mais semble prudent, comme s'il gardait son énergie pour ses prochains combats. Mais il en donne suffisamment pour remporter une décision unanime.

Le combat suivant est de courte durée lorsque Mac Danzig passe le KO à Joe *Daddy* Stevenson moins de deux minutes après le début du premier round.

Le combat entre Jim Miller (le frère de Dan Miller), du New Jersey et le Brésilien Charles *do Bronx* Oliveira est fort attendu. Miller a une fiche de 18 victoires contre deux défaites et il a remporté cinq victoires consécutives, ayant notamment battu Mac Danzig et Mark Bocek. Oliveira, lui, a une fiche de 14 victoires contre aucune défaite, toutes ses victoires sauf une ayant été remportées par soumission ou KO.

Les deux opposants ne déçoivent pas les spectateurs et amorcent le combat avec agressivité. Le combat est égal jusqu'à ce que Miller applique une clé de genou qui oblige Oliveira à se soumettre alors qu'il y a moins de deux minutes d'écoulées au combat. La foule manifeste sa joie lorsque Miller, qui est reconnu pour être un fort gentil garçon, lance dans le micro que lui tend Joe Rogan : « Merci Montréal ! » en prenant l'accent québécois. Une heureuse initiative qui lui vaut une légion de nouveaux admirateurs.

Le combat suivant est l'un des deux combats principaux de la soirée et oppose Sean *Big Sexy* McCorkle, un combattant de l'Indiana mesurant six pieds sept pouces (2 m) au Néerlandais Stefan *Skyscraper* Struve, un géant de six pieds onze pouces (2,1 m). Même si la fiche de McCorkle est de 10 victoires contre aucune défaite, et que celle de Struve est de 24 victoires contre quatre défaites, le combat est d'un ennui total. Aucun des adversaires ne se décide à lancer des coups et, avant même que la première moitié du premier round soit écoulée, la foule se met à crier « Boring ! », puis à scander « GSP ! GSP ! ». Heureusement, le combat se termine à trois minutes 55 secondes de ce premier round. Struve est par-dessus son adversaire et le frappe. Il ne semble pas lui faire trop de mal, mais puisque celui-ci ne tente même pas de se libérer et semble incapable de mener quelque offensive que ce soit, l'arbitre Yves Lavigne met fin au combat.

Pendant la pause qui précède le combat que tout le monde attend, une musique entraînante et des images spectaculaires montrant les grands moments de l'histoire de l'UFC tiennent la foule en haleine. Bien sûr, chaque fois que GSP y apparaît, la foule explose de joie, alors que les huées fusent chaque fois que l'on voit Josh Koscheck. On diffuse également des extraits d'entrevues des deux adversaires. Chaque fois qu'apparaît GSP, le bruit est tel qu'il est impossible d'entendre ses propos, et les huées que la foule réserve à Koscheck ont le même résultat. On n'a pas oublié sa fronde : « J'ai hâte d'entendre le son que peut produire le silence de 23 000 Canadiens français ». Au moins, il avait raison sur le nombre, puisque 23 152 partisans emplissent le Centre Bell ce soir-là, ce qui constitue un record d'assistance pour un événement de l'UFC.

Lorsque les écrans se ferment, les huées fusent dans un énorme crescendo. On entend la chanson *Higher Ground*, chantée par Red Hot Chili Pepper en hommage à Stevie Wonder, puis lorsque Josh Koscheck apparaît, les huées de la foule enterrent la musique. Koscheck sourit et incite la foule à le huer plus fort, faisant mine de ne pas entendre les huées.

L'UFC laisse Koscheck subir les huées de la foule pendant un long moment. Puis on entend les spectateurs crier : « Fuck you,

Koscheck ! », un cri qui alternera pendant tout le reste de la soi-rée avec les « GSP ! GSP ! ».

On entend alors les premières mesures de *Ça fait mal*, une chan-son du rappeur La Fouine, qui traite encore des dures banlieues parisiennes, et même si la foule ne semble pas bien connaî-tre cette chanson, elle réagit encore plus bruyamment que lorsqu'elle a accueilli Koscheck avec ses huées. Et lorsque le héros de la soirée arrive dans l'octogone, les cris de la foule cou-vrent totalement la musique.

C'est GSP qui engage les hostilités avec quelques rapides jabs puis une tentative de projection par ramassement de jambe. Koscheck contre la manœuvre en reculant contre la clôture. GSP recommence à attaquer avec des jabs et des coups de pied.

Voyant une ouverture, Koscheck lance une combinaison, mais les deux coups ratent la cible. Il en paye le prix : GSP décoche une solide droite à la figure, puis deux vifs jabs avant de réussir à bloquer un coup de pied haut.

Le challenger parvient enfin à atteindre son adversaire avec une courte gauche, mais rate la cible en tentant de poursuivre son attaque. Il reçoit deux autres jabs à la figure, puis sa tenta-tive de projection, trop lente, rate. Il s'essaye de nouveau et, au corps à corps, repousse GSP contre la clôture. Incapable d'atta-quer le haut du corps, il donne un coup de pied. Il continue de viser le bas du corps et tente une projection par ramassement de jambe, mais il ne reste plus de temps. Lorsque le round se termine, Koscheck est par-dessus GSP, mais il est évident que les juges donneront ce round à GSP.

Koscheck est dans son coin pour la pause et il est amoché. L'arcade et le sourcil de l'œil droit sont enflés et bleuis, et il semble même incapable d'ouvrir son œil.

Lorsque les hostilités reprennent, il est évident que Koscheck a de la difficulté à voir de l'œil droit. GSP tente d'en profiter en lançant un vif coup de poing sauté. Il suit avec quelques coups de pied bas, concentrant ses efforts sur le côté droit de son adversaire. Koscheck lance à l'aveuglette une droite croisée qui fend l'air. Sachant qu'il doit se battre en combat rapproché, il se rue sur GSP, mais il en paye le prix en recevant une série de coups de pied et de jabs.

Koscheck maintient toutefois la pression sur son adversaire et décoche une droite. GSP réplique tout de suite avec un uppercut, puis un coup de poing sauté. Koscheck sait que sa meilleure arme est sa puissante droite et continue de l'utiliser, mais GSP, trop rapide, l'évite facilement. Bien campé sur ses pieds, GSP multiplie les jabs et les coups de pied bas. Koscheck se tient toujours près de son adversaire et GSP termine ce round en lançant des jabs.

Au début du troisième round, GSP lance une série de jabs, toujours à l'œil droit de Koscheck, qui tente tant bien que mal de les bloquer et de lancer des coups à son tour, mais il n'a aucune défense contre les coups de pied bas de GSP. Georges perce la défense de son adversaire, mais celui-ci recule. Au corps à corps, GSP donne des coups de genou à l'abdomen de Koscheck. Il tente de le saisir au bas du corps, mais ce dernier parvient à s'échapper. Ils sont tous les deux de retour en position du boxeur et GSP lance une autre série de rapides jabs. Koscheck décoche des coups de pied qui ratent la cible. De toute évidence, il ne voit plus de l'œil droit et décoche ses coups au hasard. GSP surveille le chronomètre, puis termine le round par une série de jabs et de coups de pied bas.

Entre les rounds, le médecin examine l'œil enflé et complètement fermé de Koscheck. Il lui parle, mais celui-ci lui fait savoir qu'il est hors de question qu'il abandonne.

Toujours agressif, GSP amorce le quatrième round en visant toujours la tête de Koscheck. Après quelques rapides coups de poing et de pied, GSP réussit une projection. Au sol, Koscheck saisit une jambe de son adversaire dans une vaine tentative de clé de genou. GSP se libère rapidement et pousse Koscheck contre la clôture. Prenant appui sur celle-ci, Koscheck parvient à se relever. Suit un long corps à corps sans action qui force l'arbitre Herb Dean à séparer les deux combattants.

Au centre de la cage, Koscheck continue à lancer des droites descendantes. Toutes ratent la cible, sauf une qui frôle la joue de GSP. Ce dernier décoche toujours des jabs, et l'un deux atteint solidement Koscheck, qui tombe au tapis. Lorsque Koscheck se relève, GSP décoche des coups de pied, puis de puissantes gauches que Koscheck est incapable de voir. Lorsque le round se termine, Koscheck tente de rester debout pendant que le champion le martèle de coups.

Dès que Koscheck s'assoit, le médecin s'approche rapidement pour examiner son œil. La foule hue bruyamment, puis se tait lorsque Koscheck indique de nouveau qu'il entend poursuivre le combat.

Au début du dernier round, Koscheck s'approche du champion et reçoit tout de suite une puissante gauche descendante à son œil droit tuméfié. Étourdi, il lance tout de même ses dérisoires droites descendantes pendant que GSP continue de décocher des jabs. GSP fait quelques fausses tentatives de projection et persiste avec ses jabs et des coups de pied bas. Il a le contrôle total du combat. La foule raille un Koscheck maintenant sans défense, qui ne peut rien faire d'autre que de tenir sa main gauche le plus haut possible pour protéger sa figure et lancer occasionnellement sa droite en direction du champion.

GSP pousse violemment Koscheck contre la clôture. Au corps à corps, ce dernier tente désespérément de s'accrocher à son adversaire, puis GSP le renverse. Koscheck se relève, mais GSP le ramène tout de suite au sol. Avec 30 secondes à faire, la clameur de la foule devient assourdissante. Koscheck se relève et fait une dernière tentative avec un faible coup de pied retourné qui rate totalement la cible. GSP lance quelques derniers coups de poing, puis se rapproche pour s'engager dans un corps à corps.

Je n'ai pas entendu la cloche tellement la foule criait, mais j'ai su que le combat était terminé lorsque GSP s'est approché de

Koscheck et lui a donné une tape amicale dans le dos, puis l'accolade. Si la foule hurle sa haine de Koscheck, GSP, lui, le félicite. Il a totalement dominé le combat, mais reconnaît maintenant que Koscheck n'a jamais abandonné. Il l'a martelé de coups puissants, mais le challenger a tenu le coup.

Lorsqu'on annonce la victoire de GSP, le champion prend le micro et remercie ses partisans. Le bruit est assourdissant. Il demande à la foule de ne pas en vouloir à Koscheck, que les propos qu'il a tenus avant le combat n'étaient destinés qu'à promouvoir le combat et qu'il n'est pas un mauvais gars. Quelques huées persistent, mais elles sont rapidement couvertes par les applaudissements.

On a su plus tard que les gauches de GSP au premier round avaient fracturé l'os orbital de Koscheck et qu'il ne pouvait plus rien voir de l'œil droit pour le reste du combat.

* * * * *

Après avoir vaincu Koscheck, Georges St-Pierre est sans conteste le meilleur mi-moyen du monde. Aucun homme de sa catégorie ne peut espérer le vaincre dans l'octogone. Et il a gagné d'une façon que peu de gens croyaient possible : en boxant plutôt qu'en luttant. En fait, il a lancé 55 jabs — le plus grand nombre jamais lancé durant un combat selon le commentateur Joe Rogan — et a fracturé l'os orbital de son adversaire. La blessure est si grave que des poches d'air se sont formées sous la peau, à tel point que Koscheck aurait été en danger s'il était retourné chez lui en avion après le combat. Ce soir-là, son entraîneur a dû rouler quelque 500 kilomètres jusqu'à Boston pour que Koscheck se fasse soigner. Celui-ci a eu besoin d'une chirurgie correctrice et n'a pu recommencer à combattre que près d'une année plus tard.

Pour Georges, c'est la réalisation d'un rêve. Il avait déjà remporté le titre deux fois, mais maintenant, il est sans conteste le meilleur de son sport. Mais tout n'est pas parfait. D'abord, il semble incapable de terminer ses combats comme ses fans — et le président de l'UFC Dana White — le désireraient : par un KO. Il a donné à son adversaire une sévère correction et lui a infligé une grave blessure, mais il ne l'a pas mis KO. Le champion lui-même le reconnaît après le combat : « Je n'ai pas atteint mon objectif ce soir. Je voulais le terrasser, mais il est coriace ».

Et puis, que fera maintenant GSP ? Il a battu tous les prétendants au titre des mi-moyens. Sur Twitter, Facebook, les divers forums en ligne et les autres médias, les fans réclament que St-Pierre passe à la catégorie supérieure et se batte contre le brutal champion des poids moyens Anderson *The Spider* Silva dans ce qui pourrait bien être le combat le plus attendu de toute l'histoire de l'UFC.

Mais Georges a une autre option. Il jongle avec l'idée de participer aux Jeux olympiques de Londres de 2012 au sein de l'équipe canadienne de lutte. « Je suis un bon lutteur, mais pour me rendre aux Jeux, je devrais m'y consacrer à temps plein pendant une longue période », dit-il. « Je ne veux pas me retirer maintenant, et si je le faisais, je devrais m'y mettre à 100 %, pendant probablement une année et demie ».

Cela n'étonne pas ceux qui connaissent Georges St-Pierre. Dans tout ce qu'il entreprend, il a toujours voulu être le meilleur. Il est le plus grand des champions. Il aurait l'occasion de se retirer en pleine gloire. Il ne se retirerait pas invaincu, mais en grand champion tout de même. « Je suis ce genre de gars : lorsque j'entreprends quelque chose, c'est pour être le meilleur », dit-il. « Je ne fais rien simplement pour voir. Si je le fais, c'est pour gagner. »

Cela dit, il fait preuve de réalisme. La lutte n'est qu'une des techniques qu'il utilise en arts martiaux mixtes. Pour pouvoir rivaliser avec les meilleurs au monde, il lui faudrait se consacrer uniquement à la lutte. « Je vais vous dire la vérité : actuellement, je n'ai pas le niveau », dit-il. « Si je me lance maintenant, je vais perdre. Je ne suis pas encore assez bon. Et je ne sais pas encore si je pourrai le devenir ». Mais il ajoute que si, après en avoir discuté avec ses entraîneurs et ses commanditaires, il estimait qu'il a des chances de gagner, il aimerait certainement tenter le coup. « Je vais le faire si je suis convaincu que j'ai de bonnes chances d'y arriver. »

La suite des choses surprend de nombreux fans de Georges, mais elle est tout à fait dans la logique commerciale de l'UFC. En août 2010, le gouvernement libéral de l'Ontario, la province la plus populeuse du Canada avec 13 millions d'habitants, décide d'autoriser les combats d'arts martiaux mixtes. L'UFC, qui avait exercé de nombreuses pressions en ce sens, savait, par l'historique de vente de billets et de produits dérivés, que c'est en Ontario que l'on retrouve une des plus fortes (sinon la plus forte) concentrations d'amateurs d'arts martiaux mixtes dans le monde. Y présenter un événement constitue donc une priorité.

L'UFC réserve donc l'ex-SkyDome, le Rogers Centre, un immense stade avec toit rétractable où les Blue Jays de Toronto, l'équipe des ligues majeures de baseball, jouent leurs matchs, pour le 30 avril 2010. L'événement, qui doit être l'UFC 131, est d'une telle ampleur et d'une telle complexité qu'il oblige l'organisation à annuler d'autres événements plus petits. Dès lors, l'événement du Rogers Centre est l'UFC 129.

Le Canada compte plusieurs solides combattants en arts martiaux mixtes, mais une seule grande vedette. Il est donc essentiel que GSP soit au programme de cette soirée. Mais il ne se battrait pas contre Anderson Silva. Ce dernier venait tout juste de défendre son titre lors de l'UFC 126 à Las Vegas, le 5 février. Il avait littéralement démoli Vitor *The Phenom* Belfort grâce à une série de coups de pied et de poing et avait remporté la victoire à trois minutes 25 secondes du premier round, mais il ne pouvait tout de même pas défendre son titre à peine deux mois plus tard, surtout contre un athlète aussi énergique et imprévisible que Georges St-Pierre.

Il faudra donc attendre pour que ce combat se réalise. L'UFC doit trouver un poids mi-moyen suffisamment coriace pour prétendre au titre. Puisque GSP avait battu tous les prétendants logiques, l'UFC porte son choix sur un nouveau venu.

Jake Shields est un autre combattant originaire d'une petite ville des États-Unis. Il a grandi sur une ferme près de Mountain Ranch, une petite ville des montagnes Sierra Madre, dans le nord de la Californie. La ferme familiale est perchée sur les falaises du canyon Jesus Maria, et il devait descendre dans la vallée puis remonter chaque fois qu'il voulait aller quelque part. Cet entraînement l'a bien servi. Il s'initie à la lutte dès l'âge de neuf ans et obtient une bourse de la San Francisco State University. En 2001, il commence à s'entraîner avec Cesar Gracie.

Après une brève carrière en lutte de soumission, Shields livre son premier combat en arts martiaux mixtes et remporte une victoire par KO technique contre Paul Harrison lors des qualifications de la Cobra Fighting Federation en 1999. À l'été 2010, il avait une fiche de 25 victoires contre quatre défaites et un match nul pour diverses organisations, dont Strikeforce, et il avait notamment gagné 14 victoires consécutives. Il avait remporté un titre de champion des poids moyens, et avait signé un contrat avec une organisation majeure. Il y avait toutefois une condition. Costaud et mesurant six pieds (1,82 m), Shields est un poids moyen naturel, mais l'UFC exige qu'il se batte dans la catégorie des mi-moyens. L'UFC avait ses raisons. En effet, St-Pierre avait battu tous les prétendants sérieux et Shields est un athlète talentueux. Et puis, si Georges doit passer éventuellement à la catégorie des poids moyens, Shields est un adversaire qui a remporté un championnat dans la catégorie des poids moyens pour Strikeforce contre des adversaires de talent.

Shields fait ses débuts pour l'UFC le 23 octobre 2010 au Honda Center, à Anaheim, lors de l'UFC 121. Le combat principal est un combat de championnat des poids lourds qui oppose Brock Lesnar et Cain Velasquez, et Shields, lui, doit affronter une autre étoile montante, Dane Martin *Hitman* Kampmann. Ce dernier a une fiche de 17 victoires contre trois défaites et a battu des combattants de renom comme Paulo Thiago et Carlos *The Natural Born Killer* Condit. On dit de Kampmann qu'il a un coup de poing dévastateur. Son histoire n'est pas inintéressante. Lors de l'UFC 103 : Franklin vs Belfort, à Dallas le 19 septembre 2009, Kampmann doit se battre contre Mike Swick et le gagnant de ce combat doit ensuite se battre pour le titre contre GSP. Mais Swick se blesse quelques jours avant le combat et est remplacé par Paul Daley. Or, Daley n'est pas un réel prétendant au titre et dès lors, on décide que même en cas de victoire, Kampmann n'aura pas sa chance pour le titre. Même si on considère généralement que Daley n'est pas du même niveau que Kampmann, c'est lui qui remporte la victoire par arrêt de l'arbitre, une décision controversée. Kampmann en est contrarié, bien sûr, mais il accepte son sort. « L'arbitre a fait son travail », dit-il. « Il a pris ses décisions et il a fait ce qu'il croyait être juste. Mais je sais que j'aurais pu poursuivre le combat. Dans la plupart de mes combats, je me suis fait cogner solidement, je suis tombé, mais je me suis relevé et j'ai gagné. »

Le premier combat de Shields pour l'UFC lors de l'UFC 121 n'est pas de très bon augure. Aucun des deux combattants ne se distingue réellement. Shields gagne par décision partagée, très serrée et fort disputée. De plus, sa performance est tellement peu convaincante que de nombreux fans estiment qu'il ne mérite pas de se battre pour le titre. Shields, lui, attribue cette performance plus qu'ordinaire à une perte de poids trop rapide. « Je ne cherche pas d'excuse », dit-il, « mais c'était mon premier combat à 170 livres (77 kg). J'ai dû perdre 20 livres (9 kg) en une seule journée. Jamais plus je ne referai cela. » Il a maintenant sa chance pour le titre.

Les attentes sont élevées pour cet UFC 129 : St-Pierre vs Shields. Sachant que l'Ontario constitue un marché exceptionnel pour les arts martiaux mixtes, l'UFC voit grand. Le record précédent était de 23 152 spectateurs lors de l'UFC 124, qui avait également été présenté au Canada et qui mettait en vedette Georges St-Pierre, et cette fois, l'organisation prévoit vendre 42 000 billets pour l'événement du Rogers Center. Lorsque les billets sont mis en vente, le 10 février, l'UFC comprend qu'elle n'a pas vu assez grand. L'organisation renégocie avec les dirigeants du Rogers Centre et vend finalement 55 724 billets. Tous les sièges sont occupés et un nouveau record est ainsi établi. À une moyenne de près de 217 $, les recettes-guichet atteignent 12 075 000 $.

Profitant de l'enthousiasme des amateurs ontariens pour augmenter encore ses revenus, l'UFC organise une exposition d'une durée de deux jours, la *Fan Expo*, qui a lieu au Direct Energy Centre situé tout près du stade et qui permet aux amateurs de rencontrer les combattants et, bien sûr, d'acheter des nombreux produits dérivés.

Le jour du combat et même les quelques jours précédant celui-ci, le centre-ville de Toronto est assailli par des amateurs d'arts martiaux mixtes, et plusieurs d'entre eux portent un t-shirt ou un bandeau de tête identifié à GSP vendu par l'équipe de St-Pierre. L'UFC 129 est un événement immense, certes, mais les revenus de la télévision à la carte sont décevants. À peine 800 000 ventes sont réalisées, soit beaucoup moins que le précédent record de 1,72 million lors de l'UFC 100. Cela s'explique peut-être par le fait que l'UFC a trop misé sur la population locale. Un Canadien est au programme de tous les combats, sauf deux, mais il s'agit de combattants qui n'ont pas une grande renommée ni à l'étranger, ni même au pays. Et leurs adversaires ne sont pas non plus des combattants très connus.

Pendant les premiers combats, l'énorme foule est animée, mais plutôt sage. Les deux premiers combats sont diffusés en direct sur Facebook. Le premier oppose le Canadien d'origine haïtienne Yves *Tiger* Jabouin à Pablo *The Scarecrow* Garza. Si Jabouin a l'avantage au début, Garza l'oblige à se soumettre à la fin du premier round avec un étrangement sauté en triangle. Au combat suivant, Kyle Watson tente de rivaliser avec John *Bull* Makdessi au combat debout, mais il est mis KO au troisième round lorsque Makdessi décoche un puissant coup de poing retourné. Puis le Néo-Écossais Jason *The Athlete* MacDonald qui a pourtant une fiche très ordinaire de 24 victoires contre 14 défaites, surprend la foule lors de son combat contre Ryan Jensen, qu'il soumet avec un étranglement en triangle à une minute 37 secondes du premier round. Lors du combat suivant, Ivan Menjivar, le tout premier adversaire de GSP chez les professionnels, et un de ses bons amis, gagne par KO technique dès le premier round lorsqu'il lance une volée de coups de poing et de coude à la figure de son adversaire Charlie Valencia. La première série de combats prend fin avec le combat entre le Torontois Claude *The Prince* Patrick et Daniel *Ninja* Roberts, un combat chaudement disputé qui se termine par la victoire par décision unanime de Patrick.

Les deux derniers combats préliminaires sont aussi diffusés gratuitement en direct. L'ex-policier torontois Scott *Pimp Daddy* Pierson affronte l'Américain Jake *The Juggernaut* Ellenberger et on s'attend à ce qu'il remporte la victoire, non seulement parce que Ellenberg est un remplaçant de dernière minute à Brian Foster (dont l'examen de résonnance magnétique pré-combat révèle une hémorragie cérébrale), mais aussi parce qu'il a livré un combat qui s'est rendu à la limite à peine deux mois plus tôt. Mais Ellenberger envoie une rafale de terribles coups de poing et passe le KO à Pierson dès le premier round. Au combat suivant, Nate Diaz, qui se bat comme mi-moyen, une catégorie supérieure à sa catégorie habituelle, ne parvient pas à mener une offensive digne de ce nom contre Rory *The Waterboy* MacDonald et perd par décision unanime.

Au premier combat de la carte principale, diffusée uniquement à la télévision à la carte, le Torontois Mark Bocek tente sans succès de nombreuses soumissions contre Ben *Smooth* Henderson, qui remporte finalement la victoire par décision unanime. Le combat suivant oppose deux vétérans poids lourds, Vladimir *The Janitor* Matyushenko, âgé de 40 ans, et Jason *The Hitman* Brilz, âgé de 35 ans. Avec à peine 20 secondes d'écoulées dans le combat, Matyushenko met Brilz KO avec une foudroyante droite qui sidère littéralement la foule. Mais le KO de la soirée revient certainement à Lyoto *The Dragon* Machida qui, au deuxième round, atteint le légendaire Randy Couture d'un coup de pied direct qui mettra un terme à sa carrière.

Malgré ces combats fort spectaculaires, c'est toutefois le combat suivant qui fera la une des journaux. En effet, le Brésilien José *Scarface* Aldo, qui a une fiche de 19 victoires contre une défaite, est alors largement favori contre le Canadien Mark Hominick, qui a une fiche de 20 victoires contre huit défaites, alors que le titre de la catégorie poids plume est en jeu. Dans un combat brutal de trois rounds, Aldo donne une sévère correction à Hominick, qui refuse pourtant de tomber. À la fin du combat, Hominick ressemble pratiquement au personnage principal du film *L'Homme-éléphant*. Il a de nombreuses coupures au visage, des contusions, les yeux meurtris et, sur le front, un hématome de la grosseur d'une balle de baseball.

Debout, l'impressionnante foule crie et chante à tue-tête. Mais aussi spectaculaires que furent les trois derniers combats, elle est venue pour voir un homme : Georges St-Pierre. Lorsque GSP fait son entrée au son de *Ne compare pas*, de Youssoupha (avec la participation de Ärsenik et Mam's Maniolo), la foule se déchaîne.

Dès que la présentation des deux combattants est terminée, la foule se met à chanter « Olé ! Olé ! Olé ! ». Surclassé dès le début du combat, Shields dévoile rapidement son plan. Plus grand que son adversaire, il le tient à distance et décoche une série de coups dans l'espoir de trouver une faille dans sa défense. Lorsque le champion lance un coup de pied, Shields saisit sa jambe, mais St-Pierre recule à cloche-pied jusqu'à la clôture, tirant Shields avec lui, puis se libérant. Le champion lance ensuite des jabs, au grand plaisir de la foule qui crie « GSP ! GSP ! ». Shields réplique avec quelques coups de pied afin de maintenir GSP à distance, mais en vain : ce dernier continue à lancer les jabs et, lorsque le round se termine, Shields saigne de la bouche.

Shields entreprend le deuxième round comme le premier, mais sans obtenir plus de résultats. GSP continue à décocher les jabs. L'un d'eux fait trébucher Shields, un autre le force à s'accrocher. Shields est incapable de répliquer aux coups de GSP.

Au début du troisième round, Shields change de stratégie. Il se déplace et passe à l'attaque. Même s'il ne parvient pas à toucher sérieusement GSP, il empêche ainsi le champion de toucher la cible avec ses puissants jabs. GSP espère en effet qu'ils auront le même résultat que contre Koscheck. Changeant de tactique, Shields charge, mais St-Pierre le bloque adroitement. Georges lance une droite descendante puis réussit à saisir une jambe de Shields lorsque celui-ci décoche un coup de pied. Mais lorsqu'il constate que sa prise n'est pas suffisamment solide pour réussir une projection, il repousse le challenger et lui envoie un coup de pied retourné. GSP parvient finalement à renverser son adversaire au sol, mais il ne reste que 20 secondes au round, trop peu pour espérer réussir une soumission.

Ce round fut sans intérêt, mais il s'est produit un incident que peu de gens ont remarqué. L'un des quelques coups de Shields qui ont atteint la cible, un crochet de la gauche, a atteint GSP à la figure. Le coup n'était même pas puissant, mais Shields l'a décoché la main ouverte et les doigts étendus, et un des doigts a atteint GSP directement dans l'œil gauche, le fermant complètement, du moins temporairement.

Seul Georges sait que quelque chose ne va pas. À la pause, il dit à Greg Jackson: « Je ne vois plus rien ! ». Que peut faire Jackson ? S'il lance la serviette, GSP devra abandonner sa ceinture de champion. S'il lui demande de poursuivre le combat, il devra se battre d'un seul œil, son champ de vision réduit de moitié, incapable d'évaluer correctement les distances. Lors du combat contre Koscheck, Jackson avait affirmé que le challenger aurait dû abandonner en raison de la gravité de sa blessure. Mais cette fois, lorsque Georges lui dit qu'il ne voit plus rien, Jackson répond: « Ce n'est pas grave. Il te reste un œil, alors, c'est bon. Écoute-moi, Georges, tu as encore un œil, alors, ça va aller. Tu me vois, alors, tu peux voir venir les coups. Écoute-moi. Relaxe, calme-toi et trouve ton centre. »

Même avec l'œil gauche enflé et tuméfié, Georges amorce le quatrième round en force, renversant Shields dès le début. Mais les fans s'étonnent de le voir laisser le challenger se relever sans même tenter un étranglement ou une autre prise de soumission. Quelques spectateurs commencent à huer. GSP revient à son plan de départ et recommence à lancer des jabs de la droite, mais peu atteignent la cible. Puis, Shields trébuche lorsque St-Pierre l'atteint à la poitrine d'un solide coup de poing sauté, suivi d'un coup de pied de la gauche à la tête qui envoie Shields au tapis. GSP se rue sur lui, mais se retire lorsque Shields parvient à prendre une bonne position défensive. Ils échangent encore quelques jabs et Shields semble cette fois plus efficace, coupant le champion à l'arête du nez. Lorsque le round se termine, les huées se font plus persistantes.

Le cinquième round est à l'image des précédents. On assiste essentiellement à un échange entre deux boxeurs et les coups de l'un et de l'autre n'atteignent que rarement la cible. Certes, GSP est plus précis que son adversaire, mais il offre une défense gauche et maladroite. Lorsque le combat prend fin, Georges a gagné, mais il n'a pu réaliser de KO ou de soumission. Encore une fois, il doit se contenter d'une décision. Les fans huent bruyamment, lui faisant nettement comprendre ce qu'ils pensent.

Après le combat, Joe Rogan rejoint GSP. Ce dernier explique que Shields est un bien meilleur combattant que ce qu'il avait imaginé et il s'excuse auprès des fans de ne pas avoir réussi à le mettre KO. Lorsque Rogan lui demande s'il serait prêt à passer à la catégorie supérieure pour affronter Anderson Silva, St-Pierre ne fait aucune promesse. Après le combat, il doit se rendre à l'hôpital.

Lors de la conférence qui suit le combat, Shields nie avoir enfoncé son doigt dans l'œil de St-Pierre, affirmant que la blessure subie par GSP est le résultat d'un coup de poing. Firas Zahabi proteste : « Heureusement, Georges a simplement eu du sang qui s'est accumulé dans l'œil et la rétine n'a pas été atteinte. La blessure est le résultat d'une gifle à grande volée au visage. Il a décoché ce crochet la main ouverte, tout est enregistré, et je me suis tout de suite plaint à l'arbitre. Je ne crois pas que le coup ait été intentionnel, mais Shields l'a tout de même porté. Il devrait recevoir un avertissement et on devrait se souvenir qu'il frappe la main ouverte. C'est très dangereux. » Après le combat, de nombreuses vidéos et images montrant Shields frappant GSP à l'œil avec sa main ouverte apparaissent sur Internet.

Greg Jackson, lui, est moins catégorique :

> « Lorsque vous vous battez contre un adversaire plus imposant que vous et que celui-ci décoche des coups nombreux et puissants, vous devez toujours placer quelque chose pour bloquer le coup. Il ne suffit pas de vous

protéger en plaçant votre main devant votre tête comme on le fait en boxe, car avec les gants utilisés en arts martiaux mixtes, la force d'impact ne se disperse pas. Très souvent, lorsque votre opposant est doté d'une grande force physique, vous devez placer votre main et votre bras de façon qu'ils interceptent le coup et que votre tête ne reçoive pas tout l'impact. Car un seul de ces coups peut vous mettre KO. Ouvrir la main est une façon de parer de tels coups. Je pense que c'est pour cette raison que Jake avait la main ouverte et, sans réfléchir, il a gardé la main ouverte en décochant un jab. Je ne pense pas qu'il l'a fait volontairement. Je le connais assez bien et c'est un bon garçon. »

Quoi qu'il en soit, GSP ne passera pas tout de suite chez les poids moyens. Le président de l'UFC Dana White annonce en effet que, pour la prochaine défense de son titre, GSP sera opposé au champion des mi-moyens de l'organisation Strikeforce, Nick Diaz. « Je dois d'abord parler de boxe avec lui, et nous verrons ensuite. Mais ce combat serait intéressant », dit-il. « J'ai assisté au dernier combat de Diaz et il m'a réellement impressionné. Il fut exceptionnel. » Diaz ne s'était pas battu pour l'UFC depuis sa défaite contre Shane Sherk lors de l'UFC 59 en avril 2006, mais il connaissait depuis une belle carrière au sein de l'organisation Strikeforce.

Le combat doit avoir lieu le 29 octobre 2011 à Liverpool, en Angleterre, lors de l'UFC 137. Mais dès le début, les choses ne se passent pas comme prévu. Ne parvenant pas à conclure une entente avec un distributeur nord-américain de services de télévision à la carte, l'UFC déplace l'événement à Las Vegas. Puis, lorsque Diaz ne se présente pas à deux rencontres avec les médias, White lui retire la possibilité de combattre pour le titre. GSP affrontera plutôt Carlos Condit et Diaz se battra contre BJ Penn. Puis, le poids moyen Tim *Crazy* Credeur, qui doit affronter le prometteur Brad Tavares, fait faux bond sans vraiment expliquer sa décision. L'UFC fait alors appel au combattant Dustin Jacob, qui fera ainsi ses débuts pour l'UFC. Mais Tavares se blesse et est alors remplacé par un autre combattant qui en sera à son premier combat pour l'UFC, Clifford Starks.

Mais le pire est à venir. Aux prises avec des problèmes persistants aux genoux, GSP doit se retirer à son tour. Sans le champion, et avec comme combat principal l'affrontement entre BJ Penn et Nick Diaz, l'UFC 137 n'attirera que 10 313 spectateurs pour des recettes-guichet de 3 900 650 $ et n'intéressera que 280 000 téléspectateurs à la télévision à la carte.

Après la défection de Georges, l'UFC reporte la défense de son titre au 4 février 2012, à Las Vegas lors de l'UFC 143. GSP doit alors affronter Nick Diaz, qui a défait Penn lors de l'UFC 137, mais Diaz est bientôt remplacé par Carlos Condit pour des raisons qui ne sont pas rendues publiques. Puis le malheur frappe. GSP, qui a toujours des problèmes aux genoux, entend un bruit sourd alors qu'il s'entraîne, le 7 décembre 2011. « L'examen de résonnance magnétique a révélé une déchirure du ligament croisé antérieur, et le ligament latéral interne est aussi atteint », explique son entraîneur John Danaher. « Nous évaluons la possibilité d'une intervention chirurgicale. Georges est extrêmement déçu. Il est habitué à s'entraîner tous les jours, et cette longue période d'inactivité sera difficile à vivre. » La déchirure du ligament croisé antérieur exige une chirurgie et, généralement, une convalescence d'une année. Et très souvent, les athlètes qui subissent ce type de blessure ne sont plus jamais les mêmes par la suite.

L'intervention chirurgicale a lieu à Los Angeles et est un succès, mais ce genre de blessure est complexe. On ne sait jamais comment le corps y réagira.

Georges, lui, est optimiste et jure qu'il sera totalement rétabli lorsqu'il entreprendra la reconquête de son titre. Pendant des mois, il a suivi une longue et difficile rééducation. Pendant cette période, il a travaillé plus fort que jamais auparavant. Et le 22 mars 2012, sur son compte Twitter, GSP annonce ce que tous ses fans attendent depuis longtemps : « Je ne suis qu'à mi-chemin de ma rééducation, mais j'ai maintenant un but, une date et un lieu : UFC 154, LE 17 NOVEMBRE, À MONTRÉAL!!! »

ANNEXE A
LA FICHE DE GSP CHEZ LES PROFESSIONNELS

En 24 combats chez les professionnels, Georges St-Pierre a remporté
22 victoires et subi deux défaites. Il a gagné huit combats par KO technique,
cinq par soumission, huit par décision unanime et une par décision partagée.
Il a remporté le titre des poids mi-moyens à deux reprises (plus une autre fois
par intérim) et l'a défendu six fois.

ADVERSAIRE	RÉSULTAT	ÉVÉNEMENT	DATE	FICHE/TITRE ET STATUT
Jake Shields	Victoire/5e round DU	UFC 129	30/04/2011	22-2/Déf. titre M-M UFC
Josh Koscheck	Victoire/5e round DU	UFC 124	11/12/2010	21–2/Déf. titre M-M UFC
Dan Hardy	Victoire/5e round DU	UFC 111	27/03/2010	20–2/Déf. titre M-M UFC
Thiago Alves	Victoire/5e round DU	UFC 100	11/07/2009	19–2/Déf. titre M-M UFC
BJ Penn	Victoire/4e round KOT (coin)	UFC 94	31/01/2009	18–2/ Déf. titre M-M UFC
Jon Fitch	Victoire/5e round DU	UFC 87	09/08/2008	17–2/ Déf. titre M-M UFC
Matt Serra	Victoire/2e round KO (genoux)	UFC 83	19/04/2008	16–2/Remporte titre M-M UFC
Matt Hughes	Victoire/2e round Soum. (clé de bras)	UFC 79	29/12/2007	15–2/Remporte titre M-M UFC par intérim
Josh Koscheck	Victoire/3e round DU	UFC 74	25/08/2007	14–2
Matt Serra	Défaite/1e round KOT (coups de poing)	UFC 69	07/04/2007	13–2/Perd titre M-M UFC

SUITE À LA PAGE SUIVANTE →

ADVERSAIRE	RÉSULTAT	ÉVÉNEMENT	DATE	FICHE/TITRE ET STATUT
Matt Hughes	Victoire/2e round KOT (coudes)	UFC 65	18/11/2006	13–1/ Remporte titre M-M UFC
BJ Penn	Victoire/3e round DP	UFC 58	04/03/2006	12–1
Sean Sherk	Victoire/2e round KOT (coups)	UFC 56	19/11/2005	11–1
Frank Trigg	Victoire/1er round Soum. (Étr. arr.)	UFC 54	20/08/2005	10–1
Jason Miller	Victoire/3e round DU	UFC 52	04/16/2005	9–1
Dave Strasser	Victoire/1er round Soum. (Kimura)	TKO 19	01/29/2005	8–1
Matt Hughes	Défaite/1er round Soum. (clé de bras)	UFC 50	10/22/2004	7–1/Pour le titre M-M UFC
Jay Hieron	Victoire/1er round KOT (coups)	UFC 48	19/06/2004	7–0
Karo Parisyan	Victoire/3e round DU	UFC 46	31/01/2004	6–0/Débuts pour l'UFC
Pete Spratt	Victoire/1er round Soum. (Étr. arr.)	TKO 14	29/11/2003	5–0
Thomas Denny	Victoire/2e round KOT (Coupure)	UCC 12	25/01/2003	4–0
Travis Galbraith	Victoire/1er round KOT (coudes)	UCC 11	11/10/2002	3–0/ Déf. titre M-M UCC

SUITE À LA PAGE SUIVANTE →

ADVERSAIRE	RÉSULTAT	ÉVÉNEMENT	DATE	FICHE/TITRE ET STATUT
Justin Bruckmann	Victoire/1er round Soum. (clé de bras)	UCC 10	15/06/2002	2–0/Remporte titre M-M UCC
Ivan Menjivar	Victoire/1er round KOT (coups de poing)	UCC 7	25/01/2002	1–0/Débuts professionnels

ABRÉVIATIONS
KOT = KO TECHNIQUE
SOUM. = SOUMISSION
DU = DÉCISION UNANIME
DP = DÉCISION PARTAGÉE
ÉTR. ARR. = ÉTRANGLEMENT ARRIÈRE
DÉF. = DÉFENSE
M-M = MI-MOYEN

ANNEXE B
LES ADVERSAIRES DE GSP

Jake Shields
Surnom : Aucun
Naissance : 9 janvier 1979
Résidence : San Francisco, Californie
Taille : 6 pi. (1,82 m)
Poids : 185 livres (84 kg)
Allonge : 72 po. (183 cm)
Styles : lutte, jiu-jitsu brésilien
Fiche au moment du combat contre GSP : 25 victoires, quatre défaites
et un match nul.
Remarques : Il est ceinture noire en jiu-jitsu brésilien, il a étudié avec
Cesar Gracie. Il fut sélectionné comme *All American* en lutte. Il est végétarien.

Josh Koscheck
Surnom : Kos
Naissance : 30 novembre 1977, Waynesburg, Pennsylvanie
Résidence : Fresno, Californie
Taille : 5 pi. 10 po. (1,77 m)
Poids : 170 livres (77 kg)
Allonge : 73 po. (185 cm)
Styles : lutte, muay thaï
Fiche au moment du combat contre GSP : neuf victoires, une défaite lors
de l'UFC 74, 15 victoires, quatre défaites lors de l'UFC 124.
Remarques : Il a une fiche de 42 victoires et aucune défaite en compétition
de lutte au collège et fut sélectionné à quatre reprises comme *All American*
en Division I. Il est diplômé en justice criminelle d'Edinboro University
Pennsylvania.

Dan Hardy
Surnom : The Outlaw
Naissance : 17 mai 1982, Nottingham, Angleterre
Résidence : Nottingham, Angleterre
Taille : 6 pi. (1,82 m)
Poids : 171 livres (77,5 kg)
Allonge : 74 po. (187 cm)
Styles : taekwondo, boxe, muay thaï
Fiche au moment du combat contre GSP : 23 victoires, six défaites.
Remarques : Il était à sa dernière année d'études en art et design à
Nottingham Trent University lorsqu'il a commencé sa carrière professionnelle.

Thiago Alves
Surnom : Pitbull
Naissance : 3 octobre 1983, Fortaleza, Brésil
Résidence : Coconut Creek, Floride
Taille : 5 pi. 9 po. (1,75 m)
Poids : 171 livres (77,5 kg)
Allonge : 70 po. (177 cm)
Styles : muay thaï, jiu-jitsu brésilien
Fiche au moment du combat contre GSP : 17 victoires, cinq défaites.
Remarques : Il a remporté sa première victoire en arts martiaux mixtes
au Brésil à l'âge de 15 ans, et vit en Floride depuis l'âge de 19 ans.

BJ Penn
Surnom : The Prodigy
Naissance : 13 décembre 1978, Kailua, Hawaï
Résidence : Hilo, Hawaï
Taille : 5 pi. 9 po. (1,75 m)
Poids : 169 livres (76,5 kg)
Allonge : 70 po. (170 cm)
Styles : jiu-jitsu brésilien, boxe
Fiche au moment du combat contre GSP : 10 victoires, deux défaites
et un combat nul lors de l'UFC 58 et 13 victoires, quatre défaites
et un combat nul lors de l'UFC 94.
Remarques : Il est le plus jeune de quatre garçons, dont trois sont prénommés
Jay Dee, le même prénom que leur père. BJ est l'abréviation de Baby Jay.
Fut champion des mi-moyens et des poids légers de l'UFC. Il est le coauteur
de *Mixed Martial Arts: The Book of Knowledge* et de *Why I Fight:
The Belt Is Just an Accessory*.

Jon Fitch
Surnom : Aucun
Naissance : 24 février 1978, Fort Wayne, Indiana
Résidence : San Jose, Californie
Taille : 6 pi. (1,82 m)
Poids : 170 livres (77 kg)
Allonge : 74 po. (187 cm)
Styles : lutte, jiu-jitsu brésilien
Fiche au moment du combat contre GSP : 18 victoires, deux défaites,
un combat nul.
Remarques : Il avait remporté 17 victoires consécutives avant d'affronter GSP.
Il est diplômé en éducation physique de Purdue University avec une mineure
en histoire, et a poursuivi des études supérieures. Il possède un permis
d'enseigner de l'État d'Indiana.

Matt Serra
Surnom : The Terror (prononcé de façon à rimer avec Serra)
Naissance : 2 juin 1974, East Meadow, New York
Résidence : East Meadow, New York
Taille : 5 pi. 6 po. (1,67 m)
Poids : 170 livres (77 kg)
Allonge : 68 po. (172 cm)
Styles : jiu-jitsu brésilien, boxe
Fiche au moment du combat contre GSP : neuf victoires, quatre défaites
lors de l'UFC 69, et 10 victoires, quatre défaites lors de l'UFC 83.
Remarques : Il a remporté la première place en jiu-jitsu brésilien lors
des Jeux panaméricains en 1999, à Winnipeg. Puisqu'il s'agissait d'un sport
de démonstration, aucune médaille n'était attribuée.

Matt Hughes
Surnom : Aucun
Naissance : 13 octobre 1973, Hillsboro, Illinois
Résidence : Hillsboro, Illinois
Taille : 5 pi. 9 po. (1,75 m)
Poids : 170 livres (77 kg)
Allonge : 73 po. (185 cm)
Style : lutte
Fiche au moment du combat contre GSP : 36 victoires, quatre défaites lors
de l'UFC 50, et 41 victoires, quatre défaites lors de l'UFC 65.
Remarques : Il fut sélectionné comme *All American* en lutte à chacune de
ses deux années à Lincoln College, puis All American en Division I à Eastern
Illinois University. Il a publié son autobiographie, *Made in America:The Most
Dominant Champion in UFC History*, en collaboration avec Michael Malice.

Sean Sherk
Surnom : The Muscle Shark
Naissance : 5 août 1973, St. Francis, Minnesota
Résidence : Oak Grove, Minnesota
Taille : 5 pi. 6 po. (1,67 m)
Poids : 155 livres (70 kg)
Allonge : 67 po. (170 cm)
Styles : lutte, jiu-jitsu brésilien, boxe
Fiche au moment du combat contre GSP : 31 victoires, une défaite,
un combat nul.
Remarques : Il fut champion poids léger de l'UFC. Il fut suspendu après
avoir échoué un test de dépistage de stéroïdes anabolisants.

Frank Trigg
Surnom : Twinkle Toes
Naissance : 7 mai 1972, Kendall, New York
Résidence : Las Vegas, Nevada
Taille : 5 pi. 8 po. (1,72 m)
Poids : 170 livres (77 kg)
Allonge : 70 po. (177 cm)
Styles : lutte, judo
Fiche au moment du combat contre GSP : 12 victoires, trois défaites.
Remarques : Il a lutté pour l'University of Oklahoma et y a obtenu un diplôme en affaires publiques et administration. Il a également été entraîneur à la même université.

Jason Miller
Surnom : Mayhem
Naissance : 24 décembre 1980, Atlanta, Georgia
Résidence : Mission Viejo, Californie
Taille : 6 pi. 1 po. (1,85 m)
Poids : 185 livres (84 kg)
Allonge : 77 po. (195 cm)
Styles : kickboxing, lutte, jiu-jitsu brésilien
Fiche au moment du combat contre GSP : 12 victoires, trois défaites.
Remarques : Il a animé une émission de télévision et une émission de radio.

Dave Strasser
Surnom : Aucun
Naissance : 13 juillet 1969, Kenosha, Wisconsin
Résidence : Kenosha, Wisconsin
Taille : 5 pi. 10 po. (1,77 m)
Poids : 167 livres (76 kg)
Allonge : 72 po. (182 cm)
Styles : boxe, jiu-jitsu brésilien
Fiche au moment du combat contre GSP : 21 victoires, cinq défaites, quatre combats nuls.
Remarques : il a combattu pour 18 organisations d'arts martiaux mixtes différentes.

Jay Hieron
Surnom : The Thoroughbred
Naissance : 29 juillet 1976, Freeport, New York
Résidence : Las Vegas, Nevada
Taille : 6 pi. (1,82 m)
Poids : 170 livres (77 kg)
Allonge : 73 po. (185 cm)
Styles : lutte, boxe
Fiche au moment du combat contre GSP : quatre victoires, aucune défaite.
Remarques : Il a raccourci son nom de famille, Hieronymous, que les gens
n'arrivaient pas à prononcer correctement.

Karo Parisyan
Surnom : The Heat
Naissance : 28 août 1982, Yerevan, Arménie (alors partie de l'URSS)
Résidence : North Hollywood, Californie
Taille : 5 pi. 10 po. (1,77 m)
Poids : 170 livres (77 kg)
Allonge : 75 po. (191 cm)
Style : judo
Fiche au moment du combat contre GSP : 10 victoires, deux défaites.
Remarques : Son cousin Manvel Gamburyan est également un combattant
de l'UFC. Parisyan fut suspendu par l'UFC après avoir échoué à un test
de dépistage d'un antidouleur interdit.

Pete Spratt
Surnom : The Secret Weapon
Naissance : 9 janvier 1971, Denison, Texas
Résidence : San Antonio, Texas
Taille : 5 pi. 9 po. (1,75 m)
Poids : 170 livres (77 kg)
Allonge : 69 po. (176 cm)
Style : muay thaï
Fiche au moment du combat contre GSP : 12 victoires, six défaites.
Remarques : Il enseigne aujourd'hui le jiu-jitsu brésilien.

Thomas Denny
Surnom : The Wildman
Naissance : 19 avril, année inconnue, Huntington Beach, Californie
Résidence : Hesperia, Californie
Taille : 5 pi. 10 po. (1,77 m)
Poids : 170 livres (77 kg)
Allonge : 70 po. (177 cm)
Styles : jiu-jitsu brésilien, lutte, muay thaï
Fiche au moment du combat contre GSP : 10 victoires, neuf défaites.
Remarques : Il a combattu professionnellement aux États-Unis, au Canada, au Mexique et au Japon.

Travis Galbraith
Surnom : The Gladiator
Naissance : 1983, Prince George, Colombie-Britannique
Résidence : Edmonton, Alberta
Taille : 6 pi. (1,82 m)
Poids : 185 livres (84 kg)
Allonge : 72 po. (182 cm)
Styles : jiu-jitsu brésilien, lutte, muay thaï
Fiche au moment du combat contre GSP : cinq victoires, une défaite.
Remarques : Il est le dernier Canadien à s'être battu contre GSP.

Justin Bruckmann
Surnom : Loaf
Naissance : Toronto, Ontario
Résidence : Brooklin, Ontario
Taille : 5 pi. 9 po. (1,75 m)
Poids : 155 livres (70 kg)
Allonge : 69 po. (175 cm)
Style : judo
Fiche au moment du combat contre GSP : quatre victoires, une défaite.
Remarques : Il fut champion des mi-moyens de l'UCC et enseigne aujourd'hui les arts martiaux mixtes.

Ivan Menjivar
Surnom : The Pride of El Salvador
Naissance : 30 mai 1982, El Salvador
Résidence : Montréal, Québec
Taille : 5 pi. 6 po. (1,67 m)
Poids : 145 livres (66 kg)
Allonge : 66 po. (167 cm)
Styles : jiu-jitsu brésilien, boxe, muay thaï
Fiche au moment du combat contre GSP : quatre victoires, aucune défaite.
Remarques : Il fut le premier adversaire de GSP. Il est devenu un de ses bons amis.

ANNEXE C
L'ENTRAÎNEMENT DE GSP

→ Six jours par semaine, deux séances par jour.
→ Chaque séance dure généralement une heure; les 20 premières minutes sont principalement consacrées au réchauffement et aux étirements et les 40 minutes restantes sont une session de travail.
→ La séance débute souvent avec des exercices au rouleau de mousse.
→ L'entraînement en force musculaire comprend des exercices de pliométrie et d'haltérophilie, faits en rotation en fonction de chaque groupe musculaire. Georges aime faire des tractions à la barre fixe avec poids et des soulevés de terre d'une seule jambe.
→ Le travail cardiovasculaire est principalement anaérobique et comprend des courses en montée, des sprints et des tirs de charge.
→ Plus le combat approche, plus il se concentre sur des exercices spécifiques du combat.
→ Il prend une pause d'une minute entre chaque série d'exercices.
→ Il fait des exercices de yoga pour la relaxation.

«Je m'entraîne toujours avec de meilleurs lutteurs, de meilleurs boxeurs, de meilleurs spécialistes du jiu-jitsu brésilien que moi. Lorsque vous vous entraînez avec des athlètes qui sont meilleurs que vous, vous avez constamment un défi à relever. Et cela me rend meilleur. Je peux ainsi mieux développer mes habiletés que si je m'entraînais toujours avec les mêmes personnes.» – GSP

«Lorsque la date du combat approche, disons à environ un mois du combat, je ne m'entraîne plus uniquement en boxe ou en lutte. Je m'entraîne vraiment en arts martiaux mixtes, c'est-à-dire que je mêle les différents éléments du sport comme le kickboxing, la soumission, les projections et le combat au sol, de façon à me préparer aux diverses situations de combat. Je fais de la boxe, de la lutte, du muay thaï et du jiu-jitsu. Ce sont les quatre disciplines que je pratique. Je fais aussi de la course de sprint et de la musculation.» – GSP

«Les entraînements de Georges St-Pierre sont très courts et très intenses. C'est la principale différence entre nous et la majorité des autres combattants.» – FIRAS ZAHABI

«GSP en quelques mots : il possède un talent naturel, il s'entraîne comme un forcené pendant toute l'année et il veut constamment s'améliorer. Cela fait de lui un athlète toujours en grande forme.» – DR JOHN BERARDI

SON ALIMENTATION

→ GSP a un chef personnel à Montréal et, après son combat contre
Thiago Alves, il a appris les bases de la nutrition. Il admet qu'auparavant,
il mangeait beaucoup de malbouffe.
→ GSP mange trois repas complets par jour, en évitant le sucre raffiné et les
repas-minute. Lorsqu'il s'entraîne, il prend environ 4000 calories par jour et
mange des aliments riches en glucides, qui lui servent de «carburant».
→ Il prend deux «super boissons» par jour, faites de protéines en poudre,
de petits fruits, de lait d'amande et d'huile de poisson, et boit du Gatorade
pendant ses entraînements.
→ Lorsque la date du combat approche, il coupe le sel et les glucides de son
alimentation, car il croit que chaque gramme de glucide ou de sel retient
trois grammes d'eau. Durant cette période, il ne mange que de la viande et
des légumes et prend des bains chauds. Il peut ainsi perdre 15 livres en à
peine quatre jours.
→ Avant un combat, GSP mange généralement une banane, ce qui lui permet
de refaire le plein de potassium après avoir suivi une diète faible en
glucides.

————————————

« Mon mets préféré est la tourtière, un plat typiquement québécois,
mais je ne peux malheureusement pas en manger lorsque je suis en période
de perte de poids. J'attends après le combat. Ma mère fait les meilleures
tourtières au monde. » – GSP

REMERCIEMENTS

Ceux qui me connaissent savent que j'ai écrit des biographies et des histoires sur des gens intéressants, certes, mais qui ont été des criminels notoires. Ils ne savent peut-être pas toutefois que, lorsque j'ai commencé ma carrière de journaliste, ma passion première était le sport. Écrire ce livre sur Georges St-Pierre m'a permis de retrouver cette passion. Comme les lecteurs de ce livre le constateront, Georges St-Pierre est une authentique vedette canadienne et il s'impose dans un sport qui jouit maintenant d'une extraordinaire popularité. L'émergence des arts martiaux mixtes et celle de GSP sont intimement liées, et c'est donc un Canadien qui est l'un des porte-étendards de ce phénomène que constituent les arts martiaux mixtes.

Pour écrire ce livre, j'ai dû voir des centaines d'heures de vidéo, écouter des entrevues radiophoniques et lire tout ce que j'ai pu trouver sur GSP. Je remercie les combattants, les entraîneurs, les journalistes et surtout les fans qui ont accepté de me donner une entrevue.

Sur le plan personnel, je remercie Leta Potter (à défaut de quoi je le paierais très cher) ainsi que ma famille de leur soutien.

Merci également, à toute l'équipe éditoriale et de production chez Wiley, et à ceux qui assurent la mise en marché de mes livres.

Enfin, je remercie GSP d'être un être si fascinant et si gentil, et d'être ce grand champion qui mérite pleinement que l'on raconte sa vie.